HISTOIRE

DE

CHARLES XIV

(JEAN BERNADOTTE),

ROI DE SUÈDE ET DE NORVÉGE.

I.

IMPRIMERIE D'AD. ÉVERAT ET COMP.,
Rue du Cadran, 14 et 16.

CHARLES XIV.
(BERNADOTTE)
Roi de Suède et de Norvège

HISTOIRE

DE

CHARLES XIV

(JEAN BERNADOTTE).

ROI DE SUÈDE ET DE NORVÉGE,

PAR

TOUCHARD-LAFOSSE.

TOME PREMIER.

PARIS.

GUSTAVE BARBA, LIBRAIRE,

RUE MAZARINE, 34.

1858.

AUX MAGISTRATS

DE LA VILLE DE PAU.

Messieurs,

Deux Princes d'un grand renom, Henri IV et Charles XIV, sont nés dans vos murs. Le premier sut, avec autant de gloire que de vertu, conquérir un trône disputé à ses droits; le second fit plus, Messieurs : il sut, au sein de la foule, se créer des titres à la royauté, et mériter une couronne étrangère, en servant sa patrie avec éclat.

Vous ne me trouverez point, Messieurs, inscrit parmi les panégyristes des souverains; mais, appréciateur attentif d'un beau caractère, dont j'ai suivi l'essor durant trente-cinq années, j'ai rempli une tâche de conscience et de conviction en écrivant l'histoire de votre illustre compatriote, sans me croire dispensé, parce qu'il est roi, de lui rendre l'hommage d'une vérité pure, indépendante, entière, et, je puis le dire, puissante de preuves contre la malveillance, la prévention et l'erreur.

Le château sous le toit duquel naquit **Henri** IV est rempli des témoignages comme des souvenirs de sa noble carrière; puisse mon livre vous paraître digne, Messieurs, d'occuper une place modeste dans la maison où Bernadotte reçut le jour, monument qui ne durera pas moins que l'autre dans la mémoire des hommes.

Je suis, avec une haute considération,

Messieurs,

Votre très-humble serviteur,

G. Touchard-Lafosse.

Paris, 10 Mai 1858.

INTRODUCTION.

Depuis Gustave-Adolphe, qui laissa le souvenir d'une grandeur réelle, parce qu'il sut la rendre utile, deux souverains se sont inscrits avec éclat, mais à des titres bien différents, dans les fastes de la Suède : Charles XII, dont la domination pesa sur ce pays au commencement du dix-huitième siècle, et Charles XIV, qui règne aujourd'hui.

Voltaire s'est fait l'historien du premier de ces princes; en cela, et quoi qu'il en ait dit, il a cherché la satisfaction de retracer des événements extraordinaires, des faits gigantesques : de son temps on aimait les réputations retentissantes, on s'éprenait du bruit, même lorsque l'effet en était funeste.

Maintenant l'historien doit s'imposer d'autres obligations pour être goûté ; les courses vagabondes du rival de Pierre Alexiowitz, les rudes estocades qu'il asséna, souvent sans nécessité, seraient pour nos générations nouvelles de tristes éléments d'illustration. Il faut à leur admiration réfléchie des gages moins affligeants que les trophées sanglants du champ de bataille : la destruction n'enfante plus que des renommées qu'on déplore ; c'est en créant des prospérités que les rois deviennent grands au dix-neuvième siècle.

Car, au dix-neuvième siècle, il y a des nations ; au dix-huitième, il n'existait que des sujets dans presque tous les états de la terre.

Ouvrez la vie de Charles XII : les premières inspirations qui surgissent de son adolescence sont des idées de domination ; les premiers jets de ce naturel impétueux, des projets de conquête. Il lit *Quinte-Curce* avec transport, parce qu'il lui montre Alexandre maître absolu des hommes et des empires ; et lorsqu'on dit au père de cet enfant, avide déjà de puissance, que son ardente convoitise dévore l'espace, Charles XI répond : « Mon fils vaudra mieux » que moi ; il ira plus loin que le grand Adol- » phe [1]. »

Ainsi la vertu des potentats se mesurait alors sur l'échelle de leur ambition ; ils ne voulaient ressembler à Gustave-Adolphe qu'en ce qu'il y eut en lui de moins louable. Sous l'empire de cette opinion fatale, Charles XII ne vit dans ses sujets que les instruments de sa fougue aventurière ; les seules lois qu'il donna à la Suède enchaînèrent l'élite de sa population à

[1] Charles XI émettait ici une fausse idée de gloire ; mais il comprit mieux la gloire dans son application ; la Suède lui doit quelques sages institutions : ce fut ce souverain qui créa l'*armée indelta*, c'est-à-dire entretenue, les soldats par des propriétaires, les officiers par le revenu de certains domaines... Ce système imprime nécessairement à cette armée l'esprit national, qui, après celui de la discipline, est le premier devoir des hommes de guerre.

de périlleuses et inutiles entreprises. Si durant ce règne de fer, les Suédois, grâce à la sollicitude d'un sénat paternel, entrevirent quelques lueurs renaissantes de leurs anciennes libertés, ce fut pendant la carrière errante de leur prince guerroyeur : l'unique bienfait que l'on puisse faire rapporter à cette époque résulta de l'absence du souverain.

Tel fut ce monarque, dont le plus grand écrivain du dernier siècle a fait un héros d'épopée, plutôt que le principal personnage d'une relation historique. La muse de Voltaire, en écartant, du bout de son aile, tout ce qui ne pouvait s'harmonier avec la pompeuse ordonnance du poëme, a peut-être ajouté un chef-d'œuvre aux compositions de ce beau génie, mais un chef-d'œuvre romanesque, que l'auteur lui-même a senti le besoin de justifier[1].

L'imagination se plaît à établir une sorte de

---

[1] Voltaire, dans son discours sur l'*Histoire de Charles XII*, s'exprime ainsi :

« On se serait bien donné de garde d'ajouter cette histoire particulière de Charles XII, roi de Suède, à la multitude des livres

parallèle entre le vainqueur de Narva et l'homme sage autant que fort qui, de nos jours, fut appelé à régner sur la presqu'île scandinave. Quelle distance, cependant, de l'un à l'autre!

dont le public est accablé, si ce prince et son rival, Pierre Alexiowitz, beaucoup plus grand homme que lui, n'avaient été, du consentement de toute la terre, les personnages les plus singuliers qui eussent paru depuis plus de vingt siècles. Mais on n'a pas été déterminé seulement à donner cette vie par la petite satisfaction d'écrire des faits extraordinaires; on a pensé que cette lecture pourrait être utile à quelques princes, si ce livre leur tombe par hasard entre les mains. Certainement, il n'y a point de souverain qui, en lisant la vie de Charles XII, ne doive être guéri de la folie des conquêtes; car où est le souverain qui peut dire : « J'ai plus de courage et de vertus, une âme plus forte, un corps » plus robuste; j'entends mieux la guerre, j'ai de meilleures » troupes que Charles XII? » Que si, avec tous ces avantages et après tant de victoires, ce roi a été si malheureux, que devraient espérer les autres princes qui auraient la même ambition, avec moins de ressources et de talents? »

On pourrait répondre à Voltaire que, pour éloigner les têtes couronnées de la carrière funeste et vide de véritable gloire que parcourut Charles XII, il n'aurait pas fallu revêtir ses vains exploits de si brillantes couleurs; l'histoire de ce prince, loin d'offrir aux rois un préservatif salutaire, leur présente au contraire un appât séducteur. Il nous semble donc que le passage cité justifie mal l'illustre historien : on peut en augurer, néanmoins, que si, rendu à la vie, il avait à choisir son héros entre Charles XII et Charles XIV, le premier, assurément, n'obtiendrait pas la préférence.

Il suffirait de comparer leurs exploits militaires pour que le triomphe du dernier fût assuré. Mais, quoique Charles XIV soit classé au premier rang des généraux de notre savante époque, sa renommée se compose de titres plus recommandables encore ; et sa vie fut exempte, sinon de l'influence de certaines nécessités malheureuses, du moins de toute action, de toute pensée qui pourrait l'entacher.

Il est donc permis de s'étonner que l'histoire particulière de Charles XIV soit encore à publier, et qu'aucune main contemporaine n'ait essayé de dérouler entièrement la trame d'une carrière pleine de faits d'autant plus remarquables, qu'ils ont été plus féconds en résultats. Avouons, toutefois, que cette tâche devait paraître difficile, à travers les déclamations vides de sens, les préventions nées de la malveillance et de l'envie, les accusations tissues par un *nationalisme* mal entendu : atteintes injustes portées à la réputation d'un prince dans lequel il eût été équitable, il eût été beau d'honorer, au contraire, l'un des illustres vétérans d'une période et d'une succession de triomphes dont nous pouvons être fiers.

Charles XIV, fort d'un demi-siècle de gloire légitime, s'est refusé constamment à réfuter les calomnies dont on voudrait inconsidérément obscurcir les pages brillantes que l'histoire générale lui réserve. Il ne s'est jamais prêté volontiers à l'investigation que ses plus intimes amis ont tenté de faire, à diverses reprises, dans les secrets de sa mémoire et de sa pensée, pour y surprendre des notions qui eussent été si précieuses pour ses historiens.

Nous avons connu, vers l'origine de l'empire français, un homme distingué avec lequel, avant et depuis cette époque, Bernadotte a toujours entretenu des rapports d'intime confiance, si bien placée qu'elle ne s'est jamais affaiblie. Voici ce que cette personne nous écrivait de Stockholm, en 1823 et 1824, touchant des conversations qu'elle avait eues antérieurement avec ce prince.

« Le roi, dans ses moments de loisir, qui
» étaient fort rares, souvent aussi pour faire
» trêve aux nombreux et fatigants détails dont
» il avait à s'occuper, se livrait, avec moi, à
» des entretiens familiers, où il trouvait un
» utile délassement, sans demeurer oisif. L'ac-
» tivité de son esprit, sa manière de vivre tou-
» jours en action, mais simple et régulière,
» surtout son éloignement pour les futilités et
» les plaisirs frivoles, lui avaient donné pour
» ces sortes de communications un goût si vif,
» que je dois présumer qu'il s'y livrait aussi
» avec d'autres sur les objets de son gouver-
» nement ; mais avec moi c'était la chose la plus
» rare qu'il en fût question. Si quelquefois il
» me parlait des améliorations faites ou à faire,
» des nombreux obstacles qu'il fallait surmon-
» ter pour y parvenir, de la lenteur ou de la
» circonspection que les moindres changements
» exigeaient envers un peuple fortement atta-
» ché à ses usages, ce n'était qu'autant que ces
» questions se rattachaient à l'objet des conver-

» sations pour lesquelles il semblait m'avoir ré-
» servé. Elles roulaient en général sur la théorie
» des gouvernements, sur les événements de
» notre époque, et particulièrement sur ceux
» auxquels le roi avait pris part.

» Le grand intérêt qu'il répandait dans ses
» récits, par les sentiments qu'il y développait,
» par la justesse et le piquant des réflexions
» dont il les assaisonnait, aurait suffi pour faire
» désirer qu'il consentît à les fixer de manière
» à ne pouvoir plus les perdre. Je le souhaitais
» vivement, d'abord à cause de l'importance de
» ces récits, ensuite par l'appréciation de ce
» qu'ils pourraient ajouter à sa propre gloire.

» Les premières insinuations que je me per-
» mis de faire à ce sujet furent reçues avec une
» froideur qui m'étonna, sans néanmoins me
» faire renoncer à les reproduire ; je n'y man-
» quais pas toutes les fois que la conversation
» s'élevait à un degré d'intérêt assez haut pour
» m'autoriser à me récrier sur ce qu'il était
» dommage que ce que j'entendais demeurât

» inconnu. Mais tout ce que je pouvais dire à
» cet égard ne me valait guère d'autre réponse
» que quelques sorties contre l'injustice des
» hommes et la légèreté de leurs jugements;
» contre leur indifférence pour la vérité, dans
» ce qui n'est pas d'un intérêt personnel; enfin
» contre la lâcheté avec laquelle cette même
» vérité est abandonnée, trahie par ceux qui la
» connaissent le mieux, pour peu qu'ils trou-
» vent de danger à la produire et à la défen-
» dre.

» Mais, sire, c'est précisément pour cela, c'est
» à cause de l'indifférence et de la légèreté que
» le public apporte dans ses jugements, qu'il faut
» prendre le soin d'éclairer l'opinion, afin d'é-
» viter qu'elle ne s'égare... — Ah ! nous y voilà,
» répondit un jour le roi, qui me parut disposé
» à argumenter, cette fois, contre mes tentati-
» ves. L'opinion ! avez-vous rien connu de plus
» capricieux, de plus versatile? Celui qui l'a
» nommée la reine du monde a dit une chose
» sensée, s'il a voulu montrer pourquoi le

» monde est gouverné par elle si diversement
» et souvent à rebours du bien. Mais, s'il a pré-
» tendu nous la donner réellement pour reine,
» pouvait-il en choisir une plus inconstante,
» plus quinteuse, plus facile à détrôner... Vou-
» lez-vous, ajouta-t-il en riant, que nous comp-
» tions les reines dont nous avons eu, vous
» et moi, à supporter les caprices extrava-
» gants?

» Il faut pourtant convenir, continua
» Charles XIV, que, pour un gouvernement,
» il est une opinion qui doit entrer comme
» élément dans les règles d'une sage conduite;
» c'est celle qui se trouve établie au cœur de
» la nation, et qui est fondée sur ses mœurs,
» ses habitudes et même ses préjugés. Voilà
» l'opinion que tout gouvernant doit s'atta-
» cher à bien connaître, pour la traiter avec
» ménagement; mais ce n'est pas celle-là qui
» gouverne, car elle est nécessairement mo-
» bile et transitoire : ne voyez-vous pas qu'elle
» se modifie sans cesse par la marche du temps,

» par l'accroissement de la population, par
» les besoins nouveaux qui en résultent, en-
» fin par les développements de l'industrie et
» l'influence de ses rapports avec l'extérieur.
» Ce qu'il y a de mieux à faire à son égard,
» c'est d'être attentif aux modifications qu'elle
» éprouve, pour les saisir et les faire tourner
» à bien, sans attendre qu'elles s'accumulent
» au point de la rendre exigeante; car alors
» il faudrait se livrer à des changements trop
» brusques. Avec cette seule précaution, tout
» marche comme de soi-même et d'un mou-
» vement naturel, parce que l'opinion ne se
» modifie que par degrés, avec lenteur, on
» pourrait peut-être dire avec réserve... Les
» nations, croyez-moi, sont plus sages qu'on
» ne le pense communément. Toute l'habileté
» du gouvernement consiste donc à n'être ni
» trop pressé, ni trop retardataire; s'il veut
» se hâter à l'excès, même en améliorations
» réelles, il doit éprouver nécessairement de
» la résistance : l'opinion ne pourra le suivre

» avec son lourd bagage de mœurs, d'habi-
» tudes, de préjugés ; s'il marche, au con-
» traire, avec une extrême lenteur, il faudra
» qu'on l'entraîne ; et, dans un cas comme
» dans l'autre, il risque fort de marcher de
» travers.

» Ainsi, pour en revenir à ce que vous me
» disiez de la nécessité d'éclairer l'opinion,
» poursuivit le roi, vous voyez quelle est celle
» dont j'ai à m'occuper, celle que je dois étu-
» dier avec soin, pour lui tenir compte des
» avis qu'elle me donne sur les intérêts des
» peuples que j'ai à gouverner.

» Je lui consacre toute mon attention, toute
» mon aptitude, tout mon temps, et je ne lui
» déroberais pas une heure au profit de cette
» autre opinion, qui se forme de suppositions,
» de ouï-dire, de raisonnements en l'air : celle-
» là n'obtiendra jamais ni mes hommages, ni
» mes sacrifices, toute reine du monde qu'on
» veuille qu'elle soit. »

Nous ne croyons pas que les races souveraines dont l'origine se perd dans la nuit des siècles aient produit beaucoup de gouvernants qui raisonnassent ainsi ; il est constant, au moins, que les vieilles doctrines du trône admirent rarement une logique aussi saine, aussi rationnelle, aussi largement populaire...

Tout en reconnaissant l'excellence de ces principes, la personne de qui nous citons la correspondance représentait néanmoins au roi qu'il n'appartenait pas si exclusivement à ses peuples, qu'il pût se regarder comme totalement étranger aux divers pays qui avaient été le théâtre de ses exploits ; que ce qu'il accordait à l'opinion des nations scandinaves ne le dispensait pas de ce qu'il pouvait devoir aux autres nations, non plus que la sollicitude d'un père de famille ne peut l'affranchir de ses devoirs envers la cité. Notre correspondant ajoutait que les Suédois et les Norvégiens eux-mêmes étaient intéressés à ce que, ayant pris une part si active aux grandes choses dont le retentissement vibrait encore, leur roi se montrât moins indifférent à la gloire qui devait lui en revenir.

« Je vois bien, répondit un soir Charles XIV,
» que vous vous êtes mis en tête de m'engager
» à dicter des mémoires ; mais vous avez dû
» vous apercevoir que ce n'est pas mon goût,
» et vous aurez de la peine à me le faire venir.
» Je sais que c'est fort à la mode, et qu'il y a
» de nos jours presque autant d'écrivains que
» de lecteurs. Cela me rappelle que vous m'avez cité vous-même un passage de Montaigne, ainsi conçu : « L'écrivaillerie est le
» symptôme d'un siècle débordé. » Je trouve
» que ce grand moraliste avait bien raison en
» cela, et je ne veux avoir part ni au symptôme ni au débordement. Vous m'alléguez
» l'intérêt de l'histoire : pour celle de notre
» temps, l'historien ne manque pas de matériaux, s'il veut être impartial. En ce qui me
» concerne, je n'ai pas à craindre qu'il omette
» l'essentiel, et je puis, sans regret, renon-
» cer à quelques détails : peut-être trouvera-

» t-on le fond assez riche pour ne pas tenir
» beaucoup à la futile broderie des dévelop-
» pements épisodiques.

» Vous m'offrirez peut-être l'exemple des
» personnages qui, par des écrits publiés de
» leur vivant, ont voulu, pour ainsi dire,
» escompter le jugement que la postérité por-
» tera sur eux. Remarquez donc que ces per-
» sonnages n'avaient plus grand'chose à faire
» quand ils ont pris la plume : leur carrière
» active était ou terminée ou sur le point de
» l'être ; semblables à l'araignée, ils se sont
» enveloppés dans leur trame, parce qu'ils
» ne pouvaient plus la filer. Me voyez-vous
» dans une position pareille ? Et, si j'examine
» les motifs qui ont déterminé tant d'acteurs
» sortis de la scène politique à laisser au public
» copie du rôle qu'ils y ont joué, je n'en
» vois guère d'autre que l'incitation de leur
» amour-propre. Quant à moi, mon amour-
» propre est satisfait ; et s'il lui manquait encore
» quelque chose, ce ne serait pas du passé que je

» voudrais le repaître; mais j'agirais de mon
» mieux pour ce qui me reste à faire. Je ne
» veux pas m'établir juge de mes propres ac-
» tions, je ne sens aucun besoin de les justi-
» fier... *Ainsi, mon cher, point de Mémoires.* »

Nous avons étendu les citations qui précèdent, parce qu'elles serviront à prouver que les historiens de Charles XIV ne doivent attendre aucune communication, ni de lui, ni des personnes qui l'approchent. Notre correspondant de Stockholm nous disait, dans la dernière de ses lettres : « J'avais pris un grand
» nombre de notes après mes conversations
» avec le roi ; mais, ayant réfléchi à la possi-
» bilité qu'elles tombassent aux mains des
» spéculateurs ou des compilateurs, je me suis
» décidé à les brûler. J'aurais eu beau n'être
» pour rien dans les publications mercantiles
» que je craignais d'alimenter, Sa Majesté
» n'eût pas manqué de reconnaître que ces
» notes venaient de moi, ce qui m'aurait
» rendu coupable dans son esprit. »

En écrivant l'histoire de Charles XIV, nous espérons donc échapper à toutes les suspicions de coterie qui se sont attachées, avec trop de raison, au chef-d'œuvre de Voltaire. Soldat de la république et de l'empire, nous avons vu Bernadotte sur le champ de bataille, où sa renommée grandit si vite; nous avons entendu son éloge au département de la guerre, qu'il dirigea en ministre habile dans une circonstance grave; nous gardons le souvenir de la reconnaissance qu'il mérita, quand, au nom de la France, il gouverna le Hanovre, puis les villes anséatiques; enfin nous étions en Allemagne lorsqu'il vint aux bords de la Baltique accepter l'héritage d'un trône. Personne ne peut être mieux informé que nous des efforts faits en 1810, 1811, 1812 et 1813, par le prince royal de Suède, pour concilier le système impérieux et inflexible de Napoléon avec les intérêts de la nouvelle patrie de ce Français devenu Suédois. Personne n'a suivi de plus près les démarches, aussi pressantes que multipliées, que fit alors ce prince auprès de l'empereur pour le déterminer à signer la paix avec cette coalition, à laquelle il allait être contraint de s'associer, lui fils adoptif de Charles XIII, afin de prévenir la ruine de l'infortunée Scandinavie. Nous pourrions presque dire que nous avons vu les pleurs versés par Charles-Jean dans ce jour où le plus saint, mais le plus cruel des devoirs, lui imposa la loi d'ajouter une dernière foudre aux vingt tonnerres qui allaient briser le trône impérial.

Des documents authentiques sur tous ces faits sont entre nos mains; nous possédons également des copies de plusieurs discours, pleins de chaleur et d'animation, que le prince royal fit entendre, à la fin de 1813, dans le conseil des alliés, pour les faire renoncer à envahir la France; et des témoignages irréfragables, que nous avons pu nous procurer aux bords du Rhin, établissent que Bernadotte ne participa, ni par lui, ni par ses troupes, à cette malheureuse invasion.

Depuis le commencement du règne de Charles XIV, des recherches actives, secondées par l'assistance de quelques amis, habitants du nord de l'Europe, ont complété les documents dont nous avions besoin pour écrire l'histoire de ce souverain.

L'expérience de plusieurs personnes, placées haut, tant par leur position sociale que par l'estime publique, nous a guidé dans le choix de ces matériaux. En un mot, aucune partie de nos récits ne sera hasardée; et le public trouvera, nous l'espérons, dans nos précédents écrits, assez de gages d'indépendance pour attendre de nous une vérité sans prévention, sans fiel, mais aussi sans fard.

Charles XIV apparaîtra certainement, aux yeux d'une postérité consciencieuse, comme le vrai restaurateur de ces antiques libertés que les Suédois ont regrettées si longtemps, et dont l'épée d'une femme, Marguerite de Valdemar, avait tranché la trame robuste, vers la fin du quatorzième siècle. Aux dominateurs conquérants succédèrent, en Suède, les dominateurs nationaux : Gustave-Vasa, libérateur de son pays, ne lui rendit pas ses droits civiques, anéantis par une puissance étrangère. Les magistrats et les sénateurs de Stockholm, massacrés à la voix du farouche archevêque d'Upsal, ne renaquirent point de leurs cendres : Gustave-Vasa régna sagement ; mais il régna en despote ; tous ses successeurs imitèrent son absolutisme ; seul, après lui, Gustave-Adolphe se le fit pardonner, en usant enfin avec sagesse, avec bonté, de cette souveraine puissance qui l'avait longtemps égaré.

Il n'appartient point à notre sujet d'énumérer les troubles qu'eut à subir la Suède dans le cours de plusieurs siècles ; mais nous signalerons rapidement les malheurs qu'entraînèrent les déviations de politique, ou plutôt de raison, qui causèrent la catastrophe de Gustave IV et le précipitèrent du trône. Ces précédents nous conduiront à dire par quelle suite d'événements les Suédois appelèrent à succéder au roi Charles XIII, ce général français dont le caractère et les talents avaient mérité une si noble marque de confiance. Il nous sera facile de prouver que, même avant de monter au trône, Charles-Jean, par une équitable pondération des droits du peuple et des prérogatives de la couronne, consolida le régime constitutionnel, qui, sincère dans l'exécution comme dans la lettre, remplace avec avantage les anciennes et orageuses libertés de la Scandinavie. Investi du pouvoir suprême, le successeur de Charles XIII, après avoir fait triompher la nation suédoise par les armes, la fit respecter dans les traités, en présence d'une diplomatie cauteleuse, derrière laquelle se pressaient des millions de baïonnettes : il sut résister, durant le congrès d'Aix-la-Chapelle, aux insinuations des quatre grandes puissances, qui prétendaient s'immiscer dans les discussions d'intérêts alors existantes entre la Suède et le Danemarck, au sujet de la Norvége.

Sans pénétrer davantage ici dans le règne plein de travaux et de résultats que nous avons entrepris de décrire, nous croyons avoir démontré que, sous la plume d'un Voltaire, l'histoire de Charles XIV n'offrirait pas moins de poésie que les prouesses aventureuses de Charles XII. C'est assurément une belle, une imposante figure historique que celle d'un soldat qui sut, en appareillant avec sagesse des victoires, de vertueuses résistances, des actions généreuses et des progrès, se composer une fortune aujourd'hui trop puissante, trop utile aux hommes, pour redouter les retours du destin. Elle restera debout, cette fortune, sur les débris de mille grandeurs que les révolutions avaient créées, et que d'autres révolutions ont balayées de leur souffle.

Lorsque notre tâche sera terminée, mais non pas accomplie, Charles XIV attendra encore un historien-poëte, comparable à celui qui prêta des proportions homériques aux exploits de Charles XII; mais juste envers l'homme supérieur, sans nous être fait le courtisan du souverain, nous aurons du moins réuni avec conscience, avec l'amour sincère de la vérité, trop de documents fidèles, trop de preuves incontestables, pour qu'il puisse subsister de dangereuses erreurs sur un prince dont notre patrie peut s'enorgueillir, puisqu'il nous offre le dernier reflet de ces destinées glorieuses au sein desquelles la France fut assez grande, assez riche d'illustrations, pour qu'on vînt choisir des rois parmi ses généraux.

HISTOIRE

DE

CHARLES XIV,

(JEAN BERNADOTTE)

ROI DE SUÈDE ET DE NORVÉGE.

Livre Premier.

CHAPITRE PREMIER.

Première jeunesse. — Prédictions. — Préférences maternelles. — Causes qui déterminent Bernadotte à embrasser la carrière des armes. — Enrôlement volontaire. — Vocation indéterminée. — Premiers grades. — Bernadotte distingué de ses chefs. — Sa fermeté dans une émeute à Marseille. — Il sauve la vie à son colonel. — Le procureur de la commune Barbaroux. — Ce qu'il dit de l'avenir de Bernadotte. — Il est recommandé à la cour. — Changement de corps. — Première épaulette.

Ce fut dans tous les temps un pays privilégié de la nature, que ce vaste bassin qui s'étend des Pyrénées aux Alpes : contrée aux vallons fleuris, à l'air parfumé, dont les flots de la Mé-

diterranée caressent doucement le littoral...
Interrogez les monuments de l'antiquité, les
chroniques du moyen-âge, les annales modernes : partout les Gascons et les enfants de la
Provence se présentent en relief; partout on
les voit supérieurs dans les lettres, profonds
dans les sciences, ingénieux dans les arts, habiles et forts dans la guerre.

On dira peut-être, et ce ne sera pas sans raison, que les qualités écloses sous le ciel de nos
provinces méridionales eurent souvent l'ambition pour véhicule, et qu'aux talents qui honorent on y sait joindre le talent qui réussit...
Sans doute il serait beau de travailler exclusivement à la gloire de la patrie ou au bien-être
de l'humanité; mais l'histoire a parlé haut de
l'indifférence des états pour les législateurs,
les guerriers, les savants célèbres; et ses pages
sont noires du récit des ingratitudes individuelles!

Pour ne rappeler que la période mémorable
commencée en 1789, voyez combien d'hommes
illustres le midi de la France a fournis : législateurs, diplomates, généraux, administrateurs,
se sont élancés en foule de cette terre promise
de l'intelligence et de l'héroïsme! De 1804 à 1810

seulement, les annales de l'Europe eurent à inscrire jusqu'à six rois sortis de ce sol fortuné.

Après avoir parcouru ces provinces en illustrations si fécondes, Dauphiné, Provence, Languedoc, Roussillon et Gascogne, l'admiration augmente encore quand on aborde le Béarn, ancienne dépendance de ce royaume de Navarre, dont le nom restait jadis attaché, comme un vain titre, à l'écu de France. C'est là surtout que l'on voit, dans les physionomies, dans les caractères, l'empreinte et le reflet d'une nature généreuse, d'un ciel serein, d'un heureux climat. C'est là que l'on trouve des hommes qui sont comme un résumé vivant de l'histoire de la contrée. Voisins de l'Espagne où dominèrent tour à tour les Romains, les Goths, les Francs et les Maures, les Béarnais ont dû se tenir en armes pendant plusieurs siècles; les noms défigurés des Alaric, des Clodomir, des Abdhéram, des Roland sont restés attachés aux vallons, aux ruisseaux, aux rochers, aux sites agrestes. Nulle part, peut-être, l'espèce humaine n'a moins dégénéré; et le Béarn peut s'enorgueillir de prouver, par Charles XIV, qu'il est encore ce qu'il était quand il nous donna Henri IV.

En approchant de Pau, sa capitale, on aperçoit l'antique manoir où l'on a conservé le berceau du plus ancien de ces deux rois : monument qui semble couronner la ville d'un diadème de tours ; et, parmi les constructions vieillies se dessinant en lignes sinueuses au pied du coteau, l'œil cherche avec empressement le toit modeste qui vit naître le monarque contemporain.

N'en doutons pas, le patriotisme béarnais défendra, contre l'outrage des siècles, ce point de départ d'une fortune bourgeoise qui sut, à force de mérite, devenir souveraine. Là l'imagination s'empreindra de poésie, plus encore qu'à l'aspect du château qui s'élève superbe au sommet de la montagne ; et, si l'on va visiter, à Sardam, la maison où Pierre-le-Grand laissa jouer quelque temps son caprice au métier de charpentier, ne s'arrêtera-t-on pas avec charme, avec émotion, devant le seuil d'où Bernadotte partit soldat, emportant dans ses destinées la succession de Charles XII.

Cette maison, devenue historique, où l'on voyait, au milieu du siècle dernier, non les richesses, mais la solide aisance, ne laissait pas d'être très-fréquentée par la nombreuse clientèle que s'était faite, au barreau, M. Bernadotte, homme de talent et de probité ; elle l'était aussi par de nombreux amis, que lui donnaient ses qualités sociales. Déjà père d'un premier fils, fruit de son mariage avec mademoiselle de Saint-Jean de Boeil, il en attendait un second, lorsque, au milieu du carnaval, le 26 janvier 1764, les amis et les parents de madame Bernadotte, voulant lui faire partager en quelque sorte une joyeuse partie de mascarade, se rendirent chez elle, pensant lui faire une agréable surprise. Ce bruit inattendu, ces bizarres costumes l'effrayèrent et la saisirent à tel point, qu'elle accoucha de son second fils au terme de sept mois.

Ce nouveau-né, Jean-Baptiste-Jules, était si faible, si chétif, qu'on n'avait pas l'espoir de le conserver; parmi ceux qui le soignaient, sa nourrice fut seule d'un avis contraire. C'était une de ces bonnes femmes à visions, à pressentiments; elle assurait que les anges protégeaient le berceau de son nourrisson; qu'il grandirait et deviendrait fort : elle se délectait même à lui présager de hautes destinées. Tels furent les commencements de cette existence que nous verrons souvent près de s'éteindre, et qui, poursuivant encore sa marche glorieuse, réalise les prédictions de la bonne nourrice.

Grâce aux soins les mieux dirigés, Jean-Baptiste-Jules, toujours élevé dans la maison paternelle, grandit et se fortifia; il n'eut rien au-dessous des enfants de son âge : comme eux et avec eux il traversa les années de son enfance, pendant laquelle nous n'avons rien à faire remarquer. Nous bornant à raconter les faits, nous laissons aux annalistes qui aiment à parer de merveilles le berceau des personnages devenus célèbres, le soin de décider quelle influence durent exercer sur le héros de cette histoire, tous les récits qu'on lui fit des circonstances qui avaient marqué sa naissance.

C'est dans sa dix-septième année que nous voyons s'ouvrir pour lui une nouvelle existence, dont l'origine et les causes n'offrent pas moins d'intérêt que le récit de son entrée dans la vie.

M. Bernadotte, le père, entièrement livré aux travaux de sa charge, ignorait sans doute que la mère de ses deux fils tenait d'une main peu sûre la balance de sa sollicitude maternelle, et que, dans le partage des soins qui en émanaient, Jean-Baptiste-Jules était loin d'être favorisé. Rien ne blesse une jeune âme aussi cruellement que la partialitésortant du cœur d'une mère; rien n'assombrit autant le foyer domestique aux yeux de l'enfant délaissé, rien ne l'en détache aussi vite.

A ces causes de découragement et de chagrin se joignait un autre déplaisir dont nous n'hésiterons pas à parler, parce qu'il nous semble appartenir à cette délicatesse de sentiments, à cette élévation de pensées dont nous aurons à citer tant de traits.

Le frère aîné de Jean-Baptiste-Jules, avocat fort distingué, homme du monde spirituel, mais critique malin, quelquefois même fâcheux, avait pris pour but de ses amères plaisanteries un président au sénéchal, ami et protecteur de sa famille. Cet oubli, non-seulement des égards dus à l'âge mûr, mais encore de la reconnaissance, révoltait le héros de cette histoire à tel point qu'il ne put en demeurer le témoin, et ce fut peut-être le plus puissant des motifs qui le déterminèrent à s'éloigner.

Il sortit un matin de la maison paternelle, alla trouver M. de Lassus, capitaine au régiment de Royal-la-Marine, et repoussant l'or dont on faisait, sous nos rois absolus, le prix de la liberté des hommes, il s'engagea en qualité de volontaire. Mais il demanda que son engagement ne fût pas visé par le subdélégué de l'intendant[1], dont il craignait les remontrances, et qui pourrait donner avis à M. Bernadotte père du parti extrême que prenait son fils. « Qu'à » cela ne tienne, répondit le capitaine, enchanté » d'envoyer à son régiment une recrue qui pa- » raissait devoir être un bon soldat; nous irons » demander le visa du maire de Billeris. » Le lendemain, à la pointe du jour, on se rendit auprès de cet administrateur, qui remplit la formalité exigée; et le nouveau militaire se mit immédiatement en route, afin d'être déjà loin de Pau quand son absence serait remarquée.

Madame Bernadotte, informée du départ de son fils, sentit vivement, mais trop tard, les graves conséquences que peut entraîner une déviation d'équité, si légère qu'elle soit, dans la mission sacrée que son inexpérience avait laissé péricliter en ses mains. Nous pouvons affirmer que Bernadotte tint compte à sa mère d'un tel regret; sa tendresse pour elle et son respect pour sa mémoire ne s'altérèrent jamais : maréchal d'empire, prince de Ponte-Corvo, héritier de la couronne de Suède, souverain, il parla tou-

---

[1] Aucun engagement militaire n'était valable sans le visa d'une autorité civile.

jours des auteurs de ses jours avec une égale vénération.

Ce fut le 3 septembre 1780, et par conséquent vers les quatre derniers mois de sa dix-septième année, que Bernadotte se présenta comme volontaire au régiment de Royal-la-Marine. Il y reçut un accueil bienveillant du colonel, le marquis de Lonse, qui, Béarnais et né à Pau, comme lui, connaissait particulièrement sa famille. Le nouveau soldat n'éprouva nul dégoût dans les peu séduisantes occupations du dernier rang de la milice, parce que l'intérêt que lui témoignaient le marquis de Lonse et plusieurs autres officiers du Béarn, devint pour lui un stimulant qui le porta à redoubler de zèle pour justifier cette bienveillance flatteuse.

Le régiment de Royal-la-Marine tenait alors garnison en Corse : c'est dans cette île que Bernadotte eut à passer ses deux premières années de service. A la fin de la seconde, l'extrême monotonie d'une telle existence, et plus encore l'influence du climat, apportèrent à sa santé une altération qui s'accrut au point d'exiger son retour au sein de sa famille. Les soins assidus qu'il y reçut hâtèrent son rétablissement; l'on ne s'y montra pas moins prodigue de conseils et d'instances, pour le détourner de la carrière des armes, et le décider à suivre celle du barreau. Le jeune soldat n'était pas éloigné lui-même de reconnaître que, malgré la bonté de ses chefs, il avait fait un assez triste essai de l'état militaire. M. de Lonse, par intérêt pour lui, renouvela deux fois son congé de semestre, et le laissa ainsi, l'espace de dix-huit mois, réfléchir sur sa vocation définitive.

Pendant que la santé de Bernadotte se rétablissait, et que la belle nature dont il jouissait, dans un heureux loisir, développait ses forces et ajoutait à sa vigueur, son esprit n'était pas oisif; il se livrait à des lectures conformes à ses goûts : les histoires de Fernand-Cortès, de Catinat, de Fabert, de tant d'autres, que leur valeur et leur génie ont conduits à la fortune, excitaient dans son âme des émotions contraires aux obsessions par lesquelles on voulait le porter vers le barreau. Enfin, le jeune Béarnais en vint à rêver un avenir de grandeur et d'autorité, avec tous les prestiges d'une imagination de dix-neuf à vingt ans ; avec toute l'ardeur d'un homme dont Napoléon devait dire un jour : « *Il a du sang maure dans les veines.* »

Il ne fallait pas moins que ces brillantes illusions, pour attacher alors les hommes à la plus glorieuse des professions, considérée au point de départ obscur où la prenait le simple soldat[1].

C'est vers cette époque de la vie de Bernadotte, que plusieurs biographes, trop peu soucieux de se bien informer, placent des récits tout à fait controuvés sur ses premières années dans la carrière des armes. Les uns le font ser-

---

[1] Le mépris que l'on professait presque généralement autrefois pour le soldat, était une conséquence assez naturelle de l'espèce d'ilotisme où les lois du temps le maintenaient. La troupe, c'est-à-dire les simples militaires et ce qu'on appelait alors les *bas-officiers*, se présentaient dans nos institutions monarchiques comme une masse entièrement passive, pour laquelle il n'y avait aucune part d'honneur à espérer sur le champ de bataille : à elle les boulets et la mitraille ; à messieurs les gentilshommes les récompenses et la gloire. On a reproché, avec raison, à l'empereur Napoléon d'avoir considéré les soldats comme de la *chair à canon*... mais au moins il faisait de cette chair des légionnaires, des officiers, des généraux... La guerre marchait par eux et pour eux. Avant la révolution, au contraire, la troupe n'obtenait, quoiqu'elle fît, que l'application du *Sic vos non vobis :* pauvre essaim d'abeilles combattantes, elle se faisait écharper; et de son sang répandu, naissaient des pensions, des cordons rouges, de petites et grandes entrées, des places dans les carrosses du roi, donnés aux hommes titrés qui avaient fait vaincre par des braves de corvée. Il ne faudrait pourtant pas conclure de ceci que la vieille noblesse française manquât de valeur; seulement elle ne se donnait plus la peine d'en montrer, depuis que les déplorables campagnes du Hanovre avaient, madame de Pompadour et les *Soubisades* aidant, déconsidéré l'armée, jusqu'à dégoûter cette noblesse de prendre part à ses exploits.

vir aux Indes orientales, et se distinguer à la bataille de Gondelour ; d'autres le font trouver à la même époque en Amérique, sous La Fayette et Rochambeau. La vérité est qu'il passa le temps compris entre 1780 et 1785, moitié au régiment de Royal-la-Marine, en Corse, moitié chez ses parents, et que ce ne fut qu'au commencement de 1785, qu'il prit l'irrévocable décision de rester sous les drapeaux.

Le marquis de Lonse, ayant été nommé maréchal-de-camp, avait quitté le régiment de Royal-la-Marine, et le corps était venu tenir garnison à Marseille, sous le commandement du lieutenant-colonel, le marquis Merle-d'Ambert. Bernadotte éprouva bientôt l'heureux effet des recommandations que le premier de ces officiers supérieurs avait laissées pour lui à son successeur : le simple grenadier fut fait caporal le 16 juin 1785, sergent le 31 août suivant, fourrier le 21 juin 1786, sergent-major le 11 mai 1788. Dans ces divers grades, Bernadotte s'était si bien conduit, les qualités physiques et morales dont la nature l'avait doué, son caractère affable, enfin ses bons procédés lui avaient si bien concilié l'affection de ses subordonnés et l'estime de ses chefs, que, dépassant tous les anciens sergents-majors, il fut promu, le 7 février 1790, au grade d'adjudant, dont il remplissait les fonctions depuis près d'un an.

A cette époque, le général marquis de Boutilliers arriva à Marseille en tournée d'inspection ; quand il passa la revue du régiment de Royal-la-Marine, M. d'Ambert lui présenta, suivant l'usage, les officiers et l'adjudant. Ce général, en fixant son regard sur Bernadotte, dit au lieutenant-colonel : « Si monsieur joint à sa belle » tournure une bonne conduite, il faut l'avan- » cer.—Je puis vous assurer, général, répondit » M. d'Ambert que sa tournure est ce qu'il a de » moins beau. » Tous les officiers s'empressèrent d'appuyer cet avis. Nous allons voir comment l'adjudant sut justifier et reconnaître cet éloge, par un trait qui caractérise à la fois ses bons sentiments et son courage.

La ville de Marseille, où depuis un demi-siècle, on a vu régner, tour à tour, tous les genres d'exaltation, et se développer, selon le temps, les principes les plus opposés, était alors dans la première effervescence patriotique. Les Marseillais, sur des nouvelles reçues de Paris dans la nuit, venaient de prendre la cocarde tricolore, lorsque Bernadotte, se rendant dès huit heures du matin au rapport, vit venir à lui une foule de jeunes gens, sortie du café le plus fréquenté de la ville. L'un d'eux lui présente un nœud de rubans aux trois couleurs; il le prend sans hésiter, et le place à la garde de son épée. Un regard expressif des jeunes patriotes se porte alors au chapeau de l'adjudant : l'intention de ce coup d'œil est parfaitement comprise : « Pour » celle-ci, dit le militaire, en touchant de la » main gauche sa cocarde blanche, elle doit » rester là, jusqu'à ce que mes chefs m'ordon- » nent de la changer. Un soldat n'est pas comme » vous, le maître d'en agir à sa fantaisie; il faut » qu'il obéisse à la discipline et à la subordina- » tion, si vous voulez qu'il vous défende. — » Bien! bravo! bravo! » s'écrie la foule en battant des mains; et l'adjudant continue son chemin.

M. d'Ambert, qui se trouvait en ce moment à Aix, ayant appris qu'on arborait les couleurs nationales à Marseille, prit la poste pour rejoindre son régiment. Arrivé à la porte de la ville, il entend qu'on ordonne au postillon d'arrêter. Deux sentinelles étaient placées à cette porte : l'une d'elles appartenait au régiment de Royal-la-Marine; l'autre était un garde national. Ce dernier, s'avançant vers la voiture, demande brusquement à M. d'Ambert d'exhiber son passe-port. « Je n'ai point de passe-port, répond » l'officier supérieur; ne me connaissez-vous » pas? je suis le colonel du régiment en garni-» son ici. — C'est égal, reprend le bourgeois, » il faut descendre; nous voulons savoir si vous » êtes en règle. » M. d'Ambert, continuant d'opposer le sang-froid à l'animosité évidente du Marseillais, descend de sa voiture; mais déjà la garde est sortie; les soldats de Royal-la-Marine s'avancent en grommelant : « Est-ce que » les citoyens voudraient arrêter notre colonel, » par hasard? » Celui-ci leur impose silence, leur prescrit de rentrer au corps-de-garde; puis, s'approchant du garde national, il lui répète doucement, amicalement même : « Vous voyez » bien, mon ami, que je suis le colonel, et que » vous avez failli, mal à propos, exciter du tu-» multe. » Cela dit, M. d'Ambert remonte en voiture et gagne son hôtel.

Cependant, le bourgeois-sentinelle, persistant dans sa pensée hostile, raconte à ses camarades que le colonel l'a rudoyé; et les camarades de crier par la ville, que M. d'Ambert s'est insurgé contre les citoyens. Or, ce n'est pas aux temps d'exaltation populaire que l'on peut appliquer le *vox populi, vox Dei :* en peu d'instants l'inoffensif officier se trouve être un grand coupable.

L'adjudant Bernadotte, informé de la rumeur publique, court chez le colonel, l'engage à ne pas sortir, et se rend à l'Hôtel-de-Ville pour avertir les officiers municipaux de ce qui se passe. Mais pendant qu'il fait cette démarche, M. d'Ambert, dominé par son impatience, sort, et se dirige lui-même vers la municipalité. A peine est-il dans la rue qu'on l'entoure, le presse, le maltraite; enfin, on le saisit, et l'on parle déjà de l'attacher au premier réverbère.

Tout à coup, Bernadotte surgit de la foule, avec quelques soldats réunis à la hâte, et parvient à tirer le colonel des mains de cette troupe furieuse... Mais le danger de l'officier supérieur n'est point passé : il est à craindre que l'intrépide adjudant ne recueille que le triste honneur de périr en défendant son chef. Il l'emmène, toutefois, dans la direction de l'Hôtel-de-Ville, où l'on obtiendra sans doute secours et protection de la part de l'autorité municipale, déjà prévenue. Les plus séditieux suivent M. d'Ambert en demandant sa tête à grands cris.

Parvenu à la porte de l'Hôtel-de-Ville, Bernadotte, se voyant assez bien entouré pour défendre son colonel, quitte le langage de persuasion et de remontrance qu'il avait tenu jusqu'alors, et prend celui d'un homme qui veut se faire obéir. Il s'adresse à la foule : « Mar-
» seillais, lui dit-il avec fermeté, vous ne
» pouvez avoir l'intention de vous souiller par
» un assassinat; si le colonel est répréhensible,
» la loi prononcera, par l'organe de vos magis-
» trats; mais jusque-là, je vous déclare que
» vous n'attenterez à sa vie qu'après avoir mar-
» ché sur mon corps et sur celui des braves
» qui m'entourent. » Ces mots, prononcés énergiquement; cette première allocution d'un militaire qui devait se distinguer un jour par l'éloquence du champ d'honneur, étonne les séditieux, et suspend leurs clameurs. M. d'Ambert est introduit à l'Hôtel-de-Ville, dont Bernadotte et ses camarades défendent l'entrée.

Mais bientôt la fermentation se ranime : le peuple, excité par les malveillants, revenus de leur surprise, demande avec fureur la tête de *l'aristocrate*. La municipalité délibère : elle ne veut pas se dépopulariser en agissant contre cette foule irritée; mais elle ne veut pas non plus livrer le colonel à sa fureur; elle décide que l'affaire sera soumise au gouvernement.

Le procureur de la commune, Barbaroux, qui jouissait déjà de l'affection de ses compatriotes, descend sur la place, et communique aux séditieux la décision des représentants de la commune. Ils se dispersent; le colonel est sauvé. Sa mission terminée, le magistrat municipal s'avance vers Bernadotte, et, lui saisissant la main, lui dit avec émotion : « Mon- » sieur l'adjudant, vous irez loin; et, pour peu » que les circonstances vous soient favorables, » je vous prédis de glorieuses destinées. » Celui qui venait de prononcer une prophétie, était ce même Barbaroux qu'on vit plus tard briller parmi les lumières du parti girondin, puis s'éteindre comme un météore. Il n'était pas destiné à voir l'accomplissement de son présage sur Bernadotte : enfant illustre du Saturne révolutionnaire, il devait être dévoré par lui [1].

---

[1] Vingt-neuf ans après cette journée, que Bernadotte pouvait regarder comme son début dans la haute carrière des armes, Charles XIV eut le plaisir de se la voir rappeler par un magistrat de Marseille, qui en avait été témoin oculaire. Ce Marseillais, M. Ricard d'Allaux, en adressant au roi

Après un tel événement, le colonel marquis d'Ambert ne pouvait plus rester à Marseille ; conformément à l'avis de la municipalité, le gouvernement ordonna qu'il fût transféré à Paris, pour y être jugé légalement, et le fit remplacer par M. de Boulard. A son arrivée à Paris, M. d'Ambert ne montra pas moins de reconnaissance envers Bernadotte, que celui-ci ne lui en avait témoigné de ses bienveillants procédés à son égard, et surtout de son bon témoignage lors de la revue du général de Boutilliers. Cet officier parla de la belle conduite de son libérateur dans les bureaux, au ministre de la guerre, et même à Louis XVI. Tous ces récits eurent probablement leur influence sur les destinées de l'adjudant, et les circonstances ne tardèrent pas à lui rendre cette recommandation utile.

de Suède un ouvrage qu'il publiait, en 1818, sur l'institution du jury en France, lui écrivait : Lorsqu'à Marseille, ma ville natale, j'eus le bonheur
» de vous voir au début de votre carrière, je me dis que vous seriez un
» grand homme. Dans une route plus bornée, j'ai cultivé de généreuses
» pensées, et quand je les ai vues attaquées, je les ai soutenues comme on
» défend son patrimoine. Veuillez agréer le dépôt qui les contient; un au-
» tre l'aurait mis à vos pieds; mais le langage adulateur n'est pas nécessaire
» avec vous, qui avez dit : la majesté des rois est dans le bonheur des
» peuples, et le bonheur des peuples est la récompense des rois. Je suis
» avec respect, etc. »

A cette époque, les troupes de ligne commençaient à se désorganiser par l'émigration ; le roi se vit forcé de sanctionner un décret de l'assemblée constituante, qui, en réglant le remplacement de toutes les vacances dans l'armée, ouvrait la carrière de l'avancement à tous ceux qui, jusqu'alors, en avaient été exclus au profit des privilégiés. Ces nouvelles dispositions ne pouvaient qu'être favorables à l'adjudant Bernadotte : il fut promu au grade de lieutenant dans le régiment d'Anjou, en novembre 1791. Le régiment de Royal-la-Marine avait reçu l'ordre de s'embarquer pour Saint-Domingue ; il en résultait des démissions, et, par suite, un avancement si rapide que Bernadotte regrettait de quitter son corps. Aussi demanda-t-il avec instance au ministre de la guerre de l'y laisser ; alléguant surtout l'influence que ses précédents lui avaient acquise sur ses camarades, qu'il connaissait aussi bien qu'il en était connu. Heureusement pour lui, cette démarche fut sans succès ; le nouveau colonel, M. de Boulard, lui dit, en lui communiquant la réponse négative du ministre : « Votre demande » n'a pas eu l'agrément du roi ; mais consolez- » vous, mon ami, vos espérances ne peuvent

» tarder à se réaliser, et probablement plus tôt
» que si vous partiez avec nous. La guerre n'est
» pas loin, et si elle éclate, votre fortune mi-
» litaire est assurée. »

Bernadotte alla donc tristement rejoindre, en Bretagne, le régiment d'Anjou ; car le décret était positif : il fallait obéir ou se démettre. Mais, dans ce nouveau corps, il sut gagner, bien plus vite qu'il ne l'avait espéré, l'affection de ses camarades et l'estime de ses chefs. Lorsque le régiment de Royal-la-Marine repassa en France, l'adjudant de 1790 était déjà colonel, tandis qu'il fût revenu tout au plus capitaine, s'il l'eût suivi aux colonies.

Une vaste carrière de gloire allait s'ouvrir devant le soldat Bernadotte, parvenu aux grades supérieurs. La France était arrivée à cette période de refonte sociale, où les grandeurs conventionnelles s'évanouirent, où les qualités réelles devinrent enfin des titres pour obtenir la confiance et mériter les distinctions. En 1793, les guerres de la révolution venaient d'éclater; au sein de la subversion générale, le commandement des armées ne pouvait plus appartenir aux anciens titulaires de la monarchie ; ainsi qu'elle avait produit ses législateurs, il fallait que la révolution produisît des capitaines pour diriger ses vaillantes légions... car la *Marseillaise* et le *Ça ira*, qui faisaient tant de soldats, ne pouvaient improviser des généraux. L'intelligence des officiers subalternes, placés tout à coup à la tête des armées, devait s'élever jusqu'aux inspirations du génie : ce phénomène s'opéra, et Bernadotte en offrit un des premiers exemples.

CHAPITRE II.

Bernadotte commande une demi-brigade à l'armée du Rhin. — Il sait concilier la discipline avec l'esprit du temps. — Combats de Spire et de Mayence. — Le général Custine. — Trait de bravoure et de présence d'esprit. — Kléber confie à Bernadotte le commandement de son avant-garde. — Victoire de Prémont. — Bernadotte devant Landrecies (lisez ainsi dans le texte). — Révolte de la brigade Goguet. — Bernadotte l'apaise. — Son énergique réponse aux représentants Saint-Just et Lebas. — Combat du 7 floréal an II. — Jugement porté par un grenadier. — Les épaulettes de Bernadotte. — Goupilleau de Fontenay. — Bernadotte est nommé général de division; il refuse ce grade, parce qu'il n'est que chef de brigade. — Bernadotte sauve le général Marceau des suites d'une révolte. — Bataille sur la Sambre. — Fleurus. — Passage de la Meuse. — Bataille de Juliers. — Siége et prise de Maëstricht.

Le corps placé sous les ordres de Bernadotte faisait partie de l'armée du Rhin commandée par Custine. Ce corps, formé d'un amalgame d'anciens soldats et de volontaires nationaux, laissait beaucoup à désirer sous le rapport de la discipline. Cependant, cette première base de toute organisation militaire était d'autant plus nécessaire dans les rangs de Bernadotte, qu'il incorporait journellement beaucoup de volontaires, pleins de courage sans doute, mais dont l'ardeur même avait besoin d'être soumise à cette subordination sans laquelle il n'est pas de succès à la guerre. Cet officier sentait, d'un autre côté, que, dans ses projets disciplinaires, il devait faire ample la part du temps et des opinions qu'il avait amenées. Tout en pliant l'esprit de ses subordonnés aux obligations du service, il s'attacha à n'enlever aucun hommage aux divinités du jour : la liberté et l'égalité...; tâche délicate, dont bien peu de chefs purent alors s'acquitter. Bernadotte résolut ce problème difficile : l'ordre qu'il établit fut sévère, mais empreint d'une sollicitude vraiment paternelle. Il traita ses officiers en camarades ; les soldats, dans sa pensée comme dans ses actions, eurent tous les droits des enfants gouvernés par le père de famille.

Ces soins bien entendus réussirent parfaitement à Bernadotte : deux mois après l'incorporation des jeunes soldats, opérée au milieu de l'hiver et devant l'ennemi, cette troupe était citée pour ses manœuvres et sa discipline ; aussi, lorsqu'elle entra pour la première fois en ligne, fit-elle remarquer sa bravoure et son dévouement. Ce fut aux combats de Spire et de Mayence que ce corps commença à participer aux opérations de la campagne : sa conduite, dans ces deux journées, attira l'attention du général en chef, et mérita ses éloges.

Cependant Custine, après de beaux succès, se vit contraint de se replier sur nos frontières, qu'il avait franchies. Mais il lui importait de dégager Mayence : dans le mouvement qu'il fit pour obtenir ce résultat, une malheureuse méprise fit tourner les armes de l'infanterie française contre un corps de cavalerie destiné à la soutenir. Sur le champ de bataille, la moindre erreur peut devenir une faute capitale : les Autrichiens ne profitèrent qu'un instant de celle-ci. Bernadotte, dont le coup d'œil sûr avait aperçu dans la troupe un commencement de confusion, ne laissa pas à l'ennemi le temps d'en tirer aucun avantage. Au moment où le désordre va gagner sa colonne, il parle à ses soldats avec calme, avec cette fermeté stoïque qui ne semble pas croire à la possibilité d'une défaite, et les exhorte à conserver le sang-froid qui convient à des braves comme eux. Puis, se portant vers un bataillon qu'il voit près d'être enveloppé, il lui fait exécuter un mouvement qui le dégage. Custine a suivi cette manœuvre habile; il en félicite hautement Bernadotte, tandis que les officiers de son corps, sortant des rangs par une impulsion spontanée, se pressent autour de lui, et le remercient avec effusion d'avoir sauvé l'honneur de ce corps.

En temps de guerre, le vol de la renommée est rapide : la valeur et le talent de Bernadotte furent bientôt connus de tous les généraux; et ce fut sous ces glorieux auspices qu'il passa à l'armée du Nord. A ce nouveau poste, on lui confia le commandement d'une avantgarde composée de la 71e demi-brigade et du troisième régiment de cavalerie. Ce commandement était celui d'un général de brigade; Bernadotte pouvait dès cette époque être promu à ce grade : on le lui avait offert; mais il s'était attaché à sa famille de soldats. Commander à ces braves, qui l'aimaient, les conduire au combat, vaincre avec eux et par eux, telle était son unique ambition.

En l'an II, la défense du poste de Prémontre fut confiée à l'avant-garde que commandait le chef de brigade Bernadotte; la résistance dans cette position était d'autant plus utile, que si l'ennemi parvenait à l'enlever, il pourrait ensuite se porter sans obstacle sur Saint-Quentin. Mais Bernadotte avait parfaitement compris l'importance de sa mission; il fit toutes les dispositions que lui permirent les ressources du terrain, et répartit ses forces, malheureusement peu considérables, avec toute l'intelligence qu'on aurait pu attendre d'une vieille expérience. Ce qu'on avait prévu arriva : l'avant-garde fut attaquée par onze bataillons autrichiens et anglais, précédés de dix escadrons de cavalerie; le tout soutenu par une artillerie formidable. Le chef béarnais, selon sa coutume, harangua ses soldats avec cette vivacité impétueuse qui distingue les Gascons; le choc des masses ennemies échoua contre le courage soutenu des défenseurs du poste de Prémontre.

Bernadotte, malgré toute sa présence d'esprit et son habileté, ne put empêcher cependant que sa petite troupe, débordée sur ses deux ailes, ne fût enveloppée après quelques heures de combat; mais elle n'en disputa pas moins le terrain, pied à pied, jusqu'à la nuit : cette défense héroïque dura près de sept heures. Enfin, au moment où nos braves combattaient au milieu des ennemis, on apporta à leur chef l'ordre de la retraite, qu'il fit effectuer avec une lente précision, que ses nombreux assaillants essayèrent en vain de troubler.

Le soir même, plusieurs généraux et les représentants du peuple en mission près de l'armée du Nord vinrent féliciter Bernadotte dans son camp, à l'occasion d'un fait d'armes d'une aussi immédiate utilité.

Peut-être a-t-on déjà remarqué que les premiers exploits de cet officier supérieur furent presque toujours suivis des félicitations, soit de ses chefs, soit de ses subordonnés, et que ces témoignages d'admiration ou de reconnaissance avaient un certain caractère de solennité. S'il faut, à l'exemple de quelques biographes, reconnaître ici l'influence du pays, c'est-à-dire le soin que Bernadotte aurait pris d'exciter le dévouement de ses amis au profit de sa réputation, nous ne voyons pas ce qu'on pourrait en conclure à son désavantage. Cela prouverait tout au plus, qu'il comprenait fort bien qu'une belle action ignorée, en demeurant stérile pour son auteur, énerve le courage qui l'a produite, et tarit la source de ses belles actions futures. C'est le cas de dire qu'il n'est pas une faiblesse humaine que l'on ne puisse exploiter dans l'intérêt de la société.

Au mois de floréal, et lorsque l'armée du Nord marcha pour faire lever aux Autrichiens le siége de Landrecies, Bernadotte commandait l'aile gauche de la colonne d'attaque. Cette aile combattait avec quelque succès, lorsqu'il fut informé que la droite et le centre étaient forcés de se replier, et qu'il devait protéger leur retraite. Il vole alors, avec sa brigade, au secours du général Goguet : ce vaillant officier, furieux de ce que ses soldats venaient de lâcher pied, leur avait reproché avec emportement cet oubli de valeur. Au moment où Bernadotte accourait près de lui, une sédition éclatait : le cri de *à bas le général!* retentissait dans les airs ; et bientôt la détonation d'une arme à feu se mêla à ces bruyantes clameurs... Goguet était tombé grièvement blessé d'un coup de fusil, et ses assassins se vantaient hautement de leur crime. Bernadotte, indigné, songeait peut-être à venger

cette victime de l'insubordination ; le blessé devina sa pensée : « Conserve ton sang-froid, lui
» dit-il; ils se sont trompés sur mon compte...
» Au demeurant, je ne suis qu'un homme; tu
» seras attaqué demain; fais tes préparatifs pour
» combattre les ennemis de la république. »

Néanmoins, et quoique les troupes de Bernadotte ne semblassent pas partager son indignation, Bernadotte les fait ranger en bataille, ainsi que la brigade Goguet, et, dans un discours animé, il s'élève contre le meurtre qui vient d'être commis. Il peint les suites funestes de l'insubordination, montre les avantages de l'ennemi et le déshonneur de l'armée, comme les conséquences infaillibles de l'indiscipline; enfin, il parvient à exciter le ressentiment de la troupe contre les coupables, à tel point qu'elle veut à l'instant marcher contre eux et les exterminer... Bernadotte, lui-même, se voit obligé de calmer l'exaltation vengeresse que son allocution a produite. Plus d'une fois encore, cet officier montrera, en de semblables occasions, l'heureux ascendant que peut exercer l'éloquence militaire, convenablement appliquée.

Cette campagne de l'an II fut mêlée de succès et de revers; mais les derniers dominèrent à l'armée du Nord. Dans les combats livrés entre Landrecies et Réunion-sur-Oise, les Français furent souvent battus; pouvait-il en être autrement? Les recrues envoyées aux frontières y apportaient un mélange d'opinions qui devait nuire nécessairement à la cause de la république : les uns, ennemis nés ou abusés du nouvel ordre de choses, ne s'associaient qu'avec répugnance aux opérations militaires qui tendaient à le consolider; les autres, républicains exaltés, refusaient de comprendre la discipline dans le système de liberté sans limites qu'ils rêvaient.

Au milieu d'une telle confusion, il fallait cependant que les généraux fussent assez heureux pour éviter les reproches des représentants du peuple en mission aux armées; car ce n'était pas seulement de l'ennemi que venait le *væ victis :* durant ce paroxisme de fiévreuse exaltation, tout général battu était coupable aux yeux des proconsuls voyageurs; bien persuadés qu'ils étaient que les comités de Paris avaient infailliblement *organisé la victoire.* Du reste, la plupart de ces députés, fort ignorants dans tout ce qui concernait l'art de la guerre, ne s'en montraient pas moins disposés à écouter les plaintes et les dénonciations portées contre des chefs qui, toujours attaqués par des troupes expérimentées et régulières, n'avaient à leur opposer que des soldats nouveaux, sinon indisciplinés.

Dans ces circonstances, Bernadotte se pénétrait vivement de la difficulté du commandement, et quelquefois la trempe supérieure de son âme ne le défendait pas d'un certain découragement.

Il se trouvait dans cette disposition d'esprit, un jour que les représentants Saint-Just et Lebas vinrent le visiter à son quartier. Ces conventionnels, ainsi qu'ils en avaient contracté l'habitude, approuvèrent peu et blâmèrent beaucoup. « Ma foi, citoyens représentants, » leur répondit avec chaleur le chef de brigade, » la position des généraux est aussi trop criti- » que : pour mon compte, je la trouve si diffi- » cile à supporter, que me voilà prêt à saisir » un fusil et à rentrer dans les rangs des sol- » dats, si vous voulez faire choix d'un autre » chef pour les mener à l'ennemi. » Après cette vive sortie, Bernadotte trouva les deux législateurs plus traitables, et mieux disposés à reconnaître ses efforts.

Au mois de floréal an II, plusieurs défaites successives avaient fatigué le courage de la plupart des corps composant l'armée du Nord; à peine quelques demi-brigades conservaient-elles cette énergie que toutes montraient au début de la guerre : celle de Bernadotte, particulièrement, s'était défendue jusqu'alors contre le découragement presque général. Mais, le 7 de ce même mois, elle eut à supporter une attaque si impétueuse, si longuement soutenue, que, malgré des prodiges de valeur, elle se laissa enfoncer. Vainement la voix du chef, désespéré, essaya-t-elle de rallier les rangs, déchirés par la mousqueterie et la mitraille; elle n'était plus entendue.

« Il fallait voir, nous disait récemment un
» vieux soldat de la république, il fallait voir
» Bernadotte au milieu de la masse confuse que
» formait déjà sa brigade : ses traits largement
» dessinés exprimaient une animation sublime;
» des jets de flamme partaient de ses yeux; sa
» longue chevelure nue était agitée par la brise;
» enfin, en voyant sa haute stature dépasser de
» toute la tête celle des soldats qu'il cherchait
» à réunir, on eût dit le dieu des armées des-
» cendu dans la lice pour ranimer le courage
» des combattants [1]. »

[1] Ce témoignage nous a paru conforme à la brève et non moins expressive réponse que fit à l'archiduc Charles un grenadier français, fait pri-

Tant d'ardeur et de dévouement vont peut-être échouer, lorsque, s'inspirant de la pensée d'un dernier appel à l'amour-propre français, Bernadotte arrache violemment ses épaulettes et les jette au milieu des rangs que l'ennemi vient de rompre en s'écriant : « Je ne suis plus » votre chef, puisque vous vous laissez désho- » norer ! » A ce mot de déshonneur, si dur pour des oreilles françaises, quelques volontaires ramassant les épaulettes de leur commandant, les lui remettent, et jurent d'obéir à ses commandements.

En effet, un fort détachement se rallie autour de Bernadotte ; il le dirige vers une grande route sur laquelle plusieurs pièces d'artillerie et des caissons viennent d'être abandonnés par les fuyards. Quelques barrils d'eau-de-vie sont épars çà et là : « N'avez-vous pas de honte, dit » le chef de brigade, d'abandonner votre eau- » de-vie aux Autrichiens ? » Ce reproche est si bien senti que les soldats se prennent à boire, et forment ainsi une sorte de point de ralliement

---

sonnier à Neumarck en 1796. L'archiduc lui demandait le nom de son général et quelques notions sur sa personne. Le grenadier répondit : « Ce » général se nomme Bernadotte ; son regard est celui de l'aigle, et il vous » a prouvé plus d'une fois qu'il a le cœur d'un lion. »

vers lequel leurs camarades accourent. Sans perdre un instant, Bernadotte fait tourner les canons contre l'ennemi qui poursuit sa colonne ; surpris de ce mouvement, il hésite, s'arrête et se décide lui-même à rétrograder. Cette manœuvre donne au héros de cette histoire le temps de rallier ses troupes, et bientôt il les ramène au camp, après avoir ressaisi l'artillerie et les équipages qu'on avait abandonnés.

Au moment où cet événement se passait, Bernadotte devait être arrêté et conduit à Paris, par suite d'une dénonciation adressée au comité de salut public contre lui et le général Goguet. L'ordre de cette arrestation avait été transmis, en même temps, au général Férand et au représentant du peuple Goupilleau de Fontenay, qui devaient se concerter pour son exécution. Or, il résulta de l'entretien qu'ils eurent ensemble que, tout étant disposé pour marcher le lendemain (7 floréal) à l'attaque de Landrecies, et n'ayant pas de général disponible pour remplacer Bernadotte, le meilleur parti qu'ils eussent à prendre était de surseoir à l'arrestation jusqu'après le combat. On convint, toutefois, que le chef de brigade serait surveillé pendant la journée, par un agent de police, qui devrait ensuite s'assurer de sa personne.

Mais, le soir, il survint un incident inattendu : l'agent de police observateur avait été témoin de la brillante conduite de Bernadotte pendant l'affaire qui se terminait; il se rendit auprès de Goupilleau, et lui dit qu'avant d'arrêter cet officier supérieur, il croyait devoir rapporter ce qu'il lui avait vu faire sur le champ de bataille. Le représentant crut cette circonstance assez digne d'attention pour en référer au comité de salut public, qui révoqua l'ordre d'arrestation, et le remplaça par une promotion au grade de général de division...

Bernadotte repoussa alors cet honneur [1] : « Ma » nomination n'est pas légale, dit-il pour mo- » tiver son refus ; je ne puis accepter le rang » de général de division avant d'avoir reçu » mon brevet de général de brigade; et, quant » à ce dernier grade, rien ne presse. Il y a » d'ailleurs assez de peine et de danger pour

---

[1] Bernadotte n'avait pas encore été nommé, en effet, général de brigade ; mais comme il agissait en cette qualité depuis le commencement de la campagne, le comité de salut public le considéra sans doute comme titulaire de ce grade supérieur, d'autant plus volontiers qu'il lui devait une réparation.

» moi à commander une brigade, jusqu'à ce
» qu'on ait établi dans l'armée plus de disci-
» pline et de subordination. »

Désigné peu de temps après pour renforcer l'armée des Ardennes, Bernadotte fit franchir en deux jours vingt-quatre lieues à sa brigade, toujours harcelée sur son flanc gauche par l'ennemi, qui ne parvint pas à suspendre sa marche. A ce nouveau poste, il livra plusieurs combats sur la Sambre; et le succès qu'il obtint dans ces engagements, justifia la réputation glorieuse qui l'avait devancé à l'armée des Ardennes.

Suivons maintenant Bernadotte à l'armée de Sambre-et-Meuse : il y exerça sur la troupe l'ascendant que lui avaient acquis sa valeur personnelle, ses talents et surtout sa constance, opposée aux plus grandes difficultés, comme aux périls les plus imminents. Dès son arrivée à sa nouvelle destination, cet ascendant lui servit à se rendre maître d'une sédition semblable à celle qu'il avait apaisée dans la brigade Goguet, mais déterminée par un motif différent. Cette fois ce fut le jeune et vaillant Marceau qui faillit être la victime de l'insubordination : Une députation, appartenant à un régiment de grenadiers, était venue réclamer auprès de lui des cantonnements; le ton de cette demande, déjà répréhensible par elle-même, provoqua sans doute le mécontentement du général; il adressa de vifs reproches à ces militaires, et finit par donner l'ordre de les arrêter. Cet ordre fut le signal d'une révolte : les grenadiers se jettent sur Marceau, le saisissent au collet et se disposent à l'entraîner. En ce moment, Bernadotte sortait de son camp; il voit le danger du général, tire son sabre, se précipite au milieu de ces furieux, et fait éclater contre eux sa juste indignation.

Kléber accourait aussi au secours de Marceau; mais apercevant Bernadotte dans la mêlée, il s'arrêta et retourna sur ses pas, en disant, avec son accent alsacien : « Laissons-le faire; j'irais » peut-être tout gâter. » En effet, les tonnantes apostrophes de Bernadotte, les reproches de lâcheté qu'il adressait aux séditieux, sans paraître s'occuper de leur nombre, stupéfièrent ces hommes égarés. Ils baissèrent la tête sur leur poitrine; quelques-uns prirent la fuite, et plusieurs autres demandèrent la punition des instigateurs de cette mutinerie.

Il faut convenir qu'indépendamment de la

résolution froide et immuable que Bernadotte apportait dans les entreprises périlleuses, la nature semblait l'avoir destiné à imposer aux autres hommes : il y avait dans cette organisation puissante de formes, de jeunesse, de passions, d'éloquence persuasive, un ensemble, une harmonie de supériorité qui commandait le respect et l'obéissance. Peut-être en était-il lui-même persuadé; aussi ceux que le rang et l'autorité appelèrent à le dominer, obtinrent-ils de lui le tribut du devoir, sans jamais le faire descendre un instant de sa dignité, même pour accepter une faveur.

Il est peu digne de l'histoire de s'attacher minutieusement à décrire les moindres escarmouches; c'est à grands traits qu'elle doit peindre les hommes et les actions mémorables de leur vie. Nous négligerons donc plusieurs petits combats sans importance dans la carrière de Bernadotte, pour ne nous occuper que des fastes proprement dits. Parmi ces derniers, on doit comprendre la part active que cet officier prit, avec les généraux Kléber et Duhem, à une bataille livrée, dans les premiers jours de messidor, sur les bords de la Sambre : engagement dont le résultat fut de rendre l'armée française maîtresse du cours de cette rivière; de favoriser l'établissement définitif des ponts, qu'on avait été forcé de retirer un moment, et de préparer les opérations que devait couronner la glorieuse journée de Fleurus.

Les bulletins de l'époque, les mémoires de Jourdan et *la stratégie* du prince Charles lui-même, attestent qu'à la bataille de Fleurus nos jeunes soldats déployèrent cette intrépidité calme, cette stoïcité de la valeur, qui sont les meilleurs garants du succès; et là les généraux sortis si récemment de la classe inférieure des officiers, firent preuve d'une expérience stratégique que trente années semblaient avoir mûrie [1]. Parmi ces chefs, Bernadotte se fit parti-

---

[1] Le triomphe de Fleurus exerça sur les Autrichiens une influence morale prodigieuse. Jusqu'alors, ils avaient méprisé ces jeunes volontaires mal vêtus, mal disciplinés, dont l'aspect repoussant justifiait le nom de *bandes*, donné par nos dédaigneux ennemis aux bataillons républicains. Il fallut changer d'opinion et de langage, lorsque ces petits *carmagnoles*, aux chapeaux brisés et tombant sur les oreilles, aux uniformes sales et bigarrés, eurent fait jaillir de leurs mousquets, couverts de rouille, des feux aussi nourris que ceux des vieilles phalanges hongroises; et lorsque, marchant sur l'ennemi comme des murs mobiles, ils eurent enfoncé, en chantant, de formidables carrés. Nos généraux excitaient aussi la lourde plaisanterie autrichienne : MM. de Bender et Clairfait, parodistes malheureux de Charles XII, avaient d'abord assuré qu'ils n'opposeraient que leur botte à ces indignes adversaires; mais ils reconnurent bientôt que

culièrement remarquer : Une des divisions de gauche avait perdu beaucoup de terrain; sur ce point, l'avantage de la journée paraissait compromis. Notre Béarnais, avec six bataillons, se dirige impétueusement vers l'espace conquis par l'ennemi, et l'occupe de nouveau; puis il emporte, l'épée à la main, les hauteurs boisées de Jouverai, les villages de Lerou, de Villebourou, et poursuit les Autrichiens jusqu'à leur camp de la chapelle d'Erlemont. Ce mouvement fut décisif : il contribua puissamment à fixer la victoire sous nos drapeaux.

Le général Kléber, dont l'habile concours avait également contribué à grossir la moisson de lauriers qui devait profiter à Jourdan, s'approcha de Bernadotte dès que le combat eut cessé : « Il faut enfin, » lui dit-il d'un ton animé et presque impérieux, « il faut que vous accep» tiez le grade de général de brigade, ici, sur » le champ de bataille où vous l'avez si bien » mérité; si j'éprouve encore un refus, c'est » que vous n'êtes plus mon ami. »

Bernadotte attachait un grand prix à l'amitié

---

toute l'habileté dont ils étaient pourvus devait être employée contre ces chefs d'hier... Un peu plus tard, ils furent contraints d'avouer qu'elle ne suffisait pas.

de Kléber; il se laissa nommer général. Son brevet porta cette glorieuse mention : Promu à ce grade pour *traits de bravoure et actions d'éclat.*

Dès ce moment, Bernadotte fut placé, par l'opinion unanime de l'armée, au premier rang des généraux de l'époque, quoiqu'il n'occupât encore dans leur hiérarchie qu'une place secondaire. Mais le temps durant lequel il resta général de brigade ne fut qu'une époque transitoire, qu'il eût été en son pouvoir d'abréger encore, si son ambition ne se fût pas montrée plus avide des actions qui méritent, que des faveurs qui récompensent.

La confiance des chefs supérieurs de l'armée de Sambre-et-Meuse, sans s'arrêter à la considération du grade, décerna à Bernadotte, après la bataille de Fleurus, le commandement d'une avant-garde d'une importance numérique au moins égale à celle d'une division. Il reçut l'ordre de se porter sur Mons, avec dix mille hommes, attaqua et battit l'ennemi à Binch, puis s'avança jusqu'à Caster. Prenant ensuite position sur la Meuse, il força le général Kray dans celle qu'il occupait devant Maëstricht, lui enleva de vive force les ouvrages avancés construits pour défendre l'approche de cette place, et le contraignit de chercher lui-même un refuge sous le canon de ses remparts. Après avoir annulé ainsi l'action du corps autrichien destiné à soutenir l'une des clefs importantes de la Hollande, Bernadotte, instruit qu'un convoi considérable remontait la Meuse pour doubler les approvisionnements de Maëstricht, descend avec rapidité cette rivière, et s'empare du convoi, estimé plus d'un million. Ce fut tout à la fois une capture profitable à l'armée républicaine, et une ressource considérable enlevée à l'ennemi.

Sans perte de temps, l'actif général, après avoir passé la Meuse, investit Maëstricht sur la rive droite, et marche sur la Roer.

Voici la lettre qu'il reçut de Kléber pendant ce mouvement : elle est datée du 9 vendémiaire an III. « Au reçu de la présente, mon cher ca-
» marade, tu donneras l'ordre à l'adjudant-gé-
» néral *Ney* de prendre, le plus près des lieux
» que possible, des renseignements pour s'assu-
» rer quelle est la largeur de la Roer; si elle est
» guéable et sur quel point. Tu t'en informeras
» de ton côté, et tu me feras parvenir sur-le-
» champ un résultat de vos recherches commu-
» nes. Quoi qu'il en soit, tu mettras en réquisi-

» tion tous les charpentiers imaginables; tu
» feras préparer des arbres, des madriers, des
» planches, et tu rassembleras ces matériaux
» dans un lieu à proximité, afin de t'en servir
» demain pour jeter des ponts sur cette rivière.
» Ne ménage rien, mon cher camarade; enlève,
» s'il le faut, le plancher des maisons... je te
» préviens que les divisions [1] sous mes ordres
» partiront aujourd'hui un peu tard pour pren-
» dre leur nouvelle position en avant de Gen-
» gète; si tu pouvais, mon cher camarade,
» t'emparer aujourd'hui encore de Heinsberg,
» ce serait une belle avance et un beau tour
» d'avant-garde. Jette un petit coup d'œil sur
» les lieux, et puis fais ce que tu croiras de
» mieux à faire. Je serai avant midi à Geylenkir-
» chen avec le général en chef : tu pourras m'y
» adresser ta dépêche, *salut* et *fraternité*. *Klé-*
» *ber.* »

Cette invitation républicaine fut prise au pied de la lettre par Bernadotte : il s'empara, le jour même, de Heinsberg... « Bravo! mon
» cher camarade, lui écrivait le soir Kléber;
» voilà un coup de main qui fera grand plaisir
» au général en chef : je viens de lui en rendre
» compte. »

---

[1] Kléber commandait deux divisions.

Tels furent les préludes de la mémorable bataille de Juliers, livrée le 11 vendémiaire an III. Durant cet engagement de onze heures, Bernadotte, avec moins de douze mille hommes, dut suppléer les deux divisions de Kléber, qui ne purent se déployer, à cause des obstacles que leur opposait la nature du terrain. Ayant en tête vingt-cinq mille combattants, soutenus par une formidable artillerie, Bernadotte força le passage de la Roer, mit en fuite le corps autrichien, qui laissa en son pouvoir des canons, plusieurs de ses dépôts et tous ses équipages. On trouva le camp qu'il abandonnait jonché de quatre cents morts et d'environ mille blessés, dont les vainqueurs firent prendre soin. « Je ne puis trop me louer du général » Bernadotte, écrivait Kléber après cette bataille; toujours sous le feu le plus vif, il dirigeait ses dispositions avec un sang-froid héroïque; son courage infatigable et son intrépidité ont décidé du sort de la bataille [1]. » Le résul-

[1] Kléber, dans son rapport au général en chef Jourdan, mentionnait aussi la valeur de l'illustre et malheureux *Ney*, alors adjudant-général, et celle, non moin éclatante, des capitaines Hamelinaye (aujourd'hui lieutenant-général), et Gérard (aujourd'hui maréchal de France); ainsi que bravoure des citoyens Bertèche, Toury, Gommand, Pigache et Langlet.

tat de cette journée fut d'obliger l'ennemi à se retirer sur la rive droite du Rhin, et d'abandonner Maëstricht à ses propres forces.

« Je m'estimerai heureux, dit alors le feld-» maréchal Verneck, si les Français nous lais-» sent tranquilles, quand nous aurons repassé » le Rhin. » Cette réflexion était tardive; il fallait ne pas passer ce fleuve, et laisser la France reconstituer, selon ses vues, son état politique.

Kléber, qui fut chargé d'assiéger Maëstricht, confia à Bernadotte l'assaut du fort de Wich, avec dix-neuf bataillons, trois régiments de cavalerie et soixante pièces d'artillerie. C'était la première fois que le vainqueur de Juliers avait à s'occuper d'un siége en règle : une nouvelle carrière était ouverte à son intelligence et à son activité; peut-être l'envie de ses rivaux (car, brave et doué d'un talent supérieur, il devait en avoir), l'attendait-elle à l'inhabitude de ce genre d'exploits. Mais elle fut trompée : Bernadotte poussa les travaux de la tranchée, non-seulement avec une vigueur encore sans exemple dans cette guerre, mais en y faisant concourir des dispositions aussi hardies qu'ingénieuses. La saison devenait rigoureuse; le découragement du soldat pouvait être provoqué par l'inclémence des éléments; le général la prévint à force de harangues. Tantôt il promettait aux assiégeants une ample moisson de bien-être dans la place; tantôt il faisait rayonner dans leur avenir de glorieuses mentions honorables, décernées par la Convention nationale. Alors, le soldat français croyait à une manne délectable d'illustration, tombant sur les derniers rangs de l'armée : il y croyait fermement, et son bras se trouvait toujours fort pour répondre aux appels faits à son âme.

Les transports manquèrent; Bernadotte obtint de chaque fantassin qu'il portât des munitions aux batteries; et pas une réclamation, pas un murmure pendant l'exécution de cet ordre entièrement nouveau. Tandis qu'on ajoutait des fatigues à la condition déjà si dure du soldat, les distributions devenaient de plus en plus rares, de plus en plus défectueuses. Le courage des travailleurs suppléait aux forces dont la famine les privait : Ils vivaient littéralement d'espérance et de gloire. Ce fut à travers cette existence de prestiges et d'illusions, que ces braves Français coupèrent de gros arbres pour boiser la tranchée, que les pluies avaient rendue impraticable.

Enfin, la fortune des armes couronna la persévérance habile des chefs et la constance presque inouïe des troupes : après dix-huit jours de tranchée ouverte, Maëstricht capitula... Kléber, pour prix des services éclatants que Bernadotte venait de rendre à la patrie, le chargea de recevoir les armes des huit mille Autrichiens que renfermait la place, et d'obtenir d'eux le serment de ne pas servir contre la république jusqu'à leur échange. Ce serment fut commun aux généraux Kal et Klebech, commandant la garnison capitulée. Ce beau fait d'armes termina la campagne de l'an II.

CHAPITRE III.

Bernadotte, général de division. — Sa harangue pour le passage du Rhin. — Ce général ouvre la campagne de l'an III. — Kléber en Allemagne. — Bernadotte le seconde. — Combat des hauteurs d'Erenbrestein. — Engagement de Caudenback. — Ponts incendiés. — Éloquence militaire de Bernadotte. — Combat de Creutznach. — Coup de main héroïque de Bendorff. — Marche triomphante de l'avant-garde de l'armée de Sambre-et-Meuse, commandée par Bernadotte. — Marche du prince Charles contre lui. — Lettre au général Moreau. — Conduite suspecte de celui-ci. — Belle retraite de Bernadotte. — Succès dans cette retraite. — Bernadotte commande deux divisions. — Beaux faits d'armes. — Mort de Marceau. — Bernadotte conserve la tête du pont de Neuwied.

La prise du fort de Wich, qui avait déterminé la capitulation de Maëstricht, valut à Bernadotte les étoiles de général de division. Les rigueurs de la saison, plus fortes que les passions des hommes, imposaient alors le repos aux deux armées : Bernadotte établit les cantonnements de sa troupe dans la place et aux environs; mais avant la fin de l'hiver, il rejoignit le gros de l'armée, stationné sur les bords du Rhin.

Le général en chef Jourdan, afin de délibérer sur le passage de ce fleuve, ordonné par le gouvernement de la république, réunit un conseil de guerre. Les opinions ne furent point unanimes d'abord pour cette dangereuse expédition; mais Bernadotte entraîna tous les suffrages par ce chaleureux résumé : « Exposés
» comme nous le sommes au désespoir de nos
» soldats, résultant de leurs souffrances, de
» leurs privations; en proie à la malveillance des
» agitateurs et aux exigences de ceux qui sont
» à la tête des affaires, nous devons préférer
» nous noyer en passant le Rhin, ou périr par
» le fer autrichien, après avoir franchi ce fleu-
» ve, plutôt que de donner aux ennemis de
» notre gloire une occasion favorable de dire
» que nous n'avons pas osé regarder froidement
» le danger qui nous attendait. Matériellement
» et administrativement, les chances ne sont
» pas pour nous; politiquement nous devons en-

» treprendre : si nous voulons fermement la
» victoire, elle est à nous, et si elle trompe notre
» courage, la mort sera notre refuge. »

Il est probable que, dix ans plus tard, le général béarnais eût développé différemment son avis; mais à cette époque de glorieux enthousiasme, sa vive allocution fit décider le passage.

La campagne de l'an III ne tarda guère à s'ouvrir : ce fut Bernadotte qui en marqua le début, en s'emparant d'une île du fleuve entre Waissenturn et Neuwied. Par l'occupation de ce point, l'armée républicaine se ménageait l'avantage d'établir un pont, à l'aide duquel il lui serait possible de déboucher dans la belle plaine de Neuwied. L'ennemi comprit ce projet, et s'efforça d'en prévenir l'exécution par des attaques successives, mais vaines, dirigées contre l'île : Bernadotte s'y maintint.

De ce point, Jourdan, avec l'armée de Sambre-et-Meuse, déboucha pour porter la guerre au cœur de l'Allemagne. Kléber, parti de Dusseldorff, chassa devant lui les Autrichiens; tandis que Bernadotte marchait sur Montabaur et Heilchteit, puis sur la Lahn. Maître des hauteurs de Nassau, qui dominent cette rivière, ce général chassa l'ennemi sur sa rive gauche, et le mena battant jusqu'à Cassel, qu'il investit immédiatement. Cependant Clairfait, à la tête d'une armée supérieure en nombre à celle de Sambre-et-Meuse, reprit l'offensive sur elle, et déborda bientôt ses ailes. Le concours de Bernadotte devenait nécessaire pour soutenir les opérations de cette armée; il quitta le siége de Cassel, et, par une marche rapide, se trouva bientôt sur le champ de bataille. Il couvrit alors le passage d'une division de l'armée de Rhin-et-Moselle, à Nidervaloff, et, souvent attaqué, il repoussa toujours l'ennemi.

Ici l'armée de Sambre-et-Meuse, après une longue suite de succès, fut trahie par la fortune : elle occupait une position sur le Mein, d'où, s'étendant vers la Nidda, elle couvrait le blocus de Mayence, et formait celui d'Erenbreistein. Mais, débordée, comme nous l'avons dit, par les forces de Clairfait, elle se vit contrainte de renoncer à ce double siége, et d'effectuer sa retraite : la division de Bernadotte forma l'arrière-garde.

L'armée impériale poursuivait avec rapidité : quatre mille hommes de la division Bernadotte se trouvèrent séparés du reste de ce corps, sur les hauteurs d'Erenbreistein, et, déjà maître d'un plateau qui commandait la grande route, l'ennemi faisait essuyer un feu très-vif à cette tête de colonne. Informé de cet incident, le général s'élance sur ce point avec un bataillon, et lui ordonne de s'emparer du plateau. Cette poignée de braves parvient à mi-côte; mais des décharges très-meurtrières, en ouvrant de larges brèches dans leurs rangs, ralentissent un peu cette marche ascendante. Bernadotte lui-même gravit alors le coteau, paraît soudain au milieu du bataillon, et s'écrie : « Prenez le plateau, ou ne » revenez plus. » A ce commandement, qu'accompagne un geste terrible, les rangs se resserrent; on atteint la crête; les Autrichiens en sont précipités, et la retraite est protégée.

Parvenu à Caudenback, et forçant la marche pour rejoindre le général Dauriez, Bernadotte rencontra une colonne de la gauche des Autrichiens, qu'il dispersa. Contraint de céder le passage, l'ennemi, après avoir reçu des renforts, s'avança de nouveau en ordre de bataille sur Bernadotte. La droite de sa division venait à peine de rejoindre les troupes de Dauriez, et la gauche allait être vivement attaquée. Cette situation était imminente; mais le général, habitué à proportionner la puissance de ses résolutions aux obstacles qu'il avait à vaincre, fit des dispositions et marqua à chacun son poste, avec ce sang-froid du chef, qui dérobe au soldat la moitié du danger. Bientôt une bande de feux brille sur une lieue d'étendue : car le général Kray, qui commande l'attaque, a déployé des forces nombreuses; il se flatte, en débordant les deux flancs de la division française, de l'envelopper et de lui faire mettre bas les armes. Peut-être cet officier autrichien se rappelle-t-il amèrement que devant lui se trouve ce général, qui le vainquit sous les murs de Maëstricht; peut-être laisse-t-il caresser son ressentiment par l'espoir d'une revanche.

L'action commence par une charge de quinze cents chevaux, effectuée derrière l'aile droite du général français, au moment où celui-ci se porte lui-même, avec la 71ᵉ demi-brigade de ligne et la 21ᵉ légère, sur la grande route de Montabaur, qu'il parvint à balayer. Victorieux sur ce point, il vole incontinent au secours de sa droite, qu'il rassure et dégage en partie. Puis, formant en colonne serrée la 111ᵉ demi-brigade et deux bataillons de la 123ᵉ, qu'il fait soutenir par le 3ᵉ régiment de chasseurs et le 2ᵉ régiment de hussards, et court sur la cavalerie autrichienne, avec laquelle ces deux régiments s'engagent d'abord seuls. Mais Bernadotte, voyant le succès balancé, fait donner son infanterie, disposée en ordre profond; et dès le premier choc, les cavaliers impériaux sont dispersés, aux cris de vive la république. Forcés de s'engager dans le défilé par lequel ils ont débouché sur nos troupes, ils y trouvent un escadron français : là encore il faut combattre pour s'ouvrir un passage; déjà découragée par l'échec de la plaine, cette cavalerie est taillée en pièces. De proche en proche, le découragement s'étend bientôt sur toute cette longue ligne qui, dans les espérances du général Kray, devait envelopper la nôtre. Le désespoir dans le cœur, il ordonne la retraite; Bernadotte le poursuit jusqu'à la nuit, et le rejette de l'autre côté de la Lahn.

Mais un événement plus grave allait mettre en question le salut de l'armée : depuis quelque temps déjà, Bernadotte avait cru remarquer à l'horizon une lueur rougeâtre, dont il ne s'expliquait pas la cause : elle lui fut révélée en descendant le coteau qui borde le Rhin. Marceau avait ordonné à de jeunes officiers de faire passer cent bateaux de la rive droite à la rive gauche; précaution nécessaire dans un mouvement de retraite où l'ennemi pouvait profiter de cette ressource pour franchir le fleuve en même temps que nos colonnes. Mais soit que ces officiers eussent négligé cette disposition, soit qu'ils eussent manqué de bras pour l'exécuter, et craint une trop prompte approche de l'ennemi, ils recoururent au triste expédient de mettre le feu aux bateaux. La flamme ayant bientôt tranché les cordages qui les attachaient au rivage, les vents et le courant firent voguer avec rapidité cette flotille incendiée; en peu d'instants elle fut portée jusqu'au premier des deux ponts jetés sur le fleuve par l'armée française. Incendié et emporté à son tour, ce pont ne tarda pas à tomber sur le second, auquel les flammes se communiquèrent..... Telle était la cause de la lueur rougeâtre qu'on avait remarquée; en approchant davantage, on vit presque entièrement dévorée par les flammes, cette double route flottante, dont la destruction allait peut-être forcer nos braves, jusqu'au dernier, à mourir les armes à la main... car Bernadotte n'admettait jamais la perspective d'une capitulation parmi les chances extrêmes de la guerre.

On conçoit la profonde anxiété qu'une telle

catastrophe dut répandre dans une armée qui avait dû quitter l'offensive ; Bernadotte pensa qu'il importait d'en prévenir sur l'heure les effets. Après avoir confié aux généraux Barboux et Dauriez la garde des défilés, il se hâta de se réunir à ses collègues, Kléber, Championnet et Marceau. Dans sa pensée méditative, il avait calculé l'influence morale de l'avantage qu'il venait de remporter sur le général Kray ; et, lorsque de graves inquiétudes préoccupaient les troupes, il se flatta d'opérer une heureuse diversion en reportant leur attention sur un succès. Kléber, dont l'âme était grande, approuva ce projet ; il pria Bernadotte de passer en revue toutes les divisions, et de soutenir leur courage par le récit de sa dernière victoire. Si quelque observateur critique entrevoyait encore ici, dans la conduite du général béarnais, le désir incessant de relever ses belles actions, il faudrait au moins convenir que, dans aucun cas, cet élan d'amour-propre ne pouvait être plus utilement employé.

A la guerre comme ailleurs, peut-être devrions-nous dire à la guerre surtout, le faste impose et persuade : Bernadotte montra aux divisions abattues les prisonniers qu'il avait faits la veille; puis, leur parlant avec assurance, avec hilarité même, il dit : « Seul, hier j'ai » vaincu les troupes qui sont devant vous ; que » ne vaincrons-nous pas aujourd'hui que Kléber » nous commande. Vous ne serez pas assez heu- » reux pour que l'ennemi vous attaque : c'est » une victoire qu'il vous dérobera. »

Cette fin de harangue visait un peu à l'hyperbole; mais à l'armée l'exaltation est souvent utile; rarement elle nuit. Si l'ennemi eût attaqué, le succès n'eût pas été aussi certain que Bernadotte l'avait dit, sans être précisément convaincu de ce qu'il assurait; mais les Autrichiens refusèrent le combat, et laissèrent l'armée républicaine réunir paisiblement les débris des ponts incendiés. La population des deux rives fut employée à remonter les bateaux échappés aux flammes; les portes des granges, les fenêtres, les madriers, les planches qu'on trouva dans le village furent liés ensemble, à l'aide des cordes enlevées des clochers, et servirent à construire une sorte de pont, qui fut jeté de la rive droite à l'île de Waissenturn. Nos troupes effectuèrent leur passage à minuit, Bernadotte fermant la marche...Providence des avant-gardes et des arrière-gardes, c'était toujours à sa valeur, à son intelligence que l'on confiait la sûreté de l'armée.

Les Français, après avoir repassé le Rhin, se portèrent vers le Hundsruck. Déjà l'ennemi, qui avait débouché de Mayence, s'était établi sur la rive droite de la Nahe, et menaçait les places de la Sarre.

L'idée des hostilités sur le territoire français fatiguait l'imagination de Bernadotte; il demanda au général en chef la permission d'attaquer Clairfait. Jourdan, plein de confiance dans la valeur toujours heureuse de son lieutenant, autorisa cette attaque. Les Autrichiens se présentaient en ordre de bataille sur les hauteurs de Planig; leur avant-garde occupait Creutznach, poussant des détachements jusqu'à portée de canon de l'armée républicaine. Assaillir ces avant-postes et les refouler dans Creutznach, fut l'affaire d'un instant; poursuivis à travers la ville, ils en furent chassés avec non moins de rapidité. Mais bientôt ils reparurent, renforcés par dix bataillons de troupes fraîches; les Français, à leur tour, furent contraints d'abandonner cette position, et le pillage commençait à s'ajouter au désordre du moment.

Bernadotte arrive à l'instant où ses troupes se

replient; il les arrête; mais leur trouble n'est pas entièrement dissipé... Alors, se tournant vers l'aide-de-camp Gérard, il lui dit froidement: « Je connais l'intrépidité de la 71ᵉ demi-bri- » gade, faites-la venir; elle réparera la honte » dont celle-ci vient de se couvrir [1]. » Ce ne fut jamais en vain qu'on fit redouter le déshonneur à des cœurs français : ces mêmes soldats qui viennent de fuir, crient : En avant ! rentrent dans Creutznach, renversent tout ce qui leur est opposé, massacrent plus de cinq cents hommes dans les rues, et livrent la ville à leur général, avec sept cents prisonniers. Bernadotte avait dit à ses soldats : « Vous laissez votre hon- » neur à Creutznach; ils le reconquirent. »

Ce fut sous l'influence d'un premier moment de trouble, que Bernadotte écrivit à Jourdan : « Le désordre était à son comble, » mon général, lorsque je suis entré dans Creutz- » nach; à l'aide des officiers de mon état-ma- » jor, des chefs de corps et d'autres officiers » estimables, je suis parvenu à l'arrêter en par- » tie. Je donne ordre au bourgmestre de faire » illuminer les maisons; je crains une attaque

---

[1] Ce moyen peut servir un général dans une situation difficile ; mais l'emploi en est toujours dangereux : il est l'origine ordinaire d'une haine sanglante entre les corps.

» de nuit : Clairfait, qui est devant nous, est
» homme à l'exécuter; c'est lui qui, en arrivant,
» a ordonné de reprendre la ville. Il est impos-
» sible, mon général, de continuer de servir,
» si une discipline nerveuse, qui en impose aux
» méchants, ne met pas entre les mains des
» généraux des moyens suffisants pour arrêter
» le brigandage; il est à son comble, et ne peut
» pas acquérir un degré de plus. » Puis, s'a-
bandonnant à l'extrême sensibilité qui appartenait essentiellement à son caractère, Bernadotte ajoutait : « Je ne suis pas assez faible pour
» désirer la mort; mais je crois que tant que
» le gouvernement ne prendra pas des moyens
» rigoureux et terribles, une fin glorieuse sera
» le plus grand bienfait que puisse recevoir un
» général français... J'ai l'âme oppressée : vous
» vous en apercevrez en lisant ma lettre. Con-
» tinuez-moi votre amitié, ce sera pour moi
» un grand motif de consolation. »

Clairfait, désespérant après un si rude échec, de pénétrer dans le Hundsruck, décampa pendant la nuit, et se retira sur Mayence.

Ces événements, qui se passèrent au mois de frimaire an IV, rendirent à l'armée de Sambre-et-Meuse la facilité de reprendre l'offensive.

Toutefois, le prince Charles occupait, avec ses principales forces, la rive gauche du Rhin, et menaçait le territoire de la république. Les places de la Sarre et de la Moselle pouvaient être investies : Jourdan le sentit; et jeta le brave Kléber sur l'aile droite de l'archiduc. Parti de Dusseldorff, ce général français chassa l'ennemi jusqu'au-delà de la Lahn. Forcé par cette puissante diversion de repasser le Rhin, au mois de prairial, Charles effectua ce passage à Mayence et à Bingen, pour livrer bataille à Kléber. Celui-ci n'avait à opposer à l'altesse autrichienne que deux divisions; Bernadotte vit son danger. Franchissant de nouveau le fleuve, il impose à sa division une marche de dix-sept lieues en moins de vingt-quatre heures, et prend position sur la rive droite de la Lahn, dont les bords furent déjà arrosés tant de fois du sang des deux armées. La position du Béarnais s'étendait d'Hatzfeld à Niderlaustein; tandis que l'ennemi couronnait les hauteurs de Nassau d'une avant-garde formidable. Bernadotte attaque brusquement cette troupe, et la rejette sur la rive opposée; puis il s'établit sur les hauteurs d'Erenbrestein, afin de protéger la levée du blocus de cette forteresse. Vainement l'ennemi veut-il s'opposer à ce mouvement; il est repoussé sur toute la ligne, et le déblocus est obtenu. Bernadotte descend avec tranquillité dans la plaine de Neuwied; et, pendant qu'on répare avec quelque lenteur un pont jeté en cet endroit sur le Rhin, il présente le combat aux Autrichiens, qui le refusent. En présence de leurs forces imposantes, qu'ils ont eu le temps de déployer, le général républicain repasse le fleuve avec toute la méthode qu'on pourrait développer dans une parade.

Le grand art du stratége est de calculer si l'importance, surtout si la probabilité des résultats qu'il se propose lui offrent une compensation suffisante des sacrifices au prix desquels il faudra les acheter; la valeur et l'audace ne sont des vertus guerrières qu'autant qu'elles servent des projets utiles. Nous le disons avec la sincérité qui doit être la première loi de l'historien, Bernadotte, dans le brillant fait d'armes que nous allons rapporter, sacrifia trop de sang aux hasards d'un succès trop incertain : les faits eux-mêmes justifieront cette assertion.

L'intrépide général avait entrevu la possibilité d'enlever un corps autrichien dans la plaine

de Neuwied; on venait de lui annoncer qu'il se trouvait sous sa main assez de bateaux pour transporter à la fois sur la rive droite, huit cents hommes, trente-six chevaux et deux pièces d'artillerie; et que, par ce moyen, la moitié de sa division serait jetée, en moins de deux heures, de l'autre côté du fleuve. Un examen plus approfondi prouva que tous les bateaux dont on pouvait disposer contiendraient à peine trois cents hommes, et qu'ils étaient sans avirons. « N'importe, dit Bernadotte, entièrement do-
» miné par son projet favori; dussé-je ne porter
» qu'une compagnie sur l'autre rive, je n'en
» attaquerai pas moins le camp ennemi. »

C'était au mois de messidor : dans cette saison l'aurore est diligente; Bernadotte ne put commencer son embarquement audacieux à deux heures du matin sans être aperçu par l'ennemi, qui, sur-le-champ, fit feu de ses redoutes sur le détachement expéditionnaire. Dix mille Autrichiens sont là : traverser le Rhin en leur présence est un dessein qui étonne les chefs et les soldats français. Cependant cinq des dix compagnies de grenadiers que le général a réunies, s'embarquent sous un déluge de feux; le chef de ce premier transport a ordre de s'emparer d'une redoute qui incommode surtout le passage... La redoute est enlevée, et, les pieds dans le sang de deux cents hommes, qui viennent d'être égorgés, nos grenadiers tournent les canons de cet ouvrage avancé contre les Autrichiens, accourus pour le défendre.

Pendant cette première action, les cinq autres compagnies passent le fleuve; Bernadotte se met à la tête de ces braves, et l'on marche immédiatement sur le village de Bendorf, occupé par le lieutenant-général autrichien Finck. Nos grenadiers pénètrent de vive force dans ce village; la garde du quartier-général est prise; les équipages, les registres, les plans et cartes sont enlevés; Finck lui-même parvient avec peine à se sauver.

Mais les dix mille hommes qui composent le corps autrichien reviennent promptement de la stupeur où les a jetés une attaque aussi imprévue; Bernadotte doit bientôt se défendre dans la position de Bendorf, attaqué par quatre bataillons... Il devient alors difficile d'abuser nos grenadiers sur le péril de leur situation; plusieurs mettent bas les armes; d'autres vont les imiter: le découragement est la plus contagieuse de toutes les maladies. A cet aspect, Bernadotte, rugissant comme un lion, et voyant la captivité inévitable, s'il ne parvient à faire surgir le courage du désespoir de cette affreuse extrémité; Bernadotte, disons-nous, montre à ses soldats plusieurs de leurs camarades que l'ennemi massacre, quoique désarmés, et s'écrie d'une voix retentissante : « Vous voyez que vous n'échappez » pas à la mort en jetant vos armes; reprenez-» les, et sachez mourir comme de braves gens, » en défendant vos vies et votre général. »

En ce moment, un troisième transport de troupes françaises arrive; Bernadotte peut opposer environ huit cents hommes à dix mille Autrichiens. Ses grenadiers combattent comme les Spartiates aux Thermopyles; et, plus heureux que ces héros de l'antiquité, ils triomphent... Vainement les généraux Finck, Kilmayer et Witgenstein ont réuni leurs efforts pour reprendre les redoutes et le quartier-général; après quatre heures d'un combat homérique, les républicains forcent leurs ennemis à la retraite; ils restent maîtres de la plage. Les trophées de ce fait d'armes, presque incroyable, sont quatre cents prisonniers, deux mille sacs d'avoine, trente voitures chargées de pain, et cent cinquante chevaux d'équipage.

Le succès justifie toutes les entreprises ; mais il ne doit pas en autoriser l'exemple, lorsqu'il fut obtenu au-delà des limites de la prudence ; les impossibilités, quoi qu'en ait dit plus tard Napoléon, sont de rares conquêtes.

Bernadotte poursuivit l'ennemi jusqu'à Montabaur ; contraints même d'abandonner cette ville, les Autrichiens se retirèrent encore une fois derrière la Lahn. Jourdan laissa le commandement de sa droite au général qui venait de conquérir si vaillamment ce poste, et marcha avec trois divisions sur Dillenbourg. Le général en chef se proposait, par ce mouvement, de faire sa jonction avec Kléber, et de livrer bataille au général Wertensleben.

Pendant cette marche, Bernadotte fit investir la forteresse presque aérienne d'Erenbrestein, que convoitaient également les deux armées ; mais il ne tarda pas à être distrait de ce soin. Un corps autrichien, après avoir passé la Lahn, l'attaqua dans sa position d'Offenheim. Il parvint d'abord à refouler l'ennemi dans Limbourg, et s'empara du pont. Mais, attaqué de nouveau, il dut rentrer lui-même dans la ville, en barricader les portes et faire défendre l'approche de cette place très-vulnérable, par trente

pièces d'artillerie, placées sur les hauteurs.
Quelques combats assez meurtriers s'engagèrent
sur ce point; leur résultat définitif fut à l'avantage des Français, puisqu'ils empêchèrent
l'ennemi de se porter sur les ponts du Rhin.

Bien plus, les Autrichiens abandonnèrent leur
position pendant la nuit; Bernadotte se mit à
leur poursuite, les atteignit à Neuhoff, et leur
enleva les hauteurs de Visbaden. Continuant
sa marche, il fit observer de près Cassel, et investir la forteresse importante de Kœnigstein.
Ayant ensuite jeté un pont sur le Mein, il
pénétra dans le pays de Darmstadt, puis dirigea sa course sur Aschaffembourg, et enleva les
magasins de Wertheim, Mittemberg et Langenfeld... Ces diverses captures approvisionnèrent
l'armée de cinquante-cinq bateaux de farine,
estimés plus d'un million.

Kœnigstein, assiégé avec vigueur, ne put
tenir longtemps; sa reddition ouvrit à Bernadotte la route de Wurtzbourg et de Bourg-Eberach... Là le général rencontra, le 8 thermidor, l'aile gauche de l'armée autrichienne, commandée par le général Kray. Pour la deuxième
fois, en rase campagne, ce chef allemand dut
se retirer devant celui qui l'avait battu sous

les remparts de Maëstricht. Le corps impérial était cependant fort de dix-huit mille hommes; Bernadotte n'en avait pas dix mille. Ce fut à l'occasion de cette victoire que le Directoire lui écrivit : « La république est accoutumée à » voir triompher ceux de ses défenseurs qui » vous obéissent. » Compliment bien flatteur sans doute, mais auquel pouvait succéder beaucoup d'amertume si, plus tard, Bernadotte eût été vaincu... Il ne le fut point.

La retraite des Autrichiens continuait; ils se laissèrent enlever le cours de la Kloesch, après quelques engagements de cavalerie et une canonnade de deux heures. Ils ne défendirent pas avec plus de persévérance la Pegnitz.

Cependant, Bernadotte, seul en avant de la ligne d'opérations, avec une division qu'il devait affaiblir pour la garde des magasins conquis, se trouvait dans une situation critique, dont sa valeur lui dérobait apparemment le danger. A Neumarck, il trouva l'arrière-garde autrichienne, qui essaya de défendre cette ville; mais Bernadotte en fit enfoncer les portes, chargea l'ennemi dans les rues, et le poursuivit sur les hauteurs de Teiningen. Les troupes impériales furent ainsi délogées successivement de toutes leurs positions, depuis Balzauzen et Sebersdorf, jusque vers Hemau.

La division Bernadotte, dans sa marche rapide, avait laissé l'armée de Sambre-et-Meuse à quinze lieues derrière elle. Le prince Charles, étonné d'une telle audace, et craignant que le général français, en se portant sur Ratisbonne, ne coupât les deux armées autrichiennes, fit de promptes dispositions pour enlever cette faible avant-garde, séparée de Jourdan par deux marches au moins. Le dessein de l'archiduc paraissait d'une exécution facile; Bernadotte s'aperçut peut-être en ce moment qu'il avait trop suivi l'amorce enchanteresse de ses avantages journaliers; et, lorsqu'il eut appris, par un rapport fidèle, que l'altesse autrichienne, s'avançait par la route de Ratisbonne, il ne songea plus qu'à se défendre à outrance. Ce parti pris de son intrépidité, portait l'empreinte d'une pensée intime affligeante; mais il ne la communiqua point à ceux qui l'entouraient, et ne les entretint que de nouveaux lauriers à conquérir.

Néanmoins, des tacticiens habiles, que nous avons entendus raisonner sur la situation extrême où se trouvait alors Bernadotte, s'accordaient à penser que s'il eût reçu le renfort d'une seule brigade, il pouvait repousser l'archiduc Charles, et prévenir la retraite de l'armée de Sambre-et-Meuse.

Le prince autrichien, avec environ vingt mille hommes, passa le Danube à Ingolstadt; puis, descendant ce fleuve jusqu'à Hemau, se joignit aux troupes qu'il y trouva. Ce mouvement eut du moins l'avantage de rassurer Bernadotte sur ses derrières et son flanc droit: il avait tous ses ennemis en tête, et pensa qu'il devait garder sa position.

Ainsi préparé aux événements, ce général demanda toutefois avec instance, des renforts au général en chef Jourdan; tandis que, par une pensée pleine d'une haute conception stratégique, il écrivait au général Moreau, qui commandait l'armée de Rhin-et-Moselle, la lettre importante que nous rapportons textuellement.

« Neumark, le 5 fructidor an IV.

» Des avis, citoyen général, m'assurent que
» le prince Charles n'a laissé sur la rive droite
» du Danube qu'une partie de ses troupes, et,
» espérant vous cacher son mouvement, il vient,
» avec vingt mille hommes, à marches forcées,

» sur l'armée de Jourdan. Hier je me suis battu
» toute la journée avec ces troupes-là; je me
» hâte de vous en prévenir, en vous garan-
» tissant ces détails; et j'ajoute que l'ordre est
» donné pour qu'il y ait aujourd'hui à midi,
» une attaque générale contre la droite de l'ar-
» mée de Sambre-et-Meuse. Vous verrez, géné-
» ral, si votre position peut vous permettre de
» faire repentir le prince Charles de ses mouve-
» ments hardis. Je vous prie de croire que c'est
» dans la crainte que vos émissaires ne vous aient
» pas bien servi, que je vous donne cet avis. »

Cette dépêche fut remise par l'adjoint Assy au général Delmas, qui se trouvait sur la rive droite du Danube, entre Donawerth et Neubourg : ce général, après l'avoir lue, expédia sur l'heure l'original à Moreau et une copie au général Desaix.

L'armée de Rhin-et-Moselle pouvait agir de deux manières : ou l'un de ses corps, en passant le Danube, eût vivement inquiété les derrières de l'archiduc; ou bien, en attaquant le reste de l'armée impériale laissé devant lui, Moreau profitait d'une chance très-favorable. Par le premier de ces mouvements, il plaçait l'archiduc dans une position dangereuse, entre la division de Bernadotte, et le corps jeté au-delà du Danube ; par le second, il rappelait au moins le frère de l'empereur sur la rive droite du fleuve, et dégageait la division de Bernadotte.

Mais ce général ne réussit ni dans l'une ni dans l'autre de ses deux demandes : Jourdan ne lui envoya point de secours ; Moreau se tint immobile sur la rive droite du Danube. Le commandant en chef de l'armée de Sambre-et-Meuse pouvait peut-être s'autoriser d'une réserve prudente ; le commandant en chef de l'armée de Rhin-et-Moselle, si l'on en doit croire les aveux ultérieurs de Louis XVIII, obéissait à des considérations moins pures.

Quoi qu'il en soit, Bernadotte, abandonné à ses propres forces, commença, le 3 fructidor an IV, une succession de combats, qui pourrait être comparée aux travaux d'Hercule. Le prince Charles réunissait plus de trente mille hommes contre une division maintenant réduite à moins de huit mille combattants, et qui devait développer, conséquemment affaiblir, son ordre de bataille, de manière à occuper toute l'étendue du large front des colonnes de l'archiduc.

La première attaque des Autrichiens eut lieu dans les environs de Sieberdof et de Balzhausen.

Pendant un combat nocturne, Bernadotte repoussa l'ennemi; puis il resserra sa ligne, et replia son avant-garde sur Teinengen... En ce moment encore, attendant un renfort, il se disposa à défendre les hauteurs et le défilé de Teinengen, en même temps que ceux de Sinckhoffen et la grande route d'Ingolstadt...: ces débouchés étaient les seuls par lesquels les impériaux pouvaient arriver jusqu'à lui. Cet état de choses, accompli le 4 à minuit, justifiait pleinement le petit mouvement de retraite opéré pendant la nuit précédente.

Cette disposition était d'autant plus nécessaire, que l'archiduc avait manœuvré de manière envelopper tous les postes avancés du général français; le 5 au point du jour, Charles fut fort étonné de trouver évacué le terrain que son ennemi occupait la veille, et de le voir rangé en bataille sur les hauteurs de Teinengen, prêt à foudroyer de son artillerie les troupes qui s'engageraient dans le défilé.

Bernadotte ne se flattait pas, néanmoins, d'arrêter court les Autrichiens avec les faibles moyens dont il disposait; toujours bercé de l'espoir d'un secours prochain, il se proposait seulement de tenir l'archiduc assez longtemps en échec pour donner au renfort le temps d'arriver. Dans une fusillade de quelques heures, que soutint un feu d'artillerie assez bien nourri, les postes français reçurent vaillamment le choc des masses autrichiennes ; enfin ils se replièrent, et le village de Teinengen devint le théâtre du combat. Les batteries de la division française, placées sur les hauteurs, faisaient éprouver de grandes pertes aux impériaux : plusieurs fois le village où l'on se battait fut pris et repris ; Teinengen resta en définitive aux Autrichiens, qui ne purent s'y maintenir, tant l'artillerie de la division leur tuait de monde. Las des efforts inouïs que lui coûtait la possession de cette bourgade, l'archiduc y fit pleuvoir une grêle d'obus et la réduisit en cendres[1]... Les baïonnettes sont impuissantes contre l'incendie : nos troupes se replièrent avec un ordre admirable, restant maîtresses de toutes les communications qu'il leur importait de conserver, et n'ayant point abandonné le village de Sinckhoffen... A la chute du jour, l'archiduc envoya six batail-

---

[1] Dans un rapport au général en chef, en date du 7 fructidor, Bernadotte lui recommandait pour de l'avancement les citoyens Morand, Conroux, Mireur, Maison, Maurin, tous généraux dans la suite : l'officier d'état-major Assy, et l'adjudant-général Sarrasin... *qui depuis... mais alors il était vertueux.*

lons, huit escadrons et du canon pour enlever d'autorité ce poste; cent cavaliers y pénétrèrent : ce fut leur tombeau... pas un seul ne reparut. Furieux, Charles ordonna que Sinckhoffen fût brûlé comme Teinengen. Tandis que cet ordre s'exécutait, on se battait dans le village au milieu d'une nuit ténébreuse, que dissipa bientôt le feu de la destruction.

C'est une affreuse chose qu'un combat nocturne, aux clartés de l'incendie! Qui n'a frémi en voyant ces longues flammes, anéantissant des édifices et se réfléchissant sur les armes, qui anéantissent des vies humaines!

Bernadotte, se repliant toujours avec calme et précision, parvint à Neumarck vers deux heures du matin. L'armée ennemie le suivait de près : à peine les Français étaient-ils dans la ville, que les obus de Charles y tombèrent; tandis que l'armée Autrichienne manœuvrait sur les flancs de la division, en longeant les marais.

Après avoir tenu dans Neumarck le temps nécessaire pour assurer un mouvement régulier de retraite, l'avant-garde de Bernadotte, rappelée par lui, se replia sur son corps de bataille, qui prit en même temps position sur la lisière de la forêt.

Le projet de l'archiduc tendait toujours à embrasser tout le terrein occupé par la division française, afin de profiter du premier moment opportun pour l'envelopper. Charles manœuvra ainsi dès qu'il vit Bernadotte s'appuyer sur la forêt; mais soudain le général républicain s'élança sur les têtes de colonnes autrichiennes, et les fit tailler en pièces par son intrépide cavalerie.

Il fallait cependant battre décidément en retraite : il était trop certain maintenant que Bernadotte ne recevrait aucun renfort, et que le salut de ses braves devait être le résultat de leur courage et de son habileté. Au moment où le général pliait ses troupes en colonne de marche, dix mille hommes attaquèrent la queue de cette colonne... Il arrête alors ses troupes, et reprend l'offensive en faisant jouer vingt pièces d'artillerie sur l'ennemi, qui se découd et se trouble. Profitant de l'hésitation qu'il a remarquée dans les rangs autrichiens, Bernadotte s'écrie: *La baïonnette en avant!*... La baïonnette est l'arme favorite de nos guerriers; car c'est avec l'âme qu'on la dirige; aussi a-t-on vu peu de troupes soutenir longtemps le choc des légions françaises croisant la baïonnette. Or, si l'on doit redouter les écarts d'une armée qui délibère, dans une charge de Français à l'arme blanche, se prononce évidemment la supériorité du soldat doué d'un courage passionné et réfléchi.

Les impériaux évitèrent l'engagement; Bernadotte allait continuer sa retraite sur Nuremberg, lorsqu'il aperçut le mouvement de trois mille chevaux, détachés par l'archiduc pour lui couper la route de cette ville. Changeant alors sa direction avec rapidité, il se porta sur Berg, à travers les bois et les rivières.

L'ennemi essaya bien d'entraver cette nouvelle marche, en jetant quelques bataillons dans une route déjà si difficile; mais la 49ᵉ demi-brigade, protégée par huit pièces d'artillerie, nettoya le défilé où la division s'engageait... Sa retraite s'effectua librement jusque sur les hauteurs de Berg, où Bernadotte s'établit pour reconnaître les dispositions de l'ennemi.

Il ne tarda pas à apprendre que les Autrichiens faisaient un mouvement sur Nuremberg et Lauffen. Il les gagne alors de vitesse et met la Pegnitz entre lui et leur armée. Par cette manœuvre si prompte, si précise, il arrive à temps pour sauver les administrations et la caisse de l'armée de Sambre-et-Meuse.

La retraite de Jourdan était alors commencée ; Bernadotte apprit que des troupes françaises se trouvaient investies dans Nuremberg par une division autrichienne ; tandis qu'un corps ennemi plus considérable s'avançait sur Forckheim : marche dont le succès eût rendu la retraite impossible. Bernadotte, prenant avec lui deux mille cinq cents hommes, s'avança, sans perte de temps, pour dégager celles de nos troupes renfermées dans Nuremberg. Durant cette expédition audacieuse, la nuit lui fut en aide : les détachements autrichiens, ignorant le nombre des Français qui les attaquaient, se laissèrent culbuter aisément.

Bernadotte multipliait cependant les coups de canon, afin de faire comprendre aux Français enfermés dans la ville qu'ils pouvaient sortir et se joindre à lui pour arrêter la marche de l'ennemi sur Forckheim... Ce moyen réussit du moins à suspendre le mouvement des Autrichiens : étonnés de la vive canonnade qu'ils entendaient, ils revinrent sur leurs pas. Le but du général français était atteint : il empêchait l'ennemi d'arriver à Forckheim avant lui.

Mais en rappelant les impériaux aux portes de Nuremberg, ce général devait s'attendre à être attaqué, et le peu de monde qu'il avait sur ce point ne lui permettait pas de soutenir un combat. Il ordonna donc à ses soldats de se reporter sur le camp qu'on avait quitté la veille : on en était éloigné d'une lieue et demie, et des troupes autrichiennes, qui venaient de passer la Pegnitz, se présentèrent pour fermer aux Français le retour de ce camp.

Le général vit qu'on avait négligé d'exécuter l'ordre qu'il avait donné de rompre les ponts jetés sur cette rivière; il fallut combattre. Le sang-froid intrépide suppléa au nombre, et quelques volées d'artillerie légère conquirent encore le passage disputé par l'ennemi.

Bernadotte arriva devant Forckheim, qu'un de ses détachements occupait déjà; il reprit le parc d'une des divisions, tombé au pouvoir des hussards autrichiens, et rejoignit enfin le reste de l'armée, dont il était séparé depuis trois semaines.

Durant la retraite laborieuse de sa division, et quoiqu'il eût eu constamment en tête vingt-cinq à trente mille hommes, commandés par le prince Charles en personne, Bernadotte n'avait perdu ni canons, ni caissons; les Autrichiens ne pouvaient se flatter de l'avoir battu une seule fois; et, dans tous les engagements où l'extrême inégalité des forces l'avait contraint de se replier, jamais sa retraite ne s'était offerte un instant sous l'aspect d'une déroute. De plus, Bernadotte emmenait avec lui des prisonniers.

L'armée de Sambre-et-Meuse, continuant sa retraite, trouva des forces autrichiennes imposantes à Bourg-Eberach; il fallait les chasser de cette position, ou bien le passage était fermé. Bernadotte commença l'attaque avec quelques bataillons; puis, faisant passer la Rednitz à ses soldats, il occupa les hauteurs de sa rive droite. Si, pendant ce mouvement, d'autres divisions de l'armée se fussent portées sur les derrières de l'ennemi, elles pouvaient brûler ses équipages, faire sauter ses parcs, tomber ensuite sur sa réserve, et terminer glorieusement la campagne de l'an IV. Il n'en fut point ainsi; Bernadotte, en résistant à des forces presque triples des siennes, depuis les bords du Danube, avait cependant montré ce qu'on pouvait faire avec des troupes plus nombreuses.

A l'instant où ce général attendait des nouvelles du succès de l'armée sur les derrières de l'ennemi, ce fut l'ordre de la retraite sur Bamberg qui lui parvint.

Tout en obéissant à cette injonction de Jourdan, les détachements de Bernadotte harcelaient toujours les têtes de colonnes autrichiennes; mais, lorsque leur chef les rejoignit près de Bamberg, ils allaient succomber au nombre. Le secours qu'il amenait des bords de la Rednitz, et l'une de ces canonnades qui, tant de fois, lui avaient réussi, changèrent la face du combat. Au moment où toute la division allait se déployer, deux mille chevaux et huit bataillons de grenadiers, formant l'élite de l'armée autrichienne, assaillirent cette division... Bernadotte vole à leur rencontre, à la tête d'un seul bataillon de grenadiers. Déjà plusieurs escadrons français se replient en désordre ; l'infanterie charge ; mais elle charge un ennemi qui se multiplie sans cesse : huit mille hommes de troupes fraîches viennent d'entrer en ligne. Alors, par un mouvement rapidement exécuté, Bernadotte, serrant sa gauche, présente en front les deux tiers de ses troupes. Le général autrichien, trompé par cette manœuvre, croit qu'il va percer aisément le centre du petit corps français : une nuée de soldats se précipite des hauteurs sur la route de Bourg-Eberach à Bamberg, pour envelopper l'aile gauche de Bernadotte. Une seule demi-brigade reçoit de pied ferme cette avalanche d'hommes; et quelques pièces de canon, jouant avec bonheur, sous la protection d'un escadron de hussards, déchirent les rangs autrichiens. Vainement l'ennemi presse et multiplie ses attaques; toujours repoussé, toujours décimé par la mitraille, il se retire enfin sur la gauche de son camp.

Pendant toute l'action, Bernadotte n'avait pas cessé de demander le secours d'une seconde division : il était convaincu que cette journée devait rendre l'offensive à l'armée de Sambre-et-Meuse : il l'avait écrit au général en chef; mais Jourdan, craignant de flétrir sur son front les lauriers de Fleurus, ne se laissa point persuader, et traita d'exagération méridionale les chaleureuses affirmations du général béarnais.

Le général en chef, dont le quartier était établi entre Kirchen et Bamberg, manda cependant à Bernadotte, dans la nuit, que toute l'armée donnerait le lendemain au point du jour. Sur la foi de cette promesse, il commençait son attaque, quand l'ordre de continuer la retraite lui parvint.

Après avoir passé le Mein, l'armée fit un mouvement sur Wurtzbourg, afin de couvrir Francfort. Jourdan avait confié à Bernadotte le commandement de deux divisions pour se porter sur cette dernière place ; mais ce général, souffrant beaucoup d'un dépôt qui venait de se former à sa tête, était dans l'impossibilité de se tenir à cheval. Il pria le général en chef de donner ce commandement à Kléber ; par malheur, Kléber se trouvait éloigné... Ce fut en l'absence de ces deux généraux, sur lesquels il comptait le plus, que Jourdan livra la bataille de Wurtzbourg, qu'il perdit.

L'expérience froide, profonde peut-être, de ce tacticien avait besoin d'être échauffée par l'imagination puissante d'un Kléber, et par l'habile spontanéité d'un Bernadotte... Marceau, l'impétueux, le trop jeune Marceau était là... Mais à l'âge qu'avait ce héros, il ne faut que des ennemis à renverser : le temps des conceptions qui préparent la victoire n'est pas encore venu. Marceau fit son devoir dans cette journée ;

ce ne fut pas lui qui en compromit le succès, et pourtant on lui enleva le commandement de sa division.

Bernadotte, ayant appris l'échec de Jourdan, rejoignit l'armée, malgré l'intensité d'une fièvre continue. Il arriva à Limbourg, et prit le commandement qu'il avait été forcé de refuser. Il venait de rencontrer le brave Marceau, pâle, défait, désespéré; il lui rendit incontinent sa division, qui faisait partie des troupes placées sous ses ordres... Ce trait du compatriote de Henri IV était empreint d'une des inspirations généreuses de ce prince: il était juste d'ailleurs; Jourdan n'avait pu que par une boutade irréfléchie déparer l'armée d'une de ses illustrations.

Le corps d'armée confié à Bernadotte avait à défendre un terrain fort étendu; il se hâta de faire ses dispositions dans la nuit. Lorsque, le jour suivant, il revint à Limbourg, Marceau avait été délogé des hauteurs qu'il occupait la veille; l'avant-garde de Bernadotte rencontra les Autrichiens, poursuivant la division du jeune général, qui se retirait sur Malzberg. Marceau mandait à son collègue que des forces supérieures l'obligeaient à chercher un asile vers Friedingen; il le conjurait de ne pas combattre et de ne songer qu'à la retraite.

Mais ne pas combattre, c'eût été livrer des troupes stationnées près de Ronck; et des colonnes en marche pour rejoindre la division de Marceau seraient prises infailliblement si l'ennemi n'était pas occupé ailleurs. Bernadotte ordonna d'abord à ces colonnes de rétrograder; puis, attendant l'ennemi de pied ferme, il le battit et lui reprit l'artillerie qu'il avait enlevée la veille à Marceau.

Bernadotte n'en avait pas fini avec les Autrichiens: désespérant d'atteindre Marceau, ils revinrent sur son collègue, qui se trouva pressé, à sa droite, par l'archiduc Charles, et à sa gauche par le prince d'Orange. Un combat fort meurtrier s'engagea avec l'un et l'autre; Bernadotte empêcha le premier de passer le ravin de Nieder-Dieffenback, et le second d'occuper les bois de Miremberg. Libre enfin à dix heures du soir, le général français reprit sa marche pour rejoindre l'armée à Alkenbourg. Il venait de rallier les divisions de cavalerie et se dirigeait sur Altenkirchen pour soutenir Marceau, lorsque le bruit de sa mort parvint jusqu'à lui. Il court de sa personne au-devant de la division que ce général laisse veuve de son chef, et la trouve en pleine retraite... Un spectacle déchirant frappe alors les yeux de Bernadotte : Quelques grenadiers s'avancent à pas lents, portant un guerrier sur des rameaux entrelacés; c'est Marceau dont le visage est déjà couvert des ombres de la mort... « Soldats, s'écrie Bernadotte » en se tournant vers la troupe, ce n'est pas en » fuyant que vous le vengerez... retournez à » l'ennemi. » Un serrement de main du héros mourant remercia son collègue... quelques instants plus tard, la république avait perdu l'un de ses plus vaillants et de ses plus vertueux généraux... On sait que les Autrichiens eux-mêmes honorèrent sa mémoire : c'était un noble trépas [1]:

Après cette perte douloureuse, l'armée opéra tranquillement sa retraite par le défilé d'Altenkirchen, et déboucha sur le Rhin, aux environs de Cologne... Bernadotte fut appelé immédiatement au commandement de vingt mille hommes, qui prirent position dans le Hundsruck. Il eût désiré que les braves avec lesquels il venait de faire une campagne si laborieuse, si

---

[1] Les cendres de Marceau, recueillies dans une urne, reposent dans l'une des églises de Coblentz ; on lit sur ce vase : Hic cineres, ubique nomen.

remplie de faits mémorables, fissent partie du corps dont il prenait le commandement : cette satisfaction lui fut refusée.

Si l'on peut convenir, avec quelques écrivains militaires, que Bernadotte, emporté par sa bouillante ardeur, fit une pointe un peu longue au-delà de l'armée de Sambre-et-Meuse ; que ce mouvement engagea celle-ci dans une ligne d'opérations qui n'était point prévue par son plan de campagne, il n'en faudra pas moins reconnaître, que, au point le plus éloigné de sa course, ce capitaine avait signalé des avantages faciles à saisir, s'il eût été soutenu, soit par l'armée dont il formait l'avant-garde, soit par l'armée de Rhin-et-Moselle. Assurément, lorsque le prince Charles passa le Danube, il s'aventura beaucoup plus que Bernadotte lui-même ; car celui-ci pouvait, devait même être soutenu ; tandis que l'archiduc, en détachant vingt mille hommes des troupes opposées à Moreau, donnait beau jeu à cet habile général pour battre le surplus, ou pour se porter sur les derrières du frère de l'empereur, dont la position fût alors devenue fort critique.

Quant à Jourdan, plusieurs occasions lui furent offertes, comme on l'a vu, pour chan-

ger la face des événements militaires pendant sa retraite, et prévenir l'échec de Wurtzbourg...
Il est difficile de reconnaître à quelle partie des opérations de ce général, durant cette marche rétrograde, Carnot entendit appliquer l'épithète de *savante :* il n'y eut de science déployée durant la campagne que dans les entreprises, trop hardies peut-être, de Bernadotte, mais qu'il avait conduites en définitive avec assez d'habileté pour qu'on en pût tirer de grands avantages qu'on négligea [1].

En vendémiaire an V, la tête du pont de Neuwied restait à l'armée française ; mais, dans le courant de ce mois, les impériaux tentèrent de s'en emparer par surprise. Les républicains, sur la foi d'une demande d'armistice faite par le général autrichien lui-même, étaient dans une entière sécurité, lorsque l'ennemi, se jetant tout à coup sur Neuwied, fut près de s'en emparer. Bernadotte accourt au moment où les troupes autrichiennes attaquent

[1] Voyez les détails de cette campagne donnés par Jourdan dans ses *Mémoires*, et par le prince Charles lui-même dans sa *Stratégie*. Nos limites ne nous permettent pas de citer les passages où les opérations de Bernadotte sont mentionnées ; mais, en se reportant à ces écrits, qui sont dans les mains de tout le monde, on y trouvera l'éloge le plus comple du talent et de la valeur de ce général français.

déjà les ouvrages du pont ; quelques mots du général dissipent le trouble des Français : l'artillerie brise les rangs de l'ennemi, le met en déroute ; la ville est reprise, et cette porte de l'Allemagne reste ouverte à l'armée républicaine.

CHAPITRE IV.

Bernadotte reçoit l'ordre de conduire vingt mille hommes en Italie. — Sagesse grecque et loyauté romaine. — Sévérité et générosité. — Nouvelle sédition militaire arrêtée par Bernadotte. — Première entrevue entre ce général et Bonaparte. — Double jugement porté par ces deux généraux. — Passage de la Piave et du Tagliamento. — Prise de Gradisca. — Occupation de Laybach. — Retraite de l'archiduc Charles. — Bernadotte et Masséna. — Occupation de la Carniole. — Épisode de Palma-Nova. — Gouvernement du Frioul. — Bernadotte comprime sur ce point un mouvement qui pouvait compromettre ses habitants.

L'armée de Sambre-et-Meuse était mue par un patriotisme pur : les généraux qui la commandaient, Jourdan, Bernadotte, Kléber, Lefèvre, Championnet ne connaissaient pas d'autre ambition que celle d'une gloire utile à la république, et le brave Marceau venait de mourir pour elle. D'autres sentiments, ou du moins d'autres influences, régnaient à l'armée de Rhin-et-Moselle, d'autres encore à l'armée d'Italie. S'il est hasardeux, même aujourd'hui, d'affirmer que Moreau trahissait alors la cause nationale, on ne peut plus avoir de doute sur les projets de domination que nourrissait déjà Bonaparte. Assurément ce général et ses lieutenants servaient bien la république; sans doute ils avaient conquis d'amples trophées en son nom; mais ne songeaient-ils pas à parer leur char triomphal de ces trophées, plutôt qu'à les déposer sur l'autel de la patrie ? On remarquait dans les phalanges d'Italie un esprit d'indépendance raisonneur et constamment hostile à tout ce qui ne servait pas au-delà des Alpes. Ainsi que Bonaparte s'était affranchi de l'autorité du Directoire, ainsi les guerriers réunis sous son commandement méconnaissaient tout autre pouvoir, secouaient même le joug des lois, et n'admettaient pour code que ses proclamations et ses ordres du jour.

Tel était l'esprit de l'armée d'Italie, lorsque Bernadotte, placé haut dans l'estime du Directoire, reçut de ce conseil l'ordre de conduire sur la Piave vingt mille hommes de l'armée de Sambre-et-Meuse. Cette mission combla de joie ce général : il désirait depuis longtemps combattre sous ce beau ciel, où les lauriers portaient de si nobles fruits ; où les conquêtes ajoutaient tout à la fois à la gloire, aux prospérités, aux splendeurs de la patrie.

Bernadotte rassembla à Metz la colonne dont il prenait le commandement; elle formait deux divisions : la première restait sous ses ordres immédiats ; la seconde était commandée par le général Delmas. Pour se rendre des bords de la Moselle aux Alpes, qu'elles devaient franchir, les troupes en marche pour l'Italie avaient à traverser toute la France ; la moitié des républicains formant les deux divisions allaient passer à une petite distance de leur ville, de leur village : bon nombre d'entre eux en apercevant leur clocher à travers la feuillée, ou se dessinant dans la brume de l'horizon, se sentiraient émus ; et quelle résignation, quel amour stoïque du devoir put jamais triompher de la tentation qu'excite un tel voisinage ?... Quel danger ne devait-on pas prévoir en refusant au soldat la douce satisfaction d'embrasser son vieux père, sa vieille mère, et de respirer avec délices, ne fût-ce qu'un jour, l'air balsamique du pays natal.

Bernadotte calcula sagement les probabilités d'une désertion, momentanée d'abord, mais que ne tarderaient pas de rendre définitive, les factions diverses qui désolaient la France, à une époque où le Directoire tenait d'une main si débile le timon de l'état. Moraliste heureusement inspiré, ce général, pensant qu'une grande confiance devait être pour ses braves le lien le plus sûr, envoya six mille d'entre eux au sein de leur famille, avec armes et bagages; se contentant de leur assigner une époque fixe de retour sous le drapeau, et des points de ralliement sur la route qu'allait parcourir la colonne. Tous promirent de revenir au jour marqué; pas un seul ne manqua à sa parole. Cette pensée de Bernadotte est digne d'une sagesse grecque; ce trait de loyauté des soldats est plein d'une inspiration romaine.

De Metz à Dijon, l'ordre le plus sévère avait été maintenu dans la marche du corps d'armée; mais près de cette ville, une rixe, engagée entre de nombreux villageois et trois soldats, détermina malheureusement ces derniers à faire usage de leurs armes... Un des paysans fut at-

teint mortellement d'un coup de feu. Nous aurions passé sous silence cet incident de peu d'importance, quoique grave, s'il ne répandait une vive lumière sur le caractère de Bernadotte. Son premier soin fut de faire arrêter les meurtriers, et de les livrer immédiatement à la justice militaire. Puis, craignant que le meurtre d'un citoyen n'effrayât les habitants de Dijon, il rangea ses troupes en bataille sur la place d'armes, et prononça d'une voix éclatante ce discours : « Soldats, votre marche rapide, votre
» discipline vous avaient mérité les suffrages des
» magistrats des villes. Trois soldats, indignes
» de vivre parmi vous, ont attenté à la vie d'un
» citoyen; le conseil de guerre en fait justice.
» Soyez toujours dignes de l'armée de Sambre-
» et-Meuse, que vous représentez, et mêlez,
» sans les flétrir, vos lauriers à ceux de l'armée
» d'Italie. »

A ce trait d'utile sévérité, vint se joindre sur l'heure un acte de bienfaisance. Bernadotte était trop désintéressé pour avoir cherché le Pactole dans les champs de la guerre : il avait peu de fortune; cependant il donna, de sa bourse, huit cents francs à la famille du paysan tué, et se rendit responsable d'une autre somme de 1,200 fr., qui fut comptée à cette famille par le payeur de l'armée. Enfin, il sut si bien exciter une émulation généreuse dans les divers corps d'officiers, qu'une souscription, ouverte en faveur des enfants du Bourguignon, produisit encore mille écus. Ils reçurent donc en tout cinq mille francs.

Bonaparte, attendait les divisions qui lui étaient annoncées pour ouvrir la campagne de l'an V; Bernadotte hâta son mouvement, franchit la crête encore presque inaccessible du Mont-Cenis, et rejoignit le général en chef à Milan, vers la fin de l'hiver.

Au moment où la corruption et l'impéritie gouvernaient la république, que ne devait-on pas attendre d'exactions et de brigandage dans l'administration des armées! La France s'épuisait pour soutenir ses dignes défenseurs; mais toutes les ressources, détournées de leurs canaux légitimes, s'égaraient en des mains infidèles, et disparaissaient bientôt dans un gouffre toujours béant de spoliations. Nos troupes étaient le plus souvent nues, sans solde, sans approvisionnements; et, quel que fût le prestige de la gloire, il arrivait quelquefois que le mécontentement dominait. Du mécontentement à la sédition, l'espace est court; souvent il fut franchi.

C'est ce que l'on vit à Milan, le jour fixé par Bonaparte, pour le départ du corps de Bernadotte : un régiment, qui réclamait sa paie à grands cris, refusa de marcher. Vainement le colonel, employant tour à tour les sollicitations amicales et la menace, s'efforça-t-il de comprimer ce mouvement de rébellion ; sa voix fut méconnue, son autorité méprisée. Il ordonna alors aux officiers et sous-officiers de se porter en avant, avec les drapeaux ; la troupe vit froidement s'éloigner ces enseignes, que l'honneur français irait reconquérir dans un torrent de flammes.

Prévenu de ce qui se passe, Bernadotte accourt au galop, et commande *en avant* d'une voix terrible, qu'accompagne un regard qu'on dirait allumé à la foudre... Le régiment s'ébranle ; il part, fait quelques pas, hésite, murmure et s'arrête de nouveau. Le général, furieux d'être désobéi, saute de son cheval, tire son sabre, vole à la compagnie de grenadiers du premier bataillon, et, saisissant d'un bras puissant un homme du premier rang, il lui crie : « Marche, ou je te tue. » Puis, se tournant vers le régiment, il continue : « Mal-
» heureux ! je ne vous aurai pas amenés de si

» loin pour être témoin de votre déshonneur ;
» il faut m'obéir ou m'assassiner... Mais vous
» ne frapperez pas le général à qui vos vies ap-
» partiennent... Avez-vous oublié que sans
» lui vous auriez cessé d'être, ou, qu'esclaves
» d'un roi, notre ennemi, vos mains, aujour-
» d'hui victorieuses, dessécheraient les marais
» de la Hongrie... Vous-mêmes, livrez-moi les
» chefs de la sédition, ou je vous fais déci-
» mer. »

Bernadotte, ainsi que nous l'avons prouvé plusieurs fois, possédait une énergie spéciale pour arrêter la rébellion : c'était le Jupiter-Stator des mutins. Cette fois encore, sa voix rétablit le calme dans les rangs, y rappela l'obéissance ; pas un mot de réclamation ne s'en éleva, et l'on rejoignit les drapeaux. Mais le général prescrivit impérieusement aux capitaines de désigner les meneurs de chaque compagnie ; lorsqu'ils furent sortis des rangs, il les fit escorter par une garde composée de leurs camarades ; et leur première, leur plus sensible punition, peut-être, consista dans cette marche ignominieuse, qui les livrait, humbles et désarmés, à la curiosité des populations italiennes.

Avant de suivre les divisions de Bernadotte

sur la Piave, nous devons rapporter quelques particularités de la première entrevue de ce général avec Bonaparte. Il y eut une circonstance solennelle dans la rencontre de ces deux hommes supérieurs; car, ainsi qu'on le verra bientôt, ils se jugèrent mutuellement dès la première entrevue. Le général en chef se montra fort expansif en conversant avec ce nouveau lieutenant; Bernadotte le fut moins : peut-être sa réserve provint-elle de ce qu'il avait déjà pénétré la secrète pensée du jeune capitaine... Il l'avait pénétrée, puisque, de retour à son quartier-général, il dit à des officiers qui l'interrogeaient sur Bonaparte : « J'ai vu là un homme de vingt-six à » vingt-sept ans, qui veut paraître en avoir » cinquante, et cela ne me dit rien de bon pour » la république. »

Bonaparte, de son côté, ne caractérisait pas Bernadotte avec moins de justesse et d'originalité. « C'est, disait-il, une tête française sur le » cœur d'un Romain. »

Doués l'un et l'autre d'une sagacité si prompte à se juger réciproquement, Bonaparte et Bernadotte durent prévoir dès-lors qu'ils ne partageaient ni les mêmes sentiments, ni les mêmes opinions, et que leurs vues respectives devaient différer plus essentiellement encore. Mais, sans doute, ils jugèrent aussi qu'ils se rencontreraient toujours sur cette ligne de principes qui tend à la défense et à la gloire du pays; et, dès le début de la campagne, le général en chef agit envers son lieutenant venu du Rhin sous l'empire de cette conviction.

En effet, Bonaparte confia à Bernadotte le commandement de son avant-garde; à l'armée d'Italie, il devenait le premier dépositaire de l'honneur français, comme il l'avait été à l'armée de Sambre-et-Meuse. Il lui était ordonné de franchir la Piave, qui coulait en ce moment rapide comme un torrent; il n'y avait point de pont, et le soldat, intimidé par le bruit des ondes mugissantes, hésitait à traverser la rivière. Bernadotte, toujours pénétré de cette maxime, que le chef doit l'exemple au subordonné, descend de cheval et passe la Piave, ayant de l'eau jusqu'aux épaules. La troupe le suit en silence; deux hommes, entraînés par le courant, allaient disparaître; Bernadotte, déjà sorti de l'eau, s'y précipite de nouveau, saisit ces militaires et les remet debout, aux applaudissements unanimes de toute l'armée. C'est par des actions populaires que les hommes supérieurs parviennent surtout à se populariser : les soldats de Bernadotte n'oublièrent jamais ce trait de dévouement.

On a vu le prince Charles opposé, sans beaucoup de succès, à Bernadotte, commandant l'avant-garde de l'armée de Sambre-et-Meuse; on va voir maintenant le même prince combattre, avec moins d'avantage encore, ce redoutable adversaire au premier rang d'une armée victorieuse. L'archiduc avait quitté les bords du Rhin, le jour même où Bernadotte partait de Coblentz : l'altesse impériale se rendait aussi dans la haute Italie. Sa valeur et son habileté devaient être, sur ce point, l'ancre de miséricorde des légions autrichiennes. Ainsi que le général français, il emmenait vingt mille hommes d'excellentes troupes; il avait cent lieues de moins que lui à franchir; et l'importance d'un mouvement rapide était telle en cette circonstance, qu'il pouvait prévenir l'invasion probable de l'Autriche antérieure elle-même. Mais Charles faisait mouvoir des masses allemandes; Bernadotte conduisait ces Français qui, rarement, se laissent gagner de vitesse : il arriva sur le Tagliamento, huit jours avant le frère de l'empereur, qui ne put se trouver en ligne au moment où Bonaparte ordonna de passer ce fleuve.

Cependant l'infanterie impériale avait pris position en avant des villages de Godroippo et de Gradiska; elle était protégée par une bonne artillerie, et soutenue par une cavalerie nombreuse, tandis que le Tagliamento opposait ses six bras à l'ardeur de nos guerriers. Bernadotte, avec son avant-garde, se présente néanmoins pour effectuer le passage; il dit à ses soldats : « Mes amis, n'oubliez pas que vous sortez » de l'armée de Sambre-et-Meuse, et que l'ar- » mée d'Italie vous regarde. » Aucune allocution ne pouvait frapper plus juste; Bernadotte savait que ce peu de mots arriverait au cœur de ces braves venus du Nord, dévorés du désir d'égaler leurs camarades d'Italie, et c'est d'une telle émulation que jaillissent les prodiges. Les deux villages furent attaqués avec impétuosité : car le général comprenait fort bien que l'ennemi défendrait de tout son pouvoir cette position, de laquelle il pouvait déboucher sur l'armée républicaine, qui venait de passer le Tagliamento. Déjà plusieurs charges avaient été fournies par notre cavalerie, de concert avec la division Augereau, et les Autrichiens se maintenaient. Bernadotte, craignant alors avec raison qu'une attaque de front ne lui fît perdre beaucoup de monde et de temps, ordonna au général Murat de se porter sur sa droite, avec dix compagnies de grenadiers et quelques escadrons, pour tourner le village de Godroippo. Pendant que ce mouvement s'exécutait, Bernadotte lui-même, avec toutes ses troupes, déborda l'aile gauche de l'ennemi, qui, redoutant les suites de cette manœuvre, abandonna la position qu'il avait si vaillamment défendue.

Les Autrichiens se retirèrent derrière l'Isonzo, appuyant leur droite au château de Goriza. Cette retraite ayant découvert la place de Palma-Nova, Bernadotte l'occupa; puis il se porta sur la forteresse de Gradiska, où quatre mille Autrichiens d'élite s'étaient enfermés. Mais ils ne purent résister à l'impétuosité française : ce fort ouvrit ses portes à Bernadotte : quatre mille prisonniers, huit drapeaux et dix-sept canons furent les trophées de ce succès. Le prince Charles avait tenté vainement de dégager la garnison de Gradisca; repoussé de toutes les positions qu'il occupait sur l'Isonzo, il dut se résigner à la retraite, avant d'avoir pu même entrer en ligne. Ce prince leva son camp dans la nuit, et se retira vers Laybach et Clagenfurt. Alors Bernadotte, secondé par la division Serrurier, s'empara de Goriza et des magasins de cette place ; puis il se mit à la poursuite de l'archiduc dans la Carniole, où S. A. se flattait de trouver un refuge.

Lorsque l'avant-garde française arriva devant Laybach, l'archiduc avait renoncé déjà à défendre cette place; Bernadotte s'en empara de prime-abord, ainsi que des mines d'Idria, où l'on trouva pour cinq millions de métal tout encaissé, qui fut immédiatement vendu au profit de l'armée. Durant cette marche rapide du vainqueur, le prince put apporter si peu d'ordre dans sa retraite, que Bernadotte lui prit quinze cents hommes épars dans les défilés de la Carniole.

Toute l'armée française, dans cette courte campagne, qui la conduisit aux portes de Vienne, eut droit à la reconnaissance nationale; mais on ne peut disconvenir que Bernadotte et Masséna furent les deux leviers principaux de ces derniers triomphes... Peut-être cette parité de mérite, de valeur et d'activité fut-elle l'origine de l'espèce de rivalité qui s'éleva dès lors entre les officiers venus du Rhin et ceux qui servaient avec *l'Enfant chéri de la victoire:* Les derniers événements avaient prouvé que la victoire pouvait adopter plus d'un fils, et l'orgueil militaire souffre impatiemment les parallèles. Cette émulation de gloire, souvent poussée jusqu'à l'amertume, surtout parmi les jeunes militaires, semblait devoir aller loin si la guerre eût continué : le officiers de Masséna appelaient ceux de Bernadotte, *Messieurs,* pour faire allusion, sans doute, à la régularité de leur tenue; tandis que les officiers du Rhin, par un motif tout à fait opposé, qualifiaient étrangement ceux de Masséna. Cette guerre d'épigramme dégénéra plus d'une fois en rixes sanglantes, et l'on vit avec chagrin des épées françaises se croiser sous les rayons du soleil d'Italie.

Nous aurons bientôt occasion de signaler le point de départ de la dissidence qui se prononça, dans plusieurs circonstances, entre Bonaparte et Bernadotte : dissidence dont le levain resta constamment dans le cœur de chacun de ces deux capitaines, sans toutefois altérer en rien la confiance du premier; sans jamais porter la moindre atteinte au zèle du second. A l'époque où nous sommes parvenus, Bernadotte avait été comblé d'éloges par le général en chef; et le

Directoire, en y joignant les siens, prouva que les rapports faits au gouvernement par Bonaparte, étaient conformes aux félicitations directes adressées à son lieutenant. Le conseil du Luxembourg écrivit au général du Rhin : « Vous » avez prouvé que vous vous êtes déjà rendu » familier ce nouveau théâtre de la guerre : le » prince Charles a dû reconnaître à Gradisca » celui dont il a souvent redouté l'audace et » l'habileté en Allemagne. »

Maître de la Carniole, province dans laquelle l'ordre venait d'être établi avec la même rapidité que la conquête y était parvenue, Bernadotte passa le mont Léoben avec ses troupes et son artillerie ; il s'était joint à l'armée principale lorsque, après un combat décisif, les préliminaires de la paix furent signés à trois marches de Vienne. Dans cette circonstance, Bonaparte donna à Bernadotte un gage de haute estime, qui ne fut partagé que par Berthier et Masséna : il lui communiqua, ainsi qu'à ces deux généraux, les stipulations arrêtées entre les parties contractantes ; l'avis fut unanime pour l'adoption, et les préliminaires furent signés.

Tandis que des négociations, assises sur une large base, s'ouvraient à Campo-Formio, Bona-

parte ordonna la réparation de quelques places démantelées: celle de Palma-Nova, occupée par le corps de Bernadotte, était du nombre. Or, les officiers du génie, ayant condamné deux villages situés sous la portée du canon, la terrible nécessité du moment prévalut : le général consentit, avec un vif regret, à la démolition de ces villages. Il déplorait encore le sort des malheureux habitants mis sans asile, lorsqu'un commissaire des guerres vint prendre ses ordres sur la destination à donner à des magasins de sel pris par ses troupes. A cette demande, Bernadotte bondit de joie sur son siége: « Vite, mon-
» sieur, s'écria-t-il, que l'on remette ces ma-
» gasins au gouvernement, et que leur produit
» soit employé au soulagement des infortunés
» dont nous démolissons les chaumières. » La vente fut effectuée immédiatement; elle produisit 200,000 livres, et les paysans dépossédés se trouvèrent peut-être plus riches qu'auparavant.

Nous rencontrerons souvent de pareils traits dans la vie militaire du héros de cette histoire; jamais la mission de vaincre et de conquérir n'exclut un moment de sa pensée les inspirations de justice et de bienfaisance auxquelles il aimait à se livrer. Les soldats prisonniers cessaient d'être ses ennemis dès qu'ils avaient déposé les armes; les habitants du pays conquis eurent partout des droits à sa protection : « Ils » ne peuvent être nos amis, » répétait-il souvent; « tâchons du moins qu'ils soient nos obli- » gés; il n'y point a d'inimitié dangereuse au » cœur que l'on force d'être reconnaissant. »

Nous n'avons encore vu Bernadotte que sur le champ de bataille, obéissant à la triste nécessité de détruire, en moissonnant des palmes sur un sol arrosé du sang des hommes; qu'il nous soit permis maintenant d'examiner sa conduite comme administrateur. Après la signature des préliminaires de Léoben, Bonaparte laissa sur les fontières d'Allemagne trois divisions, sous le commandement de Bernadotte, qui se trouva de la sorte appelé à gouverner le Frioul, jusqu'à la conclusion du traité à intervenir. Il établit son quartier-général à Udine.

Le citoyen, du sein de la vie domestique, juge souvent mal le cours des événements politiques, et plus mal encore les détours inextricables de la diplomatie. Les habitants du Frioul et d'une partie de l'état vénitien, persuadés que la prépondérance autrichienne était entièrement détruite en Italie, cherchèrent, en vrais Italiens qu'ils étaient, à se faire un appui de la domination, plus jeune, des républicains français. En conséquence, ils vinrent trouver secrètement Bernadotte, et lui offrirent de former, parmi leurs concitoyens, des bataillons de volontaires, pour servir contre l'Autriche si les hostilités recommençaient. Le général les remercia, en souriant, d'un zèle dont il appréciait à sa juste valeur la sincérité; puis, avec une habileté de raisonnement qui manqua rarement aux habitants de la France méridionale, il détourna ces Italiens du parti qu'ils méditaient. Il y avait dans cette conduite une probité politique fort louable : Bernadotte savait qu'en ce moment même on agitait à Campo-Formio la cession du Frioul et de l'état vénitien à l'empereur, et que les négociations reposaient principalement sur cette base. Tel fut en effet le sort de ce pays; et l'on conçoit quels eussent été les effets de la vindicte autrichienne, si Bernadotte eût accepté l'offre des Vénitiens de terre ferme et des Frioulais. Sans leur dire un mot de leur destinée future, sans compromettre en rien les secrets diplomatiques du congrès, il renvoya les députés calmes, dissuadés, résignés à attendre; et ce fut ainsi qu'il sut concilier la loyauté du gouverneur, avec la prudence du général bien informé.

CHAPITRE V.

Coup d'œil sur la situation politique de l'armée d'Italie. — Les vues de Bonaparte commencent à poindre. — Bernadotte au 18 fructidor. — Sa franchise avec Bonaparte au château de Passeriano. — Influence des conseils qu'il lui donne sur la conclusion du traité de Campo-Formio. — Bernadotte est dessaisi par Bonaparte d'une partie de ses troupes. — Mécontentement qu'il en éprouve. — Correspondance avec le Directoire et Bonaparte. — Réponses qu'il en reçoit. — Bernadotte est nommé général en chef de l'armée d'Italie. — Regrets des Frioulais à son départ. — Changement de destination. — Bernadotte ambassadeur de la république à Vienne. — Sage conduite qu'il tient à ce poste. — Épisode de M. de thisy. — Révolte à Vienne, dirigée contre l'ambassade de France. — Ses causes ; ses suites. — Bernadotte refuse l'ambassade de La Haye, et le commandement de la 5e division militaire. — Mariage de Bernadotte avec mademoiselle Désirée Clary. — Situation politique et militaire de la France, au moment de l'expédition d'Égypte. — Bernadotte général en chef de l'armée d'observation. — On lui offre de nouveau le commandement en chef de celle d'Italie. — Il refuse. — Pourquoi ? — Bernadotte à l'armée d'observation. — Ce qu'il y fait.

Au moment où Bernadotte administrait le Frioul, les partis s'agitaient, non-seulement dans l'intérieur de la France, mais aux armées

L'officier devenait motionneur et le soldat délibérait. Les généraux qui, pour la plupart, devaient leur fortune à la république, s'en montraient, comme on le pense bien, les défenseurs ardents. Chaque jour leur voix s'élevait menaçante, des banquets patriotiques, pour accuser les *Clichiens,* qui conspiraient alors presque ouvertement contre le gouvernement républicain. Cet élan plaisait à Bonaparte; il l'encourageait même dans ses proclamations, et finit par faire signer aux divisions de son armée des adresses fort exaltées. Bernadotte, seul en Italie, refusa de s'associer à ces démonstrations de club, qui lui semblaient dépasser les limites d'un sage patriostisme, et viser à l'anarchie militaire, plus funeste encore que l'anarchie civile, ainsi que le prouve l'histoire romaine, dont le Béarnais avait fait une profonde étude.

Il était difficile à qui ne savait pas pénétrer Bonaparte d'expliquer un tel essor de popularité de la part de ce général, qui, certes, ne se montrait rien moins que populaire dans ses discours et ses habitudes. On concevait plus difficilement encore qu'il se proclamât tout à coup le champion du Directoire, dont il bravait l'autorité depuis l'origine de son commandement en Italie. Mais Bernadotte avait trouvé la solution de ce problème politique : en soutenant un gouvernement qu'il méprisait, en le faisant triompher des factions, Bonaparte agrandissait, aux yeux des Français, l'auréole de sa gloire ; il acquérait de nouveaux droits à la reconnaissance nationale, et jetait ainsi la première base d'une domination future.

Voilà ce que Bernadotte entrevit à travers le mouvement de jacobinisme intimé à l'armée d'Italie par son général en chef ; et l'on comprendra sans peine que lui, patriote sincère, lui, qui ne voulait point livrer son pays à l'audace d'une ambition personnelle, eût refusé de concourir à la favoriser.

On a hasardé beaucoup de conjectures sur le choix que Bonaparte fit de Bernadotte, dans les premiers jours de fructidor an V, pour aller présenter au Directoire les derniers drapeaux conquis sur les Autrichiens. Cette mission, quelque honorable qu'elle fût, convenait, en effet, fort peu au général qui, par la position de son corps d'armée et par le gouvernement territorial du Frioul, semblait le moins susceptible de déplacement. Aussi regarda-t-on presque généralement comme un prétexte la présentation alléguée par le général en chef. Mais quel pouvait être le motif réel qui le déterminait? Trouvait-il cet homme à la *tête française et au cœur romain* placé trop près du théâtre des négociations, et craignait-il qu'un tel voisinage ne lui décelât quelques articles secrets agités au congrès? ou Bonaparte prévoyait-il, ainsi que plusieurs écrivains l'ont avancé, qu'il pourrait se décider à faire marcher ses troupes sur Paris pour soutenir le gouvernement; et lui paraissait-il probable que, dans ce cas, Bernadotte refuserait de participer à ce mouvement, qu'il pourrait croire, avec raison, déterminé par une arrière-pensée ambitieuse?

Quoi qu'il en soit de la vraisemblance de ces suppositions, Bernadotte, abusé ou non sur la mission d'honneur qu'il recevait, se mit en route pour la capitale; il y arriva le 13 fructidor, cinq jours avant le coup d'état qui devait abattre la faction de Clichy. Voici la lettre du général en chef que le héros de cette histoire remit au Directoire exécutif : « Je vous ai annoncé, après
» la bataille de Rivoli, vingt et un drapeaux;
» je vous envoie les derniers par le général Ber-
» nadotte. Cet excellent général, qui a fait sa
» réputation sur les rives du Rhin, est aujour-

» d'hui un des officiers les plus essentiels à la
» gloire de l'armée d'Italie. Je vous prie de vou-
» loir bien le renvoyer à cette armée le plus tôt
» possible. Vous voyez dans le général Bernadotte
» un des amis les plus solides de la république;
» incapable, par principes comme par carac-
» tère, de capituler avec les ennemis de la liberté,
» pas plus qu'avec l'honneur. »

Il y a dans cet écrit un gage évident de la conviction qui l'avait dicté : n'était-ce pas parce que cette conviction existait, que Bonaparte éloignait momentanément son lieutenant des troupes sur lesquelles il exerçait la plus grande influence ?

Bernadotte s'est expliqué souvent, avec autant de franchise que de netteté, sur sa conduite pendant l'expédition dirigée par Augereau contre le corps législatif. « J'aurais certainement
» agi, disait-il, si la cause de la république eût
» été compromise; mais comme cette extrémité
» n'a pas été un seul instant à craindre, j'ai
» cru qu'il était de mon devoir de ne pas mêler
» un sabre de plus à cette échauffourée, déjà
» trop essentiellement militaire. »

Les principes de patriotisme sage et pur auxquels Bernadotte obéit en cette circonstance avaient été exposés, non-seulement dans une proclamation adressée à ses troupes avant son départ d'Italie, mais encore dans le discours prononcé par ce général devant le Directoire exécutif, en lui présentant les drapeaux autrichiens. Il les avait également développés avec énergie, ces principes, dans un dîner chez le ministre Scherer; et cette profession de foi s'était terminée par une explosion de blâme sur les clubs des armées.

Le gouvernement ne tarda pas à renvoyer Bernadotte en Italie, chargé de dépêches et d'instructions verbales pour le général en chef. Parmi les dernières, nous devons citer cette communication de La Reveillère-Lepeaux, alors président du Directoire : « Je vous autorise à » déclarer au général Bonaparte que si la guerre » recommence, il lui est permis de donner aux » provinces conquises telle forme de gouver- » nement qu'il lui plaira d'adopter : théocrati- » que, aristocratique ou démocratique. » Ce discours, qui devait faire lever les épaules à Bonaparte, émanait bien de la monomanie de propagande dont La Reveillère était possédé: rêverie que le candide Berthier mit plus tard à exécution dans l'état pontifical, avec tous les accessoires d'une ridicule comédie.

Bernadotte rejoignit le général en chef au château de Passeriano, dans le courant de vendémiaire an VI (octobre 1797). Bonaparte interrogea longuement son lieutenant sur les intentions et les projets du Directoire; sur l'esprit public, et sur les ressources que l'on pouvait tirer de la France si la guerre continuait. Il lui demanda ensuite son avis sur la conduite qu'il devait tenir comme négociateur. « Faites » la paix, répondit Bernadotte sans hésita- » tion. » Puis, revenant avec empressement au sujet qui l'intéressait le plus, Bonaparte pria le général béarnais de lui faire connaître ce qu'on pensait de lui personnellement. C'était ouvrir une large voie à sa franchise; Bernadotte s'y engagea résolument. « Le Directoire, répondit- » il, s'est scandalisé du peu d'égards que vous » avez pour lui; l'armée de Sambre et Meuse » vous est opposée; l'armée du Rhin est per- » suadée que vous êtes la cause de la disgrâce » de Moreau, son chef[1]; les royalistes savent

---

[1] Bernadotte s'était laissé induire en erreur à cet égard : l'armée du Rhin ne reprochait point et n'eût pu reprocher sans injustice à Bonaparte d'avoir sacrifié Moreau... Tous les historiens sont d'accord sur la

» que les événements de fructidor ont arrêté
» leurs desseins, et que ces événements ont eu
» lieu pour vous soustraire aux chances d'une
» accusation qu'ils voulaient porter contre
» vous[1]. Les républicains vous observent; ils
» sont devenus froids, même pour ce qui touche
» votre renommée. Le peuple de Paris est en-
» thousiaste de vos succès ; le sang répandu
» au 13 vendémiaire est effacé des murs
» de Saint-Roch; vous êtes aujourd'hui l'i-
» dole de cette masse qui vous aurait vu
» traîner avec plaisir à l'échafaud le 13 vendé-
» miaire. Je vous le répète donc, faites la paix;
» car si vous avez des revers, vous ne pouvez
» compter sur la moindre protection, ni sur
» aucun secours, et tous les partis se réjouiront
» si vous éprouvez des défaites[2]. »

Après cette appréciation un peu sévère de sa situation personnelle, Bonaparte réfléchit quelques instants ; puis il dit avec vivacité: « Quelle

---

légitimité des motifs qui firent rappeler ce général après le 18 fructidor... Lui-même avait révélé, sinon ses manœuvres avec *Pichegru*, du moins la connaissance qu'il en avait eue, sans en informer le gouvernement.

[1] Cela ne se conçoit que des royalistes, qui voyaient Bonaparte disposé à soutenir le Directoire.

[2] Ce jugement était exact dans plusieurs de ses parties ; mais trop absolu dans son ensemble.

» est l'opinion du Directoire ?—Général, reprit
» Bernadotte, vous m'avez d'abord demandé
» mon avis particulier ; je vous l'ai dit avec
» franchise ; vous voulez maintenant celui du
» Directoire : il est en tout le contraire du
» mien. Le Directoire m'a chargé très-expressé-
» ment de vous engager à ne pas céder Venise ;
» à trouver quelque moyen de recommencer la
» guerre, et à fonder partout des républiques.
» — Mais si je recommence la guerre, dit le
» général en chef, pensez-vous que l'on me
» fournisse longtemps les moyens de la soutenir?
» — Vous ne pouvez pas y compter : la nation
» désire vivement la paix ; vous avez forcé le
» chef de l'empire germanique à reconnaître la
» république ; si, au lieu de remettre son exis-
» tence en problème en prolongeant la guerre,
» on cherche à l'affermir par la paix, votre
» gloire reste dans tout son éclat. Mais ce n'est
» pas le compte du Directoire, à qui le senti-
» ment de sa faiblesse ne laisse voir d'autres
» moyens de conserver son existence qu'en te-
» nant le sort de la république flottant et in-
» certain. »

Ce discours, que le général en chef avait
écouté avec beaucoup d'attention, et dont il

avait appuyé plusieurs points par des signes de tête affirmatifs, le rendit rêveur pendant le souper. Madame Bonaparte était au château de Passeriano; elle et le colonel Marmont [1], cherchèrent l'occasion d'entretenir un instant Bernadotte; ils le remercièrent des bons avis qu'il venait de donner à Bonaparte, et lui dirent qu'ils joignaient leurs vœux aux siens pour la conclusion de la paix. « Grâce au bon renfort » que vous nous avez amené d'Allemagne, » ajouta Joséphine d'une voix caressante, tout » porte à croire que le traité sera glorieux pour » la France [2].

Le lendemain, nouvelles questions de la part du général en chef; Bernadotte en y répondant, continua d'insister en faveur de la paix, et déclara encore que les esprits étaient trop agités en France pour que les hostilités pussent être reprises avec avantage; à moins que le gouverne-

---

[1] Marmont fut fait général à Malte, lorsque cette île tomba au pouvoir de l'armée française.

[2] Joséphine prononçait rarement le nom de la république, et l'on peut croire qu'elle était peu attachée à ce gouvernement. Elle parlait, au contraire, avec déférence, avec affection de l'ancienne cour, de ses formes, de ses abus. Lors même qu'elle fut impératrice, on la surprenait traitant avec une sorte de respect de simples marquises; au sommet de grandeurs nouvelles, elle ne cessa jamais d'être une femme d'ancien régime.

ment ne fût investi d'une sorte de dictature ; mais que, dans ce cas, la position de Bonaparte deviendrait fort dangereuse. « Victorieux ou » défait, poursuivit le général consulté, vous » n'en seriez pas moins l'objet des soupçons et » de la surveillance de ce pouvoir. » A ces mots, le général en chef, s'élevant sur la pointe des pieds et alongeant le bras droit, prononça ces mots avec résolution : « Je me décide, je fais la paix. »

Le jour suivant, Bernadotte partit pour son quartier-général ; il reprit le commandement du corps qu'il avait laissé dans le Frioul, et qui formait maintenant l'arrière-garde de l'armée. Il reprit aussi le gouvernement territorial attaché à cette position militaire. Quatre jours après son arrivée (13 octobre 1797), le traité de Campo-Formio fut signé.

Bonaparte, avant de quitter l'Italie, alla trouver Bernadotte à Udine. L'entrevue des deux généraux fut longue et fort expansive de la part du général en chef; il ne quitta le gouverneur du Frioul qu'à minuit, en le comblant de protestations d'amitié, d'estime et de dévouement. Bernadotte, après de tels épanchements, devait donc être mal préparé à ce qui suit.

Arrivé à Milan, Bonaparte, en réglant la composition des troupes qui devaient rester en Italie ou rentrer en France, ôta à Bernadotte la moitié de celles qu'il avait amenées des bords du Rhin, et conservées jusqu'alors sous son commandement, en lui prescrivant de repasser les Alpes avec le reste. Le mécontentement, surtout lorsqu'il est fondé, exagère presque toujours les torts qui l'ont excité : Bonaparte, tout en reconnaissant la sagesse des avis que Bernadotte lui avait donnés à Passeriano, pouvait avoir été blessé de leur rudesse. Il n'est pas moins probable que la réserve politique de ce général, en Italie d'abord, puis à Paris, durant le mouvement de fructidor, laissait dans le cœur du général en chef quelque ressentiment. Qu'il n'ait pas hésité à déplaire à Bernadotte, dans les dispositions de Milan, on peut le penser ; mais qu'il ait cherché l'occasion d'humilier un officier pour lequel il professait une haute estime, on répugne à le croire.

Les âmes nobles et grandes ne sont pas toujours exemptes de susceptibilité : Bernadotte vit peut-être dans le procédé de Bonaparte un trait de désaffection déclarée, lorsqu'il ne décelait qu'une sorte de rivalité inquiète, mais glorieuse pour le général béarnais, puisqu'elle était née du sentiment de son mérite.

Sous l'empire de son premier mécontentement, Bernadotte écrivit, le 8 fructidor an VI, au Directoire exécutif, pour lui demander un commandement aux îles de France, de la Réunion, dans l'Inde ou dans les nouvelles possessions acquises, par le traité de Campo-Formio, dans la mer Ionienne.

Si le gouvernement ne pouvait disposer d'une de ces destinations, ajoutait le général, il sollicitait une inspection d'infanterie, de l'emploi à l'armée de Portugal, ou enfin sa retraite. La lettre de Bernadotte se terminait par des protestations de dévouement au directoire et à la république.

En même temps que la lettre écrite par Bernadotte au conseil du Luxembourg, partait cette autre lettre qu'il adressait à Bonaparte.

« Je vous envoie, général, copie d'une de
» mande que je fais au Directoire, et copie de
» la lettre que j'écris au président. Si ma re-
» traite m'est accordée, je vous prie de vouloir
» employer à l'armée d'Angleterre[1] les citoyens

---

[1] Voyez les diverses Histoires de France pour les notions sur l'expé-

» Vilatte et Maurin, mes aides-de-camp : ce sont
» de bons sujets; ils serviront la république
» avec le même zèle et avec la même ardeur
» qui ont caractérisé toujours les troupes du
» Rhin... Ils pourront, comme moi, s'incliner
» devant les talents, mais jamais devant l'au-
» dace. Quoique j'aie à me plaindre de vous, je
» m'en séparerai sans cesser d'avoir pour vos
» talents la plus grande estime. »

En admirant cette franchise spartiate, cette fermeté républicaine, il faut regretter, pourtant, que Bernadotte en ait cru l'application nécessaire; mais on doit convenir aussi qu'on ne pouvait la mettre en œuvre avec plus de dignité.

Bernadotte reçut du gouvernement cette réponse, sous la date du 28 frimaire an VII.

« Le Directoire exécutif a reçu, citoyen gé-
» néral, votre lettre datée de Trévise, le 8 fruc-
» tidor. Il vous destinait à commander une des
» divisions de l'armée d'Angleterre; mais si des
» raisons qu'il ne peut prévoir vous faisaient
» préférer le commandement militaire des dé-
» partements de Corcyre, d'Ithaque et de la mer

---

dition d'Égypte, qui était déjà décidée à cette époque, mais que l'on déguisait sous les apparences et le nom d'une descente en Angleterre.

» Égée, le Directoire vous le confierait avec
» plaisir. »

Dès l'an v, le directeur Carnot avait écrit à Bernadotte la lettre suivante, qui prouve qu'à cette époque il sollicitait déjà un commandement colonial.

« Je connaissais, mon cher et brave géné-
» ral, le désir que vous avez d'être employé
» dans les colonies orientales : mon frère, qui a
» eu le plaisir de vous voir à votre passage à
» Dijon, m'en avait aussi parlé, et je vous ai
» même proposé pour cette mission au Direc-
» toire exécutif. Je ne doute pas qu'il ne prenne
» ce vœu en très-grande considération, lors-
» qu'il sera question de réaliser une opération
» importante dans l'Inde ou aux îles de France
» et de la Réunion. La juste célébrité que vous
» ont acquise vos brillantes qualités militaires
» et vos sentiments civiques vous assure le
» plus heureux succès dans tout ce que vous
» entreprendrez pour la prospérité de notre
» république; et je ne négligerai rien, mon cher
» général, pour vous concilier le suffrage de
» tous mes collègues. »

Le courrier qui apporta le message du Directoire à Bernadotte lui en remit aussi un de Bo-

naparte. « Je reçois, citoyen général, » mandait-il, « votre dernière lettre. Le Directoire exécutif,
» à ce qu'il m'a assuré, s'empressera de saisir
» toutes les occasions de faire ce qui pourra vous
» convenir; il a décidé qu'il vous laisserait le
» choix de prendre le commandement des îles
» Ioniennes, ou d'une division de l'armée d'An-
» gleterre, laquelle sera augmentée des an-
» ciennes troupes que vous aviez à l'armée de
» Sambre-et-Meuse; ou même d'une division
» territoriale, la 17ᵉ, par exemple¹. Personne
» ne fait plus cas que moi de la pureté de vos
» principes, de la loyauté de votre caractère,
» et des talents militaires que vous avez déve-
» loppés pendant le temps que nous avons servi
» ensemble : vous seriez injuste si vous pouviez
» en douter un instant. Dans tous les temps je
» compterai sur votre estime et votre amitié. »

Cette lettre prouvait que Bonaparte avait senti l'injustice de sa conduite de Milan; elle offrait même à Bernadotte une réparation habilement ménagée, dans l'avis qu'il commanderait, à l'armée d'Angleterre, ces troupes du Rhin, dont la privation l'avait blessé si vivement.

---

¹ Cette division avait alors Paris pour chef-lieu.

On doit penser que Bernadotte trouva cette satisfaction suffisante, et que ses relations avec Bonaparte reprirent une certaine activité; car on voit, par une lettre de celui-ci, qu'il le remercie des observations qu'il lui a fait parvenir sur les établissements français dans la mer Ionienne. « Vous ne perdez pas de temps, » ajoutait le général en chef : « vous consacrez à » vous instruire celui que la paix vous empêche » de passer sur le champ de bataille. »

Cette lettre était datée du 17 nivôse; peu de temps après, le Directoire exécutif, pénétré de la nécessité d'appeler un homme supérieur au commandement de l'armée d'Italie, le confia, une première fois, au général Bernadotte. Bonaparte vit ce choix avec mécontentement; il s'était flatté que l'intérim qu'il avait laissé au général Berthier serait changé en nomination définitive, et que, sous le nom de son ancien chef d'état-major, il conserverait, à l'armée d'Italie, une grande partie de son influence; ce qui, dans la direction de ses vues secrètes, devait lui importer essentiellement.

Il faudrait avoir peu de perspicacité pour ne pas voir percer le dépit dans cette autre partie de la lettre du 17 nivôse : « J'aurais fort désiré

» vous avoir avec moi en Angleterre; mais *il
» paraît que le gouvernement croit* votre présence
» nécessaire en Italie. Ce poste est si essentiel
» que je n'aurais pas bonne grâce à résister.
» Vous servirez la république en éclairant la
» marche des nouveaux républicains d'Italie.
» Croyez que, dans toutes les circonstances, je
» vous donnerai des preuves de l'estime que
» vous m'avez inspirée. »

Bernadotte, en quittant le Frioul, avait reçu, de la part des autorités et des habitants, les témoignages de la plus vive reconnaissance; et l'on ne peut douter qu'ils ne fussent sincères, car ils étaient mérités. Voici le discours d'adieu que prononça le président des états :

« Général,

» La nouvelle carrière de gloire qui vous est
» offerte ne diminue guère en nous le regret
» de vous perdre. Que le génie de la France
» vous accompagne et vous garde; nous appren-
» drons vos exploits avec cette espèce d'orgueil
» que doit nous inspirer l'honneur d'avoir été
» confiés à vous pendant si longtemps. C'est
» parmi nous, c'est en déployant sur notre pays

» les soins les plus bienfaisants, que vous avez
» acquis une gloire d'autant plus précieuse
» qu'elle est à vous seul, et que vos soldats, vos
» officiers ne peuvent pas aspirer à la partager
» comme celle des armes. La reconnaissance en
» a gravé dans nos cœurs le souvenir éternel. »

Le nouveau général en chef de l'armée d'Italie, se rendait à Milan pour y établir son quartier-général, lorsqu'en passant à Peschiera, il reçut un courrier de Berthier, encore investi du commandement, et qui le pressait de se rendre en toute hâte auprès de lui... Il y arriva dans la nuit suivante.

Au moment où Bernadotte croyait recevoir le commandement de l'armée des mains de Berthier, celui-ci lui remit un nouvel ordre du directoire qui le nommait ambassadeur à Vienne. L'histoire ne doit accueillir que des faits irrécusables ; nous croyons devoir repousser, comme entièrement hasardée, l'hypothèse de certaines conventions secrètes entre Bonaparte et Cobentzel, pour le renversement du gouvernement républicain, par la reprise prochaine des hostilités avec l'Autriche. Dans cette hypothèse, que nous devons écarter, Bonaparte se serait proposé de faire jouer à Bernadotte un rôle aussi équivoque que dangereux; et même, en suivant l'intrigue jusque dans ses dernières conséquences, on y apercevrait le dessein de perdre ce général. Il faudrait toute l'autorité des preuves les plus authentiques, pour soutenir cette version : si Bonaparte brava plus d'une fois et les lois de l'état et les légalités qui en découlaient, ce fut ouvertement, avec audace; on qualifia alors sa conduite de violation : c'était justice... Mais conspirer avec l'étranger, même dans l'intérêt de son ambition! non, cet homme illustre ne peut-être accusé d'une telle infamie; il opprima la patrie par son despotisme; il ne supporta jamais l'idée des trahisons qui pouvaient l'avilir.

Bernadotte jugea mieux l'intrigue (car c'en était une) qui l'investissait de fonctions complétement antipathiques avec ses goûts. Bonaparte était parvenu à maintenir Berthier, son prête-nom, au commandement de l'armée d'Italie par un moyen simple et naturel; il avait dit au Directoire : « Vous voulez couvrir de républi-
» ques la Péninsule italique, et c'est par l'abo-
» lition du gouvernement papal que vous
» prétendez venger le meurtre de Duphot. D'un
» autre côté, vous songez à réunir Mulhouse et

» Genève à la France; et dans ce moment
» même, une armée française s'ébranle pour
» aller imposer à la Suisse votre république mo-
» dèle. Croyez-vous que tous ces coups de
» canif donnés au traité de Campo-Formio n'ex-
» citeront pas le mécontentement de l'Autriche?
» Ayez donc à Vienne un homme tout à la fois
» habile, ferme et résolu, qui puisse, au be-
» soin, séduire le cabinet aulique par des rai-
» sons spirituellement spécieuses, et faire respec-
» ter son caractère et sa réputation. Bernadotte
» seul est capable de vous représenter digne-
» ment auprès de l'empereur : lui seul réunit
» les conditions que doit offrir votre ambassa-
» deur dans cette situation délicate.

» L'Italie restera tranquille si l'Autriche ne
» bouge pas; la supériorité de Bernadotte y serait
» inactive. Berthier vous suffit. »

Cet arrangement, qui satisfaisait en même temps la manie de propagande que Barras et Reveillère-Lepeaux rêvaient et les vues de Bonaparte sur la continuation du commandement de Berthier, parut fort logique au Directoire; Bernadotte fut nommé immédiatement à l'ambassade de Vienne, et l'ancien chef d'état-major de Bonaparte reçut l'ordre de marcher sur Rome, aussitôt que le nouvel homme d'état serait en route pour la capitale de l'Autriche.

Mais cet homme d'état ne se sentait aucune inclination diplomatique; il entrevoyait d'ailleurs combien, avec les projets du Directoire, sa mission allait devenir laborieuse. Bernadotte refusa d'abord nettement. Berthier lui représenta que son départ pour la cour impériale étant le signal de la marche des troupes françaises sur Rome, ce mouvement militaire allait se trouver arrêté par son refus, et que lui, Berthier, se verrait contraint d'attendre de nouveaux ordres de Paris.

Bernadotte, voyant une trop grande responsabilité attachée à sa résistance, se décida, quoiqu'avec un vif regret, à partir.

La loyauté connue de ce général français lui valut un accueil fort distingué de l'empereur François II; il parvint à faire comprendre au conseil aulique que la marche d'une armée française, à travers l'état apostolique, n'avait pour but que d'obtenir une réparation éclatante de l'attentat sur Duphot. L'événement vint démentir cette explication, sans que le cabinet de Vienne sortît, au moins en apparence, de la longanimité qu'il semblait s'être imposée. Il n'en sortit pas même lorsqu'il apprit que Mulhouse et Genève étaient réunies à la république, et que Brune était entré à Berne à la tête d'une division française.

La conduite prudente et sagement mesurée de l'ambassadeur républicain contribua puissamment à maintenir l'état de paix avec l'Autriche, dont les infidélités du Directoire devaient entraîner la rupture. Plus le cabinet du Luxembourg osait, plus Bernadotte redoublait de circonspection, afin que sa loyauté personnelle échappât au moins aux soupçons d'une cour plus clairvoyante qu'elle ne voulait alors le paraître [1].

---

[1] Ces procédés loyaux ne purent cependant adoucir la bile que le baron de Thugut épanchait contre tout ce qui tenait à la république. Ce ministre crut humilier le général français en faisant naître l'occasion de lui rappeler qu'il avait porté le mousquet. Un soir il l'aborda dans un cercle de la cour et lui dit : « Monsieur l'ambassadeur, nous avons ici un ancien officier français, émigré, qui dit à qui veut l'entendre qu'il vous a beaucoup connu autrefois. — Oserai-je vous demander quel est cet officier ? — Il se nomme M. de Béthisy. — Oui, je le connais parfaitement ; il a été mon colonel, et j'ai eu l'honneur d'être simple soldat sous ses ordres, dans le régiment de Royal-la-Marine [*]. Assurément, si je suis quelque chose, je le dois aux bontés et surtout aux encouragements de ce brave chef. Je regrette que ma position actuelle ne me permette pas de l'accueillir à l'hôtel de l'ambassade de France, comme je le désirerais ; mais dites-

---

[*] Sans doute M. de Béthisy était colonel de ce régiment, après M. le marquis de Louse.

Tandis que ceci se passait à Vienne, Bonaparte se débattait avec force à Paris, pour ne pas prendre le commandement d'une armée avec laquelle il allait falloir guerroyer au-delà des mers.

Il avait fait accepter précédemment au Directoire le plan de l'expédition d'Égypte : rempli alors de la poétique inspiration d'Alexandre, il avait rêvé délicieusement la conquête de l'empire des Pharaons. Portant plus loin encore sa vue d'aigle, il s'était flatté d'aller dans l'Inde venger Tipoo-Zaeb, et substituer la domination française à celle des Anglais, aux bords du Gange et de l'Indus. Mais, depuis quelque temps, cette brillante épopée s'était évanouie dans sa pensée ; il entrevoyait le dessous de cartes mal caché par le Directoire : ce général n'ignorait pas maintenant que l'unique projet des gouvernants était d'éloigner son ambition du

---

lui bien, je vous prie, que Bernadotte, *son ancien soldat,* a toujours conservé pour lui des sentiments de respect et de reconnaissance. »

Cette anecdote prouve que M. de Béthisy avait obéi à une toute petite morgue ; que le baron avait ajouté sa malveillance à la sottise de l'officier émigré, et que le général Bernadotte avait accueilli cette double et lourde turpitude en homme d'esprit, autant qu'en habile appréciateur de sa fortune militaire.

théâtre où elle pourrait, d'un moment à l'autre, conquérir le pouvoir.

Peut-être en ce moment, Bonaparte désirat-il qu'une renaissante guerre en Europe l'y retînt comme l'homme nécessaire; il n'était pas sans probabilité que, sous l'influence de cette idée, il eût conçu le projet d'amener une rupture diplomatique à Vienne, et qu'il se fût ingénié à chercher des moyens de la déterminer. En admettant donc cette donnée comme probable, parce qu'elle s'appuie sur un fait constant, la répugnance que Bonaparte montrait à partir pour l'Égypte, nous croyons devoir rapporter un passage de la *Biographie des hommes du jour*, qui répand une certaine clarté sur un événement majeur dans la vie de Bernadotte. « On vit paraître dans les journaux que l'on savait être sous l'influence de Bonaparte, dit le biographe, divers articles où l'on rappelait, tantôt les querelles qui avaient existé à l'armée d'Italie, entre les officiers de Bernadotte et ceux de Masséna ; tantôt le refus qu'avait fait le premier de permettre à son corps de délibérer sur les adresses au Directoire, à l'époque du 18 fructidor. Pour donner plus d'importance à ces faits antérieurs, on assurait que les officiers et la suite du général ambassadeur, ne portaient la cocarde tricolore que dans l'intérieur de l'hôtel, et qu'on ne devait pas en être surpris, quand on se rappelait la condescendance que Bernadotte avait montrée pour le cabinet de Vienne, après les préliminaires de Léoben et à des époques antérieures. » Le Directoire, en transmettant à l'ambassadeur le journal qui contenait ce dernier article, lui dit qu'il ne pouvait croire qu'un général qui avait si bien servi la France sous le drapeau tricolore, eût pu donner lieu à une telle accusation, et lui ordonna de faire distinguer son hôtel par les couleurs nationales, s'il ne l'avait déjà fait.

Bernadotte fut vivement piqué de ce que sa conduite prudente en Autriche était si mal comprise par le Directoire; le diplomate s'endormit un moment en lui et l'homme de guerre reprit ses droits. Les habitants de Vienne célébraient avec éclat l'anniversaire de l'armement des volontaires envoyés, l'année précédente, contre les Français; le général ambassadeur donna, le même jour, une fête en l'honneur des victoires de la république; et, ce fut à cette occasion que l'écusson républicain parut sur la porte de l'ambassade, conformément aux ordres du gouvernement.

Il n'y avait là, ni bravade, ni jactance; mais seulement l'expression du ressentiment excité par une réjouissance offensante, et l'exécution d'un ordre du Directoire. Du reste, cette réciprocité n'attentait nullement à la nationalité autrichienne; l'hôtel de l'ambassade appartenait à la république, comme Vienne à l'empereur, et le placement des attributs de ce gouvernement populaire, sur la face extérieure de la porte, n'excédait nullement le droit diplomatique.

Cependant l'apparition des drapeaux tricolores peints dans l'écusson, fut le signal d'une émeute: la populace viennoise s'attroupa devant l'hôtel, et voulut faire retirer les insignes de la république. Bernadotte et ses officiers firent tête à l'orage avec leur bravoure accoutumée... Les mutins, qui avaient forcé l'entrée, se retirèrent au bruit de quelques coups de fusils.

L'ambassadeur quitta Vienne immédiatement, et se retira à Rastadt, d'où il fit parvenir son rapport au Directoire exécutif. Bernadotte parla avec égard de l'empereur, qu'il savait être étranger à l'événement dont il rendait compte: il en rejeta tout le tort sur le baron de Thugut, et conseilla au gouvernement de se contenter d'une réparation dont la demande ne pût amener aucune rupture.

Le Directoire approuva la conduite que son ambassadeur avait tenue dans cette circonstance critique; et, pour preuve de cet assentiment, le nomma à l'ambassade de La Haye, qu'il n'accepta point. Bernadotte motiva sans détour son refus sur le peu d'inclination qu'il avait pour la carrière diplomatique, dont, il faut en convenir, on venait de lui imposer un pénible essai. Ce général eut encore à refuser le commandement de la 5e division militaire : le besoin de repos fut, cette fois, le motif qu'il allégua pour ne pas se rendre à cette destination.

Si Bonaparte avait eu en vue le renouvellement de la guerre européenne, ses espérances furent trompées, et dès lors il prévit qu'il devait se résigner à l'expédition d'Égypte; ne se sentant pas encore assez fort pour marcher seul vers le pouvoir. Bernadotte, par des motifs plus légitimes, voyait avec déplaisir les préparatifs d'une entreprise gigantesque par l'audace, et dont les avantages paraissaient bien incertains. Il ne s'abusait point sur le calme trompeur du cabinet autrichien ; il savait qu'aucun conseil diplomatique ne possédait mieux l'art d'attendre; et que l'aveuglement seul pouvait expatrier quarante mille hommes d'élite, un immense matériel et les meilleurs généraux, au moment où le mécontentement de l'Autriche n'était qu'une foudre comprimée.

Lorsque Bernadotte revint de Vienne, Bonaparte n'était pas encore parti pour l'Égypte; on doit présumer qu'il y eut une sorte de rapprochement entre ces deux généraux; car, dans le mois qui suivit son retour, Bernadotte épousa mademoiselle Désirée Clary, sœur de la femme de Joseph Bonaparte.

La destinée semblait promettre une couronne à mademoiselle Clary : avant d'épouser la veuve de l'infortuné Beauharnais, le général Bonaparte avait demandé sa main, et l'on doit citer, comme une circonstance digne de remarque, le jet de prédestination qui luit alors à la pensée du futur empereur. « Je vous donnerai la plus
» belle existence, disait-il un jour à celle qu'il
» recherchait : peut-être ne ferai-je que passer
» comme un météore; mais, j'ose vous l'assurer,
» le souvenir de mon passage restera. » On a dit que M. Clary s'était refusé à conclure ce mariage, prétendant qu'il y avait assez d'un

Bonaparte dans sa famille. Ne serait-il pas plus naturel de penser que mademoiselle Désirée, déjà destinée au général Duphot, massacré plus tard à Rome, montra peu d'inclination pour le beau-frère de sa sœur, malgré l'avenir éclatant qu'il faisait briller à ses yeux. En 1795, le trône impérial disparut de son horizon; trois ans plus tard le trône de Suède et de Norvége s'y dessina... Le mariage de Bernadotte fut célébré à Paris, le 16 août 1798, dans la maison de Joseph Bonaparte, rue du Rocher.

Vers le milieu de la même année, le retour des hostilités paraissait inévitable; les négociations du congrès de Rastadt devenaient lentes, froides, embarrassées d'incidents imaginés par la politique autrichienne, dans le but d'autoriser des retards, qu'elle savait mettre à profit pour hâter ses armements, dont elle ne donnait que des explications peu satisfaisantes. Car le cabinet de Vienne, tout en paraissant négocier avec la France pour un état de paix durable, prêtait évidemment l'oreille à l'Angleterre et à la Russie, qui formaient une nouvelle coalition contre la république. Et, tandis que tant de dangers menaçaient de nouveau la patrie; tandis que les bandes de l'Ouest reparaissaient, que des émigrés rentrés inondaient nos départements, dont plusieurs étaient en insurrection ouverte, le gouvernement ne s'occupait que d'intrigues et de factions. Le directoire, descendu de nouveau dans l'arène avec le corps législatif, semblait devoir, cette fois, succomber sous les efforts pressés des deux conseils; et l'on pouvait prévoir déjà cette réaction qui devait, au 30 prairial, produire la contre-partie du 18 fructidor, sans que la France vît cesser aucune de ses calamités.

Au mois de pluviôse, an VII, le gouvernement parut cependant s'occuper un peu de la situation extérieure de la république; il forma trois armées, et confia d'abord à Bernadotte le commandement de celle dite d'observation, stationnée sur le Rhin, et qui devait être portée à 48,000 hommes. Les opérations assignées à cette armée consistaient à former le siége d'Erenbreistein, de Philisbourg, de Mayence; à s'emparer du pays en avant d'Ulm; enfin à manœuvrer sur les deux rives du Danube. Mais, avant que Bernadotte se fût rendu au nouveau poste que le directoire lui confiait, sa destination fut changée: on venait de le nommer général en chef de l'armée d'Italie. Cette nomination le fit beaucoup réfléchir; il porta un coup d'œil profondément observateur sur la carrière qui s'ouvrait devant lui. L'Italie était encore retentissante du renom de Bonaparte, et du bruit de ses exploits; son successeur devait élever aussi haut que lui les bannières de la république, ou refuser sa succession de gloire. Bernadotte se sentait digne d'accepter un si bel héritage; mais il fallait qu'il disposât de moyens suffisants pour le conserver. Voici les observations qu'il mit sous les yeux du Directoire, après l'avoir remercié de la haute confiance qu'il lui témoignait. Ce général disait :

« L'armée d'Italie se compose de soixante-onze mille Français et trente-deux mille alliés, Polonais, Liguriens, Cisalpins, Piémontais et Grisons : total cent trois mille hommes environ; indépendamment des garnisons de la Corse, de Malte et de Corfou, comprises dans l'arrondissement de l'armée d'Italie.

» Le Piémont, la Ligurie, Lucques, la Cisalpine, la Valteline, avec les garnisons des places, doivent occuper cinquante mille hommes, qui peuvent, pour la plupart, être des conscrits ou des troupes auxiliaires. Ces troupes sont destinées à maintenir le pays, à garder les forteresses et à alimenter l'armée. Reste donc cinquante-trois mille hommes pour agir offensivement sur l'Adige, au premier ordre du Directoire, et lier les mouvements de l'armée d'Italie avec ceux de l'armée d'Helvétie. Le plan de campagne règle ainsi la répartition des troupes pour l'intérieur de l'Italie, et défend au général en chef d'y rien changer.

» Quinze mille hommes seront employés à remonter l'Adige vers Trente : ce nombre ne doit pas être diminué, attendu que l'armée d'Italie ne peut se porter en avant de Vérone, si sa gauche reste découverte.

» Dans le cas où l'armée impériale défendrait le passage de l'Adige, dans les environs de Vérone, l'armée française lui livrerait bataille; et si elle force les Autrichiens, elle se trouvera affaiblie de quinze cents hommes, qui se porteront sur Trente; de trois mille, qui devront investir Porto-Lignago, pour en faire ensuite le siége, conjointement avec un corps de troupes tiré de Mantoue.

» L'ennemi, battu sur l'Adige, se retirera nécessairement derrière la Brenta; l'armée d'Italie, après s'être déjà réduite, par les divers détachements, à trente mille hommes, marchera pour forcer le passage de cette rivière. Elle devra, pour conserver son flanc droit, envoyer des partis du côté de la Chiusa, afin d'observer les débarquements que l'ennemi pourrait faire sur ce point, et conséquemment sur les derrières de l'armée : ces petits corps serviront aussi à couvrir l'investissement de Porto-Lignago.

» L'ennemi, battu sur la Brenta, se retirera probablement sur la Piave; l'armée d'Italie se portera sur Trévise, et ne pourra faire un pas au-delà. Elle devra envoyer un corps volant de cinq à six mille hommes dans les environs de Trieste, afin de prévenir tous les débarquements qui pourraient venir de Venise; elle se trouvera ainsi réduite à vingt mille hommes, et trop faible pour tenter le passage de la Piave.

» Les troupes qui sont dans l'intérieur de la Cisalpine et de la Ligurie, serviront, tout au plus, à remplacer à l'armée active les malades et les hommes que le feu de l'ennemi mettra hors de combat. Quant à l'armée de Naples, on ne peut songer à en détacher aucun corps considérable : elle a besoin de toutes ses forces dans le pays mal soumis qu'elle occupe. La division du Piémont ne pourra pas non plus être diminuée, dans la crainte que l'ennemi, ayant quelque succès au pays des Grisons, ne vienne à menacer le lac de Como et celui d'Isco. Une attention particulière doit être portée sur ces deux points, afin d'être en mesure de conserver toujours le flanc gauche et les derrières de l'armée d'Italie, en communiquant avec celle d'Helvétie.

» Le front de bandière de l'armée d'Italie est immense; elle doit combattre dans un pays difficile, que le génie de Bonaparte et les grandes ressources qu'il avait en hommes et en argent [1] ont eu beaucoup de peine à soumettre. Une simple comparaison entre l'époque où ce général a ouvert la campagne de l'an V, et la position présente de l'armée d'Italie, prouvera au gouvernement la justesse des observations qui lui sont présentées.

» Le général Bonaparte, au début de cette campagne, avait traité avec le pape; vingt mille hommes, commandés par Joubert, pénétraient en Italie par Trente; Victor, revenant de la Romagne, se portait sur Mantoue, et suivait

---

[1] Bernadotte parle ici de la campagne dans la Haute-Italie, après l'occupation de la Lombardie ; ce qui doit faire comprendre ce que ce général dit des grandes ressources que possédait Bonaparte.

le mouvement des quatre grandes divisions, formant quarante-huit mille hommes, qui forcèrent le passage de la Piave, de la Livenza et du Tagliamento. Venise ne s'était pas encore déclarée notre ennemie : cette ville, au contraire, offrait de grandes ressources à l'armée républicaine. Porto-Lignago était à Bonaparte, et le fort de Vérone devait protéger ses troupes contre l'insurrection vénitienne.

» Le général Bonaparte se trouvait donc dans une position brillante : les trésors de l'Italie, les places fortes de l'état vénitien, étaient à sa disposition. Il luttait contre une armée découragée, que dirigeaient des généraux tremblants, et formée des débris échappés de la bataille de Rivoli. Le prince Charles n'avait pu arriver en même temps que les troupes françaises venues du Rhin : les corps autrichiens, tirés de l'armée opposée à Moreau, erraient sans direction dans les montagnes de la Carinthie; Bonaparte en profita et empêcha leur réunion.

» Aujourd'hui l'armée impériale présente en Italie une situation respectable; elle est forte de cent dix à cent douze mille hommes, pour ne pas dire cent vingt mille. Les places fortes de Palma-Nova, Porto-Lignago et Venise lui fournissent des moyens; et tous les avantages qu'avait Bonaparte, sont opposés maintenant à l'armée française.

» Cependant, malgré toutes ces difficultés, et quoique l'ennemi ait cent vingt mille hommes, le général Bernadotte croit qu'avec soixante-dix mille combattants, français ou auxiliaires, disponibles, on peut espérer de le forcer dans ses positions, insurger l'état vénitien, et arriver sur l'Isonzo, d'où l'on pourrait ensuite diriger sa marche sur Vienne, ainsi que le prescrit le plan de campagne. En admettant, toutefois, que le Directoire ne puisse tirer de l'intérieur les vingt mille hommes nécessaires pour porter l'armée active d'Italie à soixante-dix mille combattants, le général demande l'autorisation d'appeler à sa droite tout ou partie de l'armée de Naples. Le pays ne sera évacué que momentanément, et repris aussitôt que l'armée aura obtenu des succès.

» Le général Bernadotte, flatté de la confiance que le gouvernement lui a témoignée, s'est attaché à bien se pénétrer du plan de campagne qu'on lui propose de suivre; il doit à la vérité d'avouer au Directoire que, s'il eût été moins instruit de la position de l'armée française en

Italie, et des obligations qu'il a à remplir, l'éloquence séduisante et persuasive du ministre de la guerre l'aurait pleinement convaincu. Mais il a dû se borner à admirer, dans ce ministre, cette supériorité de talent qu'il a développée dans la discussion, et présenter au gouvernement les moyens sans lesquels il n'a pas la présomption de se croire appelé à réussir.

Si le Directoire se fut laissé convaincre par ces observations logiques et nettement motivées, de grands désastres pouvaient être prévenus à l'armée d'Italie. Mais loin de là, le cabinet du Luxembourg, influencé par Scherer qui, dans cette circonstance, voulut faire le Carnot au petit-pied, s'obstina à n'accorder que cinquante mille hommes au général en chef de cette armée pour agir activement... — Eh » bien! s'écria Bernadotte, Turenne et Bonaparte » lui-même seraient battus avec une telle armée. » Et sa démission fut la conséquence naturelle de cette fatale prévision.

Le Directoire exécutif, se tournant alors vers l'auteur, ou du moins le soutien du plan dont Bernadotte avait prouvé l'insuffisance, lui en confia l'exécution... Il manquait aux destinées de l'armée d'Italie une chance funeste; on lui envoya le général Scherer.

Le Directoire, mécontent du refus que Bernadotte avait fait de prendre le commandement de l'armée d'Italie, avec toutes les chances d'insuccès qu'il avait si bien signalées, le seconda mal dans les opérations de l'armée d'observation, qu'il alla commander. Le complément de quarante-huit mille hommes promis à cette armée se fit attendre très-longtemps, et n'arriva en définitive que par détachements.

Cependant, et quoiqu'il ne disposât au premier moment que de quatorze bataillons nouvellement levés, mal armés encore, et d'environ deux mille chevaux, le général en chef n'entreprit pas moins de couvrir une frontière de quatre-vingts lieues d'étendue. A cette époque, les places du Rhin étaient dépourvues d'artillerie, de munitions, d'approvisionnements; leurs fortifications se démantelaient; en un mot, le mol abandon du gouvernement avait été jusqu'à négliger en toutes choses ce boulevard de la république.

Dès son arrivée, Bernadotte restaura, autant qu'il le put, ces forteresses, y fit entrer des vivres, des munitions; il rétablit tous les ouvrages extérieurs de Mayence et d'Erenbrestein; puis il ordonna au général Ney de s'emparer de Manheim. Maîtres de cette place, les Français la mirent promptement en état de soutenir un siége. Mais la faiblesse numérique de l'armée d'observation imposait à son général une prudence de laquelle on ne se fût départi qu'en compromettant le sort de la campagne. Souvent il avait écrit au Directoire, avec une véhémente franchise, pour lui rappeler ses promesses, sans avoir obtenu le moindre secours... Tant de temps perdu, tant d'insouciance sur les conséquences funestes qui pourraient en résulter, finirent par altérer gravement la santé de Bernadotte. Les troupes arrivèrent enfin, mais il n'était plus en état de conserver le commandement : un crachement de sang, résultat de ses fatigues extrêmes et de son zèle ardent, mal secondé, le contraignit de prendre du repos. Il était à peine rétabli lorsque le Directoire réclama ses services, en l'appelant au ministère de la guerre.

Livre Deuxième.

CHAPITRE PREMIER.

Bernadotte ministre de la guerre. — Par quelle influence. — Joseph et Lucien Bonaparte. — Leurs vues en faisant appeler ce général au ministère. — Situation de la France à cette époque. — Lettre de Bernadotte au maréchal Brune. — Les ennemis de l'intérieur dominés. — Gardes nationales formées. — Remontes. — Première conscription militaire. — Exactions réprimées. — Généraux rendus à l'activité. — Plan militaire dressé par Bernadotte. — Commencement d'exécution. — La victoire de Zurich en sera le résultat. — Intrigues de Sieyès. — Effet qu'elles produisent sur le public et dans le corps législatif. — Le Directoire accepte la démission de Bernadotte, qu'il n'a pas donnée. — Honneurs rendus à ce général par Gohier et Roger-Ducos. — Débarquement de Bonaparte. — Son arrivée à Paris. — Précédents du 18 brumaire. — Conduite de Bernadotte pendant ce mouvement. — Démarche qu'il fait ensuite auprès de Bonaparte.

Les appels successifs de Bernadotte à divers postes aussi importants que difficiles; le concours de son énergie et de son activité mis en œuvre, tour à tour, sur le champ de bataille, au tapis diplomatique et dans les combinaisons de l'administration supérieure ; enfin les conseils sollicités de sa prudence et de sa sagacité par les hommes placés au timon de l'état, comme à la tête des armées : tels furent les gages d'une supériorité de caractère et de talents qui, dans ce général, ne resta jamais au-dessous des plus grandes difficultés.

Mais l'intérêt privé des hommes d'état vient presque toujours jeter ses spéculations infimes à travers les grands intérêts politiques : le Directoire, pour qui Bernadotte était, au minisnistère de la guerre, l'homme nécessaire, hésitait cependant à lui confier ce département, parce qu'il connaissait mal la pureté de son patriotisme, et craignait peut-être de trouver en lui cette audace dominatrice, qui lui avait rendu Bonaparte si redoutable. Le général béarnais dut aux menées d'un parti dont il ignorait les auteurs et le but, ce poste éminent, qui lui revenait par le droit de l'intelligence et par celui de la nécessité.

Les deux frères de Bonaparte, Joseph et Lucien, voyant Bernadotte généralement honoré; sachant d'ailleurs que l'opinion publique le parait d'une belle portion des lauriers moissonnés en Italie, jugèrent qu'il avait acquis assez de renom et de popularité pour seconder le projet de porter leur frère à la tête du gouvernement. Ils se flattaient, du reste, qu'une grande existence promise à ce militaire dans un système futur, ferait taire ses inspirations patriotiques, au profit de son ambition. Or, pensant qu'il était urgent de le placer dans une position élevée, afin que sa coopération fût imposante, les Bonaparte proposèrent à Sieyès de remettre le portefeuille de la guerre à Bernadotte. Ce directeur, après quelques nouvelles hésitations, accueillit favorablement cette proposition, et les quatre autres membres du Directoire, Gohier, Barras, Moulins et Roger-Ducos, accordèrent leur assentiment à ce choix.

Personne, cependant, n'avait encore parlé au candidat des fonctions ministérielles qu'on lui réservait : ce fut pendant un dîner chez Joseph que cette ouverture lui fut faite, par ce jeune et loyal Joubert, qui, peu de jours après, devait tomber dans les champs de Novi. Bernadotte refusa d'abord nettement : il connaissait trop bien la situation affligeante du département qu'on lui proposait, pour s'en charger volontiers ; certain d'avance qu'il serait plutôt entravé que secondé par le Directoire exécutif, il se montrait fermement résolu à repousser des fonctions dont le succès ne dépendrait pas de lui. Mais cette répugnance, par malheur trop fondée, fut vaincue par les instances de Joubert et des deux Bonaparte, auxquelles se joignirent celles de plusieurs membres des conseils. Ceux-ci promirent au général Bernadotte leur appui; ils l'assurèrent que les administrations centrales, dont le patriotisme serait réveillé par la confiance qu'elles auraient en lui, s'empresseraient de répondre à son appel, et lui donneraient les moyens de compléter l'armée pour la ramener à de nouveaux triomphes.

Ces considérations, et surtout le tableau qu'on lui fit des suites du découragement que son refus ne pouvait manquer de produire, le décidèrent : il accepta.

Lorsque Bernadotte entra au ministère (15 messidor an VII) la révolution du 30 prairial, en éliminant du Directoire Merlin de Douay, Treilhard, et la Reveillère-Lepeaux, avait fait renaître un peu d'accord entre le pouvoir exécutif et les deux conseils; mais les maux causés par le règne trop prolongé des factions, de la corruption et de la mollesse étaient arrivés à leur comble avant que le remède leur fût appliqué. Partout les autorités, découragées et sans direction, avaient laissé le désordre se propager, et les partisans de la contre-révolution en profiter. Des troubles venaient d'éclater, en même temps, à Lyon, à Lille, à Amiens, à Bordeaux; il existait des dépôts d'armes et de munitions dans les départements de Vaucluse, des Ardennes, de l'Aube, surtout dans ceux de l'Ouest. Sur les mêmes points, des rassemblements et des transports nocturnes avaient lieu; des bandes s'organisaient; des postes leur étaient assignés. Sur les confins de l'Aude, le signal de la rébellion avait été donné par un corps d'émigrés, qui bientôt s'était joint à un autre, formé sur le département du Gers. Au mois de juillet 1799, cette armée royaliste se grossissait avec une telle rapidité qu'elle menaçait d'envahir tout le midi de la France. De toutes parts des affiches séditieuses, placardées presque ouvertement, appelaient le mépris sur les fonctionnaires de la république, et la mort sur ses défenseurs.

Les désastres des armées répondaient aux calamités de l'intérieur. Il ne nous restait plus rien de nos conquêtes d'Italie; les troupes francaises, repoussées du Mantouan, de la Cisalpine, du Piémont, s'étaient réfugiées sur les Apennins de Ligurie; laissant dans les plaines, où naguère elles moissonnaient tant de lauriers, artillerie, équipages, vivres, munitions; tandis que l'ennemi, maître de la chaîne des Alpes, coupait à l'armée républicaine toute retraite vers la France. Les départements des Hautes-Alpes, du Mont-Blanc et du Léman étaient insultés; des hauteurs de Briançon, devenu forteresse de première ligne, on pouvait voir briller les baïonnettes des avant-postes autrichiens... Quelques marches encore, et l'étranger donnait la main aux révoltés du Midi. L'Helvétie, jusqu'à Zurich, venait de tomber sous la domination impériale, avec le camp retranché formé devant cette ville et la formidable artillerie qui l'armait.

Un instant on avait espéré reprendre l'offensive, en abandonnant Naples, pour réunir les forces qui l'occupaient à l'armée d'Italie; mais le général Macdonald, malgré ses talents et sa valeur, vit évanouir, dans les désastres de la Trébia, l'espoir de faire sa jonction avec Moreau.

Et dans ce même temps, le Bas-Rhin était à découvert; l'armée de Hollande, réduite à seize mille hommes, la Belgique près de nous échapper; les places du Nord étaient sans approvisionnements, les côtes, sans troupes, sans batteries, sans croisières défensives.

La paie des troupes était suspendue depuis six mois; le soldat portait des habits en lambeaux et marchait pieds nus. Point d'approvisionnements d'aucune espèce dans les camps; point d'armes dans les arsenaux de la république pour remplacer celles hors de service; point d'argent dans les coffres de l'état pour donner aux troupes du pain et du fer... Les hôpitaux regorgeaient de militaires que la famine y avait poussés, et qui retrouvaient la famine dans ces maisons, où se faisait sentir le dénûment général.

Ce fut à cette extrémité que Bernadotte eut le courage d'accepter le portefeuille de la guerre. Le gouvernement l'appelait au ministère, parce qu'il avait enfin compris qu'il fallait un nom honoré parmi les généraux pour faire cesser les malheurs de l'armée, et relever, avec ses destinées, celles de la patrie elle-même.

Le premier soin du nouveau ministre fut de ranimer, dans son département, cette espérance qui rend aux hommes la meilleure

chance de succès : la ferme volonté d'entreprendre... Peu de temps après son entrée en fonctions, il écrivait au général Brune une lettre éminemment remarquable, que nous citons en entier, parcequ'elle donne la mesure de l'énergie stoïque que cet homme d'état professait et qu'il s'efforçait d'inspirer : « Général,
» la victoire, quelque temps infidèle, ne peut
» tarder encore longtemps à revenir sous les
» drapeaux de la république. Le Directoire con-
» naît les causes de ce fatal ajournement; il sait
» aussi, citoyen général, quels généreux efforts
» vous avez excités et partagés. La France en-
» tière connaît les droits de ses généreux dé-
» fenseurs à la reconnaissance nationale: ils ont
» lutté contre l'âpreté du climat, contre l'hor-
» reur du besoin, contre la trahison, contre
» toutes les calamités lancées sur notre patrie
» par le génie de la contre-révolution. J'ai vive-
» ment senti votre position; je l'ai peinte de
» même; j'ai dit comme la subsistance du soldat
» était enlevée et dilapidée; comme, au lieu de
» vêtements, on lui donnait des haillons hideux;
» j'ai dit combien la solde était arriérée, la ca-
» valerie négligée, l'artillerie abandonnée; com-
» bien les hôpitaux étaient délaissés; combien,

» en un mot, toutes les parties du service ten-
» daient à la désorganisation.

» Que l'armée se confie à la justice de ses
» magistrats : ils se portent sans cesse les or-
» ganes de ses justes plaintes. Annoncez de
» prompts résultats, citoyen général; vos pro-
» messes ne seront point déçues : la solde sera
» alignée, la cavalerie remontée, l'artillerie amé-
» liorée et mise en mouvement, la subsistance
» du soldat assurée. Des fonds suffisants alimen-
» teront enfin la guerre, jusqu'à ce qu'elle
» puisse s'alimenter elle-même. Des lois rigou-
» reuses retiendront les déserteurs et frapperont
» les embaucheurs. Dites à l'armée qu'elle ne
» sera plus la proie de la faim et de la nudité;
» les détenteurs des deniers publics ne seront
» plus impunis : quoi qu'on en dise, le jour de
» leur supplice s'avance.

» Ne vous plaignez pas d'avoir éprouvé l'ad-
» versité : elle rehausse les âmes républicaines;
» vous n'avez que vos peines à souffrir, moi
» j'éprouve à la fois celles de toutes les armées.

» Généraux et soldats, vous avez épuisé le
» malheur; vous n'avez point épuisé le courage.
» Le moment de recueillir est arrivé; encore
» quelques efforts, vous allez rendre la paix au

» monde : si vos destinées sont les plus illustres,
» ne sont-elles pas aussi les plus douces, quand
» elles obtiennent un tel résultat. »

Les effets suivirent de près les promesses du ministre. Il avait senti la nécessité d'opposer, avant tout, une digue formidable à l'audace des ennemis de l'intérieur ; ce fut au citoyens eux-mêmes qu'il confia le soin de rétablir cette tranquillité du foyer domestique, que trop d'abandon, où plutôt trop de découragement de leur part, avait laissé troubler. Excitées par les chaleureuses proclamations de Bernadotte, les gardes nationales se réorganisèrent d'un bout à l'autre de la France, avec ce zèle qui avait marqué leur élan primitif en 1789 : ces légions citoyennes se formèrent même dans les départements situés entre le Rhin et la Moselle. Tout ce qui restait de troupes réglées dans l'intérieur fut dirigé sur les armées actives ; des bataillons de vétérans, créés ou complétés rapidement, prirent la place des régiments envoyés à l'ennemi. Cette force improvisée suffit pour contenir les mécontents de l'intérieur, pour dissiper l'armée royale qui occupait la dixième division militaire, et pour empêcher les bandes de l'ouest d'agir d'une manière inquiétante.

Tandis que ces dispositions s'exécutaient, une remonte de quarante mille chevaux, décrétée sur la proposition du ministre de la guerre, commençait à s'effectuer. La conscription militaire, institution vraiment civique imaginée par Jourdan, donnait en ce moment son premier tribut à l'armée : cent mille hommes de nouvelle levée marchaient vers les frontières, habillés, équipés, armés par cette sorte d'enchantement que produit la direction ferme et soutenue des hommes habiles.

Un résultat non moins important surgit de la gestion ministérielle de Bernadotte, et de la confiance qu'inspirait sa loyauté : la corruption étant réfrénée, les exacteurs poursuivis, les détenteurs des deniers publics menacés, il se trouva des ressources pour aligner la solde, pour reformer les magasins, dilapidés ou pris par l'ennemi ; pour faire rentrer enfin l'ordre et la régularité dans tous les services administratifs de l'armée.

On conçoit combien, au milieu d'un épuisement général d'hommes, de denrées et d'argent ; à travers les brandons de la guerre civile, agités de toutes parts, il dut être difficile d'opérer, sinon une restauration complète de notre système militaire, du moins tout ce qu'il fallait pour la préparer ; et tel fut cependant l'heureux effet de la courte administration de Bernadotte. Grâce aux secours qu'il avait dirigés sur les armées, la France, malgré ses revers récents, conserva sa prépondérance sur la rive gauche du Rhin, en Hollande, en Belgique, et la ligne défensive des Alpes fut maintenue.

Lors de son entrée au ministère, Bernadotte avait trouvé plusieurs généraux distingués, dessaisis de leurs commandements ; il y en avait même de traduits ou cités devant des conseils de guerre : peut-être la conduite de quelques-uns d'entre eux n'était-elle pas d'une pureté exemplaire ; mais, dans la situation critique où l'on se trouvait, le salut de la république était la suprême loi, et ces officiers pouvaient y contribuer. Le ministre les renvoya à leurs colonnes respectives, après une justification de forme, que son indulgence rendit facile à ces hommes utiles, qu'on eût remplacés difficilement. Mais il veilla dès lors à ce que les liens de l'ordre et de la discipline, renoués dans les armées, engageassent les chefs comme les soldats. D'ailleurs, ces généraux, piqués d'une noble émulation par la conduite d'un ministre honnête homme, retombèrent rarement dans les fautes graves qu'on avait pu leur reprocher.

Bernadotte, non content d'avoir arrêté les revers de nos légions par sa gestion administrative, consacra ses méditations et ses veilles à préparer un plan de campagne qui pût les remettre sur les traces de la victoire.

La ligne d'opérations qu'occupaient nos armées, et qui s'étendait de Naples au Texel, avait cinq cents lieues de développement; deux cent mille combattants au plus étaient éparpillés sur cette ligne immense; on ne pouvait devoir qu'à une combinaison stratégique d'un ordre supérieur, la possibilité de vaincre avec de tels moyens : Bernadotte fut l'auteur de cette savante conception.

Il avait pensé que, pour contraindre les ennemis à se diviser, en retirant une partie de leurs forces de l'Helvétie, il fallait opérer une diversion sur le bas-Rhin. En conséquence il donna l'ordre au général Muller, commandant l'armée du Rhin, de passer ce fleuve, d'investir Philisbourg, de menacer Ulm, en se portant sur l'Ens, et d'attirer ainsi à lui une partie des troupes impériales opposées à Masséna. La marche de Muller devait en même temps reconnaître celle d'une armée russe qui s'avançait par la Bavière, et prévenir ses desseins, quels qu'ils fussent ; tandis que, par ce même mouvement des troupes du Rhin, les princes confédérés de la rive gauche du Danube seraient tenus en respect, et ne pourraient envoyer de nouveaux contingents à l'armée autrichienne. Enfin, la diversion opérée sur le bas-Rhin devait avoir pour résultat de rappeler le prince Charles sur ce point, et de rendre à Masséna des chances d'offensive qu'un aussi habile capitaine ne pouvait manquer de mettre à profit. L'éclatante victoire de Zurich prouva bientôt que cette partie du plan de Bernadotte était habilement étudiée.

Cependant le ministre qui, pour remettre des moyens de succès aux mains du général de l'armée d'Helvétie, n'entendait pas compromettre celle du Rhin, ordonna à son chef de se retirer sur la rive gauche lorsque l'archiduc ne se trouverait plus qu'à une journée de lui. D'un autre côté, Masséna, prévenu des manœuvres de Muller et des motifs qui les avaient déterminées, reçut l'ordre de livrer bataille aux troupes qui resteraient en Suisse, dès qu'il verrait le prince Charles assez éloigné pour ne pas craindre son retour.

L'altesse autrichienne suivit l'amorce qui lui était tendue : supposant l'armée républicaine du Bas-Rhin beaucoup plus nombreuse qu'elle ne l'était, et craignant d'être débordé par sa droite, Charles effectua le mouvement que Bernadotte avait prévu; emmenant de l'Helvétie vingt-cinq mille hommes d'élite, dont l'absence fit revoler bientôt la victoire sous les drapeaux de son favori. Cette combinaison produisit d'immenses résultats : elle desserra les liens de la coalition, mit les Russes hors des lignes combattantes, ranima l'ardeur des légions républicaines, et prépara cette campagne de l'an VIII, si glorieuse pour Bonaparte, et qui scella le premier degré de son trône impérial.

Brune commandait toujours en Hollande ; le ministre de la guerre remplit toutes les promesses qu'il lui avait faites : des secours de toute nature lui parvinrent; des officiers aguerris furent placés sous ses ordres. Ce général n'attendit plus que l'occasion de vaincre, qu'il ne tarda pas à trouver : il battit l'armée anglo-russe, débarquée sur le territoire de cette république, pupille de la nôtre.

Indépendamment du désir de sauver la France d'une invasion, et de l'arracher aux horreurs d'une guerre civile, Bernadotte était mu par un autre sentiment, aussi vivement senti : républicain loyal, il voulait conserver à sa patrie ce gouvernement populaire dont la fondation avait coûté tant de sang, et voyait avec chagrin le pouvoir près de devenir la proie d'une ambition personnelle. Ce ministre pénétrait dès-lors le dessein de Bonaparte : il lui avait été fait des communications dignes de foi sur les projets du jeune général, confiés à ses amis dévoués, au moment de son départ pour l'Égypte; et les rapports parvenus à Bernadotte avaient été jusqu'à l'informer des instructions laissées par le chef de l'armée d'Orient à ceux qui se proposaient de s'attacher à sa fortune.

Or, le ministre de la guerre connaissait trop bien Bonaparte pour croire qu'une fois assis au banquet de la puissance, il pût songer à respecter les libertés si chèrement acquises ; il voyait, dans une perspective prochaine, ce dominateur reforgeant pour la France des chaînes, dorées peut-être, mais dont la rude empreinte meurtrirait nos bras républicains. Un des motifs déterminants qui lui avaient fait accepter le fardeau accablant du département de la guerre, c'était de rompre la trame ambitieuse de Bonaparte, en évitant qu'on eût besoin de son retour : ainsi le but que Joseph et Lucien s'étaient proposé en faisant nommer ce ministre, ne paraissait pas devoir être atteint.

Le double concours de Bernadotte, comme administrateur et comme stratége, fructifiait assez pour lui faire croire à la réussite de son dessein ; il croyait d'ailleurs avoir bien compris les sentiments républicains de la France, d'après la manière dont elle avait répondu à son appel, surtout d'après l'empressement que les citoyens avaient mis à s'imposer de nouveaux sacrifices.

Mais Bernadotte devait trouver dans le Directoire, dans ce Directoire même que Bonaparte songeait à renverser, un obstacle à l'accomplissement de son projet conservateur. Sieyès, admis récemment au conseil du Luxembourg, et qui le présidait, ne s'était jamais rallié à la constitution de l'an III, dans l'élaboration de laquelle, quoique membre du comité des onze, qui l'avait créée, ses avis avaient eu peu de poids. Ce politique subtil et cauteleux, rêvait depuis quelques années, une concentration étroite du pouvoir, une sorte de dictature, dont il espérait, selon toutes les probabilités, être le moteur ou du moins l'arbitre.

Pour accréditer progressivement la prétendue nécessité d'un changement de système gouvernemental, Sieyès commença par donner au peuple et à ses représentants de graves inquiétudes sur la situation présente : dans un discours prononcé au Chap-de-Mars, pendant une solennité nationale, il déclare que la France se voit menacée du régime de 1793; que le retour de la terreur est imminent; que des perturbateurs jacobins parcourent les départements, pour y propager le désordre et l'insurrection... « Leur but, » s'écrie-t-il, « n'est certes point la » justice; ce qu'ils veulent, c'est enivrer le » public de défiance, c'est porter la confusion » et le découragement dans les esprits, c'est » pousser les Français au désespoir, c'est maî- » triser tout dans le trouble, c'est gouverner, » en un mot, à quelque prix que ce soit... » Une réflexion dut frapper les auditeurs d'une si scandaleuse harangue : c'est que l'on eût pu croire que Sieyès avait tracé le portrait des agitateurs devant son miroir, et puisé leurs inspirations dans son cœur.

Le discours du président eut la funeste conséquence de relever l'audace de tous les ennemis de la république; toutes les factions s'ameutèrent au bruit du tocsin que sonnait un membre du gouvernement; toutes se firent les échos des terreurs qu'il avait proclamées, et les propagèrent d'un bout à l'autre de la France... C'était à ce résultat que tendaient les vues de Sieyès : on démolissait à sa voix; le moment approchait, pensait-il, où sa main pourrait réédifier à son profit.

Les journaux patriotes se déchaînèrent avec virulence contre l'orateur du Champ-de-Mars : il fut dénoncé, stigmatisé comme un ennemi des républicains. Alors l'atteinte la plus grave qu'on puisse porter aux libertés publiques, l'attentat à la liberté de la presse, répondit aux récriminations des journalistes; ils furent poursuivis. Le Directoire fit emprisonner, en vertu d'une décision émanée de son sein, tous les mécontents que Sieyès avait faits.

L'arrêté pris au Luxembourg, et qui portait mandat d'amener contre une foule d'individus, fut reçu, au conseil des cinq cents, avec une vive défaveur. Déjà les républicains sincères du corps législatif s'étaient indignés de la conduite de Sieyès au Champ-de-Mars, et surtout de la fermeture immédiate de plusieurs sociétés patriotiques, particulièrement de celle qui se réunissait rue du Bac. L'affaire des journaux acheva d'exaspérer les membres les plus marquants de la représentation nationale; ils virent dans cette suite de mesures arbitraires, les préludes d'un coup d'état, et résolurent de s'en expliquer devant le Directoire. En conséquence ils invitèrent les directeurs à les recevoir chez l'un d'entre eux, en conférence secrète : Sieyès ne put refuser; la réunion eut lieu chez Barras.

Le député chargé de porter la parole commença par interpeller Sieyès, sur les désordres signalés par lui au Champ-de-Mars; il avait semblé, lui dit-il, désigner du doigt les désorganisateurs de la république; on le sommait maintenant de les nommer; et l'on insistait d'autant plus sur la nécessité urgente de dévoiler ces conspirateurs, que le discours équivoque du président avait compromis la plupart des républicains qui se présentaient aujourd'hui devant lui. « Car, ajouta l'orateur, vous avez dit : « Ces audacieux perturbateurs, ces » ennemis de tout ordre social, sont ceux-là » mêmes qui déclament le plus contre les dila- » pidateurs, qui protestent avec le plus d'éner- » gie de leur attachement à la république. » Or, quels sont les hommes plus indignés que nous de toutes les dilapidations? qui criait plus haut contre leurs auteurs? Quels citoyens prononçaient plus énergiquement les cris de vive la république, qu'on semble vouloir confondre avec les vociférations des hommes féroces qui auraient formé le projet de la détruire.

Sieyès, embarrassé, étourdi par de si pressantes interpellations, déclama beaucoup, balbutia des généralités, ne nomma personne et s'attira cette énergique réponse. « Nous étions
» venus dans l'intention d'avoir une franche ex-
» plication avec tous les membres du Directoire,
» et particulièrement avec son président; mais
» nous voyons à regret que nous ne pouvons
» pas plus espérer de sa franchise que de sa con-
» fiance... L'énergie des représentants du peu-
» ple, qui devrait le rassurer, l'épouvante...
» Cependant, que le Directoire y réfléchisse
» bien; s'il tarde à se rallier aux hommes éner-
» giques, les seuls sur lesquels il puisse compter,
» nous saurons, avec eux et sans lui, sauver la
» république; nous confondrons ses ennemis,
» sous quelque masque qu'il se présentent, à
» quelque rang qu'ils soient élevés! »

Le représentant orateur avait prononcé ces mots, en fixant avec obstination son regard sur

Sieyès, qui, n'ayant pu en supporter la rude expression, avait fini par baisser les yeux. Les membres du corps législatif sortirent de cette conférence plus mécontents encore qu'ils étaient à leur arrivée; et Sieyès, loin de travailler depuis à calmer les esprits, sembla s'attacher à les exaspérer davantage. Les quatre autres membres du Directoire avaient bien juré de se réunir à la représentation nationale, et de se prononcer contre toute atteinte qui lui serait portée; malheureusement, il n'y avait pas parmi eux un homme assez ferme pour suivre les conséquences d'une telle détermination. Sieyès le savait; mais il craignit que cette puissance de résolution qui manquait au Luxembourg, ne se retrouvât dans un des ministres, dans Bernadotte particulièrement; ce fut à cette appréhension que le président du Directoire obéit en formant le projet de renvoyer cet homme d'état, dont il redoutait l'intervention républicaine.

Jusqu'alors il était entré dans ses projets de s'adjoindre un général renommé, parce qu'il sentait la nécessité de disposer d'un bras fort, pour aider au renversement qu'il méditait. Il est remarquable que Sieyès ne donna nullement à penser alors qu'il songeât à Bonaparte : divers historiens ont admis avec trop de légèreté, l'opinion qu'il conspirait dès ce moment dans l'intérêt de ce général[1].

Il s'adressa, dit-on, à Moreau, qui refusa de coopérer à toute espèce de coups d'état. Peut-être Sieyès avait-il, avant tout, fixé son attention sur Bernadotte; peut-être même fut-ce sous l'empire d'un projet d'association à ses vues secrètes, qu'il s'était décidé à lui confier le portefeuille de la guerre. Mais la conduite que ce général tenait dans sa gestion administrative eut bientôt convaincu Sieyès, que, non-seulement il ne pouvait se confier à lui sur des

---

[1] On est encore peu fixé sur le but que se proposait Sieyès; il est avéré seulement qu'il voulait renverser la constitution de l'an III, et qu'il formait un parti. Dans l'intérêt de qui? La solution de cette espèce de problème politique n'est point ressortie des événements, puisqu'en définitive ce directeur s'est laissé absorber par l'homme du 18 brumaire. Il est authentique, toutefois, que vers le 10 de ce mois encore, Bonaparte disait : « Je me décide pour le parti de Sieyès; il se compose de plus d'opi- » nions que celui du débauché Barras. » Donc Sieyès n'avait pas agi, jusque-là, pour le général de l'armée d'Orient. Il formait dans sa pensée, le plan d'une sorte de dictature, d'une présidence souveraine, peut-être; le nom du titulaire restait en blanc. On a pensé, et cette opinion pouvait bien se déduire du caractère de cet homme d'état, qu'il ne voulait, pour prix de sa combinaison, que d'immenses richesses et de la grandeur d'apparat.

projets de refonte gouvernementale; mais que, pour l'accomplissement d'un tel dessein, il était indispensable d'arrêter ce ministre dans une suite de dispositions qui ne tendaient qu'à la conservation du système que lui, Sieyès, se proposait de détruire.

Tandis que le président du Directoire préparait les ressorts qu'il voulait faire jouer pour éloigner des affaires l'homme dont les vertus républicaines l'incommodaient, une tentative faite auprès de lui par un autre parti offrit ces vertus sous un point de vue différent.

Dans le mois qui suivit l'entrée de Bernadotte au ministère, c'est-à-dire à une époque où ses efforts n'avaient pas encore comprimé les partis royalistes qui couvraient la France, il reçut une communication des plus imprévues. L'ex conventionnel Chiappe, fort connu pour son attachement aux Bourbons [1], et qui, par sa probité, non moins connue, avait mérité l'estime du ministre, lui fit demander une audience pour l'entretenir d'une chose qui touchait, disait-il, au salut de l'état. Bernadotte lui fit

---

[1] Député de la Corse, avec Sallicetti et Cazabianca, Chiappe avait dit, lors du jugement de Louis XVI : « Je ne saurais être juge applicateur de peine, lorsque je suis législateur.

écrire qu'il le recevrait le jour suivant, à cinq heures du matin. Au moment désigné, le député fut introduit.

Après avoir peint l'état présent sous de sombres couleurs, dont Bernadotte ne connaissait que trop la vérité, Chiappe lui dit que le régime républicain ne pouvait plus se soutenir; qu'un mouvement général allait éclater dans le but d'une restauration royaliste, et que ce mouvement était si bien organisé que le retour du roi paraissait infaillible et prochain. « Le duc
» d'Enghien, lieutenant-général de l'armée
» royale, est à Paris au moment où je vous
» parle [1], ajouta Chiappe; je suis chargé par un
» de ses agents les plus fidèles, de vous faire
» connaître l'état des choses; le prince vous estime,
» il est prêt à accepter les conditions
» qui pourront vous convenir. »

Sans s'étonner d'une communication qu'il aurait pu trouver étrange, le ministre répondit : « Le duc d'Enghien n'aura pas à se repentir
» de l'estime qu'il a conçue pour moi; mais
» cette loyauté qu'il me reconnaît, et dans laquelle
» il se confie, comment a-t-il pu penser

---

[1] Une scrupuleuse investigation convainquit le général Bernadotte que le duc d'Enghien n'était pas venu à Paris, au moins en ce moment.

» qu'elle me permît d'écouter ses propositions?
» Elle me parle un tout autre langage : elle me
» dit que, ministre de la république française,
» je ne puis avoir des rapports avec les royalistes
» que pour les combattre; que toute action,
» tout sentiment contraire me dégraderait à
» mes propres yeux; que, même après le suc-
» cès, je n'en serais pas moins un factieux, un
» traître, exposé au mépris de ceux-là mêmes
» que j'aurais servis au gré de leurs désirs, et
» chargé de l'exécration de tous ceux que j'au-
» rais livrés à leur vengeance, en les faisant re-
» tomber sous leur pouvoir.

» Quant à ma gloire et à mon intérêt per-
» sonnel, » continua le général avec dignité, « je
» les fais consister à parvenir honorablement, et
» par de loyaux services, aux premières fonc-
» tions du gouvernement établi par la volonté
» nationale; non à me voir, en récompense
» d'une lâche trahison, le plus titré d'une mon-
» archie qu'on ne peut rétablir qu'en violant
» tous les droits de mes concitoyens, et par le
» secours des armes étrangères. Depuis sept ans,
» la France est république; j'ai dû faire le ser-
» ment d'obéir à ses lois; mon cœur repousse
» le parjure, et ne se pénètre que des devoirs

» qui tendent au maintien des institutions et
» de la gloire de mon pays... Tel on m'a vu sous
» l'ancien gouvernement monarchique, tel je
» ne cesserai d'être sous le régime républicain.

» Hâtez-vous de porter cette réponse à celui
» qui vous envoie; dites-lui bien qu'elle est
» sincère, inébranlable... Ajoutez, néanmoins,
» que, pendant trois jours, je garderai fidèle-
» ment le secret le plus profond sur tout ce que
» je viens d'apprendre. Ce temps doit lui suffire
» pour se mettre à l'abri, en passant nos fron-
» tières; mais le quatrième jour, dès le matin,
» j'instruirai le Directoire de tout ceci; et,
» comme ce secret pourrait lui arriver par d'au-
» tres que par moi, je veillerai sur le départ
» des courriers, et même des dépêches télégra-
» phiques, pour protéger la marche du prince.
» Le jour qui commence compte parmi les trois
» que je lui donne; hâtez-vous donc, et songez
» que la moindre indiscrétion vous serait peut-
» être funeste à vous-même. »

On ne peut disconvenir que si le duc d'Enghien se fût trouvé réellement à Paris, et Bernadotte devait le croire, ce général attirait sur
lui la plus dangereuse responsabilité. Mais le
prince paraissait se confier à sa foi; la loyauté

antique qu'il professait ne lui permit pas de s'arrêter à la considération d'un péril, lorsqu'un trait de confiance semblait lui prescrire une action généreuse.

Cependant Sieyès, de plus en plus gêné par la présence d'un ministre dont le zèle tendait constamment à faire triompher la république, soit des factions de l'intérieur, soit des ennemis du dehors; Sieyès, qui ne pouvait fonder le pouvoir qu'il méditait que sur une base de désordres et de calamités, fatiguait Bernadotte par ses refus continuels d'acquiescer aux propositions utiles à l'armée. Souvent de vifs débats s'engageaient entre eux à cet égard, et la franchise du général béarnais n'épargnait pas les dures vérités au président du Directoire dans ces discussions orageuses. Un jour que Sieyès avait offert à Bernadotte un commandement aux armées, il répondit : « Je n'en accepterai aucun » tant que vous serez investi de la présidence du » gouvernement; il m'est trop démontré que » vous êtes tout de glace, quand il faudrait être » tout de feu pour me donner les moyens de » faire triompher les armées. »

Ces entraves de tous les jours, de tous les instants, n'avaient point échappé aux républicains du conseil des cinq-cents, qui, depuis le discours du Champ-de-Mars et sa suite, surveillaient assidûment le président du Directoire. Ils résolurent d'affranchir le ministre de la guerre d'une tutelle si préjudiciable aux vrais intérêts de la république : quelques membres influents lui furent envoyés pour en combiner avec lui les moyens. Il les écouta d'abord avec attention ; mais il ne tarda pas à voir que ces moyens se réduisaient nécessairement à un coup d'état; et, sans leur donner le temps d'achever, il répondit : « Non, citoyens, je ne puis accueillir » ce que vous me proposez : ce n'est pas par des » secousses continuelles que l'on parviendra à » consolider la république. Le sang d'un mil- » lion de Français a cimenté ce système de gou- » vernement ; je ne me prêterai jamais à ce qui » tend à le détruire. »

Les députés demandèrent au ministre le secret sur la démarche qu'ils venaient de faire auprès de lui; il le leur promit, mais en exigeant d'eux le serment, sur l'honneur, qu'ils renonceraient à l'exécution du projet dont ils l'avaient entretenu.

On voit que plusieurs intrigues, plusieurs trames, plus ou moins actives, se croisaient en ce moment dans la carrière politique : les royalistes conspiraient pour le succès de la contre-révolution; Sieyès conspirait dans l'intérêt d'une cause inconnue, mais qui, probablement, devait profiter à sa cupidité, sinon à son ambition; enfin les républicains sincères se liguaient pour arrêter ces diverses conjurations. Il nous reste à signaler une autre faction, d'autres conspirateurs, dont les menées n'étaient pas moins persistantes.

Quelques jours après l'échec des membres républicains du conseil des cinq-cents auprès de Bernadotte, Joseph Bonaparte, son beau-frère, lui disait que plusieurs fois, en sa présence, Barras avait exprimé le regret que le général de l'armée d'Orient ne fût pas en France; puis Joseph ajouta de lui-même : « Mais il peut ar-
» river d'un jour à l'autre. » Ici l'expression d'une vive surprise vint se réfléchir sur les traits du ministre. Joseph, craignant d'avoir été trop loin, reprit, pour diminuer l'impression qu'il avait produite : « Ce que je viens d'avancer,
» n'est qu'une simple conjecture, qui peut de-
» venir une probabilité, peut-être même une
» réalité; car enfin il a conquis l'Égypte; son
» affaire est terminée; il n'a plus rien à faire
» là... — Si ce n'est de conserver ce qu'il a oc-

» cupé et non conquis, interrompit Berna-
» dotte, cette conquête, comme vous voulez
» bien l'appeler, est loin d'être assurée; elle a
» donné une nouvelle vie à la coalition, qui était
» morte; elle nous a jeté l'Europe sur les bras,
» et réduit, au moment où je parle, la ré-
» publique en problème. Au reste, votre frère
» n'a point d'autorisation de quitter l'armée; il
» connaît les lois militaires, et je ne pense pas
» qu'il veuille s'exposer à être puni par elles...
» Un abandon pareil serait trop grave: il en sent
» trop bien les conséquences. »

Déjà, lorsque Bernadotte était arrivé au ministère, on avait agité la question de savoir s'il ne fallait pas envoyer une division navale en Égypte pour ramener Bonaparte... « Vous » voulez dire l'armée, s'était écrié le nouveau » ministre; car, pour le général, vous savez » qu'il vise à la dictature, et ce serait la lui » donner que de lui fournir les moyens de re-» venir en France. » Une flotte française croisait alors dans la Méditerranée; Bernadotte insista pour qu'elle rentrât à Toulon.

Ces précédents et la réponse énergique faite à Joseph par le ministre de la guerre, inquiétaient les Bonaparte; ils s'effrayaient d'autant plus de l'ascendant qu'ils lui voyaient prendre, que le représentant Sallicetti leur avait parlé, ainsi qu'à Sieyès, de la démarche faite auprès de Bernadotte par les membres du conseil des cinq-cents, en taisant avec soin le refus qu'ils avaient éprouvé. Ce fut alors que le président du Directoire, prenant lui-même l'alarme sur la prépondérance acquise à ce général, et sur l'usage qu'il en pourrait faire, se décida à brusquer son renvoi du ministère, en usant, toutefois, de cette subtilité, dans laquelle consistait son principal mérite.

Pendant que le président du Directoire travaillait à préparer ce renvoi, l'effervescence augmentait dans le sein du corps législatif; vers la fin de fructidor, les inquiétudes que les sourdes manœuvres de Sieyès excitaient devinrent telles que Jourdan, l'un des défenseurs les plus fervents de la république, monta à la tribune, et proposa de déclarer la patrie en danger. Certes! ce général ne songeait nullement à substituer l'odieuse terreur au régime existant; mais en proclamant la situation critique du moment, il se proposait de ranimer l'énergie de tous les républicains purs comme lui, afin de l'opposer aux ennemis intérieurs et extérieurs du pays.

Cependant ce cri d'alarme des temps d'anarchie, ce mot d'ordre à l'aide duquel tant de crimes avaient été consommés, produisit une profonde sensation dans le conseil des cinq-cents; et par malheur, sa puissante portée, mal comprise, détermina une sorte de division parmi les membres de ce conseil, jusqu'alors réunis, au moins dans les grands intérêts de la patrie. Néanmoins, durant les débats qu'amena la terrible levée de boucliers du trop impétueux Jourdan, les orateurs qui combattirent sa proposition ne semblèrent différer ni de principes, ni de motifs avec ceux qui la soutenaient; tous les discours paraissaient tendre au même but: le maintien de la république, et l'horreur du régime contraire... On entendit, en cette circonstance, sortir de la bouche du représentant Lucien Bonaparte, ces paroles, que les événements ultérieurs devaient empreindre du scandale d'un immense contraste. « J'en- » tends parler de dictature! Quoi! ce mot peut » être prononcé par des républicains! Qui vou- » drait s'en investir?... Est-il un de vous qui pût » supporter, ou la honte de cette proposition, » ou la honte de ce joug? *En est-il un seul qui* » *ne s'armât du poignard de Brutus*, et qui ne

» punît le lâche et ambitieux ennemi de la li-
» berté et de la patrie. »

On ne feint point ces élans d'enthousiasme! En ce moment, Lucien n'était pas encore engagé, au moins avec réflexion, dans le parti qui voulait donner son frère pour maître à la France.

Soudain éclata, comme un coup de foudre, dans l'assemblée, l'annonce du renvoi de Bernadotte. Il est impossible d'exprimer l'impression que cette nouvelle inattendue produisit sur tous les membres du conseil : « C'est le pré-
» lude de quelque coup d'état, criaient ceux
» qui voyaient d'où le coup partait; c'est une
» preuve trop certaine que la guerre est décla-
» rée aux républicains, disaient les plus modé-
» rés...; songeons à nous défendre. Jurons, s'é-
» cria Jourdan avec toute l'énergie d'un sénateur
» romain, qu'on ne nous enlèvera de nos chai-
» ses curules qu'après nous avoir donné la mort.
» — Il faudra, ajouta Augereau d'une voix ton-
» nante, me faire tomber la tête avant de com-
» mettre le moindre attentat sur un seul de
» nous. — Je viens réunir ma déclaration à celle
» de mes collègues, reprit Lucien Bonaparte;
» je viens répéter, avec Augereau, que si une
» *main sacrilége* voulait se porter sur les repré-

» sentants du peuple, il faudrait penser à leur
» donner à tous la mort, avant que de violer
» le caractère d'un seul... J'ai demandé la pa-
» role pour rappeler une loi rendue sur la pro-
» position de Français de Nantes : c'est celle qui
» met hors la loi quiconque porterait atteinte
» à la sûreté de la représentation nationale ;
» cette loi, n'en doutez pas, si un attentat se
» machinait, serait exécutée. »

Après ces ardentes protestations, chacun voulut connaître le motif de l'étrange retraite du ministre de la guerre, et voici ce qu'on apprit.

Sieyès, saisissant un moment où ses collègues étaient absents, manda, le 27 fructidor, Bernadotte au Luxembourg. Après lui avoir demandé son avis sur le projet de former une armée dans les environs de Maëstricht, armée qu'un arrêté de la veille chargeait ce ministre d'organiser, Sieyès se répandit en félicitations sur l'infatigable activité du général béarnais, et sur les résultats heureux de l'enthousiasme qu'il avait su exciter, dans les administrations comme dans les camps : « Nous ne sommes point
» étonnés, ajouta l'astucieux président, qu'avec
» vos talents militaires vous ayez toujours con-

» servé le désir d'aller, en sortant du ministère,
» commander l'une de ces armées, que vous avez
» remplies du beau feu qui les anime. »

Bernadotte, enlacé dans ce piége, que sa franchise n'avait pu apercevoir, répondit qu'après avoir entièrement réorganisé les armées; après avoir rétabli l'ordre dans toutes les parties de son département; après avoir rendu compte de sa gestion, sa plus belle récompense, en sortant du ministère, serait, en effet, l'ordre d'aller rejoindre ses anciens compagnons d'armes.

Le ministre quitta Sieyès peu d'instants après cet entretien, ne s'attendant nullement, comme on le pense bien, que ses dernières paroles seraient prises pour l'offre de sa démission. Cependant, à peine était-il sorti du Luxembourg, que l'acte de cette prétendue démission fut dressé, et la lettre d'envoi rédigée. Le lendemain, à son réveil, Bernadotte reçut un message ainsi conçu :

Paris, 28 fructidor, an VII.

« Le Directoire, citoyen ministre, d'après le
» vœu que vous lui avez si souvent manifesté
» de reprendre votre activité aux armées, vient

» de vous remplacer au ministère de la guerre.
» Il charge le général de division Millet-Mureau
» du portefeuille de la guerre par *interim*. Vous
» lui en ferez la remise. Le Directoire vous re-
» cevra avec plaisir pendant le séjour que vous
» ferez à Paris, pour conférer sur tous les ob-
» jets relatifs au commandement qu'il vous
» destine.

» *Signé,* Sieyès, *président.* »

A cette lettre était joint l'arrêté suivant :

« La démission donnée par le citoyen général
» Bernadotte, de ses fonctions de ministre de la
» guerre, est acceptée. »

Cette destitution jésuitique, fondée sur un mensonge, indigna avec d'autant plus de justice le général, que l'*interim* confié à Millet-Mureau donnait l'idée d'une urgence, qui ajoutait à l'outrage fait au fonctionnaire renvoyé : car une telle mesure pouvait faire supposer des motifs assez graves pour avoir précipité la retraite du dernier titulaire.

Le général disgracié saisit la plume *ab irato*, et traça rapidement un accusé de réception commençant ainsi : « Je reçois à l'instant, ci-

» toyens directeurs, votre arrêté d'hier 28, et
» la lettre *obligeante* qui l'accompagne : *vous*
» *acceptez une démission que je n'ai point don-*
» *née...* » Puis Bernadotte établissait d'une manière fort lucide, que s'il avait pu parler de retourner aux armées, c'était lorsqu'il se voyait dans l'impuissance d'améliorer convenablement la situation de ses frères d'armes, et lorsqu'il était profondément affligé de l'insuffisance des moyens mis à la disposition du département de la guerre. « Voilà les faits, disait-il ensuite ; j'ai
» dû les rétablir pour l'honneur de la vérité, qui
» n'est pas en notre pouvoir, citoyens directeurs :
» elle appartient à nos contemporains, et à l'his-
» toire, dont le jugement nous atteindra. » Le général terminait sa lettre en demandant le traitement de réforme : «J'en ai, disait-il, autant besoin que de repos... » Parole toute romaine ! annonçant une pureté de gestion qui servit rarement d'exemple aux ministres des temps modernes.

Ainsi la république perdit, le même jour, un bon général et un bon ministre. Le Directoire lui accorda, purement et simplement, le traitement de réforme, par arrêté du 30 fructidor.

Les directeurs Gohier et Moulins, qui n'avaient contribué en rien au renvoi de Berna-

dotte, n'en furent informés que le lendemain du jour où l'arrêté avait été rendu; et même ils ne l'apprirent que par un secrétaire de ce général, qui venait leur demander les motifs de l'étrange conduite du Directoire. Ils se rendirent sur-le-champ à la salle d'audience, pour interpeller Sieyès et Barras, qui s'y trouvaient. « Est-il vrai, leur dit Gohier, que Bernadotte
» ne soit plus ministre de la guerre?—Nous avons
» reçu sa démission, répondit Sieyès. —Il n'est
» pas vrai qu'il l'ai donnée, répliqua Moulins.
» —Et quand cela serait, ajouta Gohier, pou-
» viez-vous prononcer sur un objet de cette im-
» portance en l'absence de vos collègues, dont
» vous n'ignoriez pas que ce ministre avait toute
» la confiance.—Vous savez, mes collègues, dit
» négligemment Barras, que trois membres du Di-
» rectoire peuvent prendre une décision, et que,
» dans ce cas, comme si les cinq étaient réunis,
» la majorité fait loi. — Je comprends, repartit
» Gohier, c'est à Barras et à Roger Ducos que
» nous devons le renvoi de Bernadotte; » et le coup d'œil dont le loyal directeur accompagna ces mots, voulait dire : « Ces deux membres du Directoire sont toujours prêts à suivre l'impulsion du premier parti qui triomphe. »

Voyant qu'il n'y avait plus à revenir sur l'inique décision qui éloignait des affaires le ministre auquel l'armée avait dû, en si peu de temps, la cessation de ses désastres, Gohier et Moulins se disposèrent à quitter leurs collègues. « Vous sortez, » leur dit Sieyès. — « Oui, » répondit Gohier; « vous n'avez pas besoin de
» nous pour délibérer, et nous avons à remplir
» un grand devoir : celui de la reconnaissance.
» Des honneurs et de l'argent consolent le mi-
» nistre justement disgracié; des preuves écla-
» tantes d'estime, voilà l'unique récompense
» digne de celui qui a bien servi son pays...
» Elle ne lui manque jamais... C'est là seule que
» nous puissions offrir à Bernadotte; nous la lui
» portons. »

Gohier et Moulins, décidés à visiter l'ex-ministre, n'oublièrent rien pour donner à leur démarche un caractère officiel. Revêtus de leur costume, escortés de leur garde d'honneur, ils ne se présentèrent point en simples particuliers chez un ami disgracié : c'étaient des membres du gouvernement qui, se rendant auprès du général, allaient reconnaître les services dont le Directoire tout entier n'eût jamais du perdre le souvenir.

Cette circonstance fut signalée par les journaux : Sieyès en lut la mention avec un vif dépit. « Vous avez donc, » dit-il à Gohier, « rendu une pompeuse visite à Bernadotte. — » La plus pompeuse qu'il nous a été possible, » répondit le directeur interpellé; « et nous espé- » rons bien que vous ne nous mettrez plus dans » le cas d'en faire de pareilles à l'avenir [1]. »

Ceci se passait vingt-quatre jours avant le débarquement de Bonaparte; il était temps que l'on retirât le portefeuille de la guerre des mains de Bernadotte : s'il l'eût conservé, il est probable que l'œuf qui contenait l'aigle impériale, fût venu se briser à Fréjus.

En sortant de fonctions, Bernadotte fit imprimer un compte-rendu de sa gestion, rédigé avec autant de modestie que de talent. Il avait dit, en prenant le portefeuille : « Nous aurons en- » core deux mois de revers; » et moins de six semaines après, non-seulement ces revers avaient cessé, mais l'armée française reprenait l'offensive sur plusieurs points, et des lignes défensives respectables sur tous les autres. Malheureusement, l'administrateur auquel on

---

[1] Mémoires de Gohier, tome 1, pages 156 à 145.

devait de si prompts résultats, ne resta que deux mois et demi aux affaires; cependant ce court espace de temps avait suffi pour préparer les victoires qui suivirent de près sa retraite; et Dubois-Crancé, successeur de Bernadotte, en présentant au Directoire des drapeaux enlevés à l'ennemi, dit à la fin de son discours : « Je ne puis m'attribuer aucune part dans ces » victoires et dans celles qui les ont suivies ; » elles ont été préparées par mon prédéces- » seur. »

Lorsque Bernadotte apprit le débarquement de Bonaparte, il fit dire au Directoire qu'il n'y avait pas un moment à perdre pour envoyer ce général devant un commission militaire. Ce fut le général Debel que l'ex-ministre chargea de faire cette communication à Barras; le colonel d'artillerie Saint-Martin, lui parla dans le même sens. L'indolent directeur répondit : « Nous ne » sommes pas assez forts. » Bernadotte insista en déclarant qu'il fallait attaquer le général de l'armée d'Orient par les principes de la discipline militaire, et saisir l'occasion qui se présentait... Pour dernière raison, Barras dit : « *Attendons.* »

Il n'appartient point au plan de cette histoire de retracer, dans tous ses détails, la révolution du 18 brumaire; nous grouperons seulement ici celles des scènes de ce drame politique auxquelles le général Bernadotte prit part comme acteur.

A l'arrivée de Bonaparte à Paris, tous les généraux allèrent lui rendre visite; Bernadotte s'en dispensa, non, comme on l'a dit, parce qu'il se montrait jaloux de la gloire du vainqueur des Pyramides et d'Aboukir; mais parce qu'il lui sembla que cette réserve était une conséquence naturelle de l'opinion sévère qu'il avait émise sur le retour de ce général. Il circula bientôt une liste pour offrir à Bonaparte un banquet par souscription : des membres du conseil des cinq-cents la présentèrent à l'ex-ministre.

« Je vous conseille, » leur répondit-il, « d'a-
» journer ce dîner, jusqu'à ce qu'il se soit
» justifié d'avoir abandonné son armée. »

Plus de douze jours se passèrent sans que Bernadotte eût vu Bonaparte; il avait été cependant sollicité vivement par Joseph et madame Leclerc [1], d'aller lui faire une visite. Cette

---

[1] Pauline, sœur de Bonaparte.

lacune dans les hommages que tous les généraux lui avaient rendus, inquiétait le chef de l'armée » d'Orient : « Je crois bien, » disait-il dans son intimité, « que j'aurai contre moi Bernadotte et » Moreau. Mais je ne crains pas Moreau : il est » mou, sans énergie; je suis sûr qu'il préfère le » pouvoir militaire au pouvoir politique; on le » gagnera avec la promesse du commandement » d'une armée... Mais Bernadotte, il a du sang » maure dans les veines; il est entreprenant, » hardi; il est allié à mes frères; il ne m'aime » pas : je suis presque certain qu'il ne se ralliera » point à moi. S'il devenait ambitieux, il se croi- » rait en droit de tout oser : ce diable d'homme » est d'ailleurs peu susceptible de séduction : il » est désintéressé, et il a de l'esprit. »

Enfin, cédant à des sollicitations sans cesse renouvelées, Bernadotte se rendit chez Bonaparte. Celui-ci le reçut avec une affabilité, une sorte d'expansion même, qui ne laissa soupçonner aucun ressentiment. La conversation roula d'abord sur la guerre d'Égypte; puis le général en chef parla des affaires politiques. Bernadotte le laissa s'étendre sur la nécessité d'un changement dans le système du gouvernement; mais s'étant aperçu qu'il exagérait les maux de la

France, il lui répondit : « Cependant, général, les
» Russes sont battus en Helvétie : ils se sont re-
» tirés en Bohême. La ligne défensive est main-
» tenue entre les Alpes et les Apennins ligu-
» riens ; nous sommes en possession de Gênes ;
» la Hollande est sauvée : l'armée russe y a été
» détruite, et l'armée anglaise forcée de capi-
» tuler au Helder. Quinze mille insurgés vien-
» nent d'être dispersés dans la Haute-Garonne
» et forcés de se réfugier en Espagne. Deux cents
» bataillons auxiliaires, de mille hommes cha-
» cun, et quarante mille chevaux, sont en pleine
» levée. Dans huit mois, au plus, nous ne sau-
» rons que faire de cette multitude d'hommes,
» si nous ne les faisons pas déborder en Alle-
» magne et en Italie, comme des torrents. »

« A la vérité, continua Bernadotte, non sans
» quelque malice, peut-être, si vous aviez ra-
» mené l'armée d'Égypte avec vous, les vétérans
» qui la composent nous seraient bien utiles
» pour former nos cadres ; mais, quoi qu'il faille,
» je crois, la regarder comme perdue, à moins
» qu'elle ne revienne en vertu d'un traité ; je
» ne désespère pas du salut de la République,
» et j'ai la conviction qu'elle résistera à ses en-
» nemis de l'intérieur et du dehors. »

En prononçant les mots *ennemis de l'intérieur*, Bernadotte avait fixé son regard sur Bonaparte. Il a dit depuis que nulle intention ne s'était attachée à ce regard; néanmoins le général de l'armée d'Orient perdit visiblement contenance... Madame Bonaparte, qui s'en aperçut sans doute, et dont la douce aménité était un baume toujours prêt pour les blessures de l'âme, changea de conversation. Quelques instants après, Bernadotte prit congé et se retira.

Dans une seconde entrevue, fortuitement amenée, Bonaparte revint, auprès de son collègue, sur la situation de la France. Il parla beaucoup de l'exaltation des républicains, et se récria surtout contre le club du Manége. « Une » fois que l'impulsion est donnée, répondit Ber- » nadotte, il n'est pas facile de l'arrêter : vous » l'avez éprouvé souvent. Par exemple, après » avoir imprimé à l'armée d'Italie un mouve- » ment d'exaltation patriotique, vous ne pûtes » parvenir à le réprimer quand vous jugeâtes » cette modération nécessaire. Le même effet » se reproduit aujourd'hui : plusieurs personna- » ges, et vos frères principalement, ont formé » le club dont vous parlez; je n'en ai jamais fait » partie : j'avais trop à faire et trop de devoirs

» à remplir comme ministre, pour pouvoir y
» assister. Vous avez prétendu, cependant, que
» je favorisais ces réunions : ce fait est inexact.
» J'ai soutenu, à la vérité, plusieurs honnêtes
» gens affiliés au club du Manége, parce qu'ils
» étaient de bonne foi, et qu'ils espéraient y faire
» prévaloir un esprit de modération et de sa-
» gesse, qui rarement se développe parmi les am-
» bitieux. Sallicetti, ami particulier et confident
» de vos frères, était un des directeurs de cette
» société. Les observateurs ont cru et croient
» encore que l'effervescence populaire dont
» vous vous plaignez, a pris sa source dans les
» instructions que Sallicetti avait reçues de *je*
» *ne sais qui.* »

Ici Bonaparte prit de l'humeur, et déclara
qu'il préférait se retirer dans un bois, plutôt
que de vivre au milieu d'une société qui ne lui
donnait aucune garantie. « Eh! mon Dieu, ré-
» pondit Bernadotte, quelle est donc celle qui
» vous manque? » Madame Bonaparte, redoutant de nouveau une conversation trop animée,
vint se mêler à l'entretien, et l'éloigner des éléments combustibles qu'agitaient les deux généraux.

Bonaparte n'avait pas besoin du témoignage

des deux entrevues qu'il venait d'avoir avec Bernadotte, pour savoir qu'il était entièrement opposé à ses projets, comme à ses principes politiques. Cet éloignement de l'un des généraux les plus renommés et les plus populaires affligeait Bonaparte : Il le connaissait trop bien pour espérer de le faire départir d'une opposition qui découlait de son patriotisme sincère; mais, comme il importait à ses vues qu'on ne les crût pas brouillés, il rechercha l'ex-ministre avec persévérance.

Dans les premiers jours de brumaire, Bonaparte rencontra Bernadotte au sortir du Théâtre-Français. « Êtes-vous de la partie qui doit
» avoir lieu demain chez Joseph, à Morfontaine?
» lui demanda-t-il en lui serrant la main. —
» Oui, général, répondit le Béarnais. — Eh
» bien! permettez-moi d'aller demain vous de-
» mander du café : je dois passer près de chez
» vous, et je serai fort aise de m'y arrêter
» quelques moments. » Cette ouverture amicale fut accueillie avec obligeance [1].

---

[1] Le lendemain, avant de monter en voiture, Bonaparte parlait ainsi de cette rencontre fortuite, à Bourienne, son secrétaire particulier. « Je pa-
» rie que vous ne devinez pas chez qui je déjeune, ce matin? — Général,
» je ne.... — Chez Bernadotte. Ce qu'il y a de curieux, c'est que c'est moi

Le jour suivant, de bonne heure, Bonaparte et sa femme arrivèrent en effet chez Bernadotte. Louis Bonaparte les suivit de près. Pendant le déjeuner et durant toute la fête de Morfontaine, qui fut l'un des préludes du 18 brumaire, le général de l'armée d'Orient se montra plein de prévenance et d'amabilité à l'égard de Bernadotte. Quant à celui-ci, il étudia les physionomies, observa divers groupes, et demeura convaincu que les bruits qui lui étaient déjà revenus sur une conspiration, ne manquaient pas de fondement.

Vers le soir, il y eut des pourparlers entre Regnault (de Saint-Jean-d'Angely), Joseph et Lucien; Bonaparte lui-même, en causant avec

» qui me suis invité. Oui, vous auriez vu cela, si vous aviez voulu venir
» hier aux Français avec moi. Vous savez que nous allons aujourd'hui
» chez Joseph, à la campagne ; je me suis trouvé nez à nez avec Berna-
» dotte, à la sortie du spectacle, et, ma foi, dans le premier moment, ne
» sachant que lui dire, je lui ai demandé s'il était des nôtres pour la
» partie d'aujourd'hui. Il m'a dit qu'oui; alors, comme nous passons de-
» vant sa maison de la rue Cisalpine, je lui ai tout bonnement demandé
» une tasse de café, et je lui ai dit que je serais charmé de passer quelques
» moments avec lui. Il m'a paru content de moi... Que pensez-vous de
» cela, Bourienne? — Mais général, je désire que vous le soyez de lui. —
» Non, non! j'ai bien fait, soyez-en sûr; ça le compromettra chez Gohier.
» Souvenez-vous d'une chose : il faut toujours aller au-devant de ses en-
» nemis, et leur faire bonne mine; sans cela ils croient qu'on les redoute,
» et cela leur donne de l'audace. » Machiavel ou Escobar eût-il mieux dit?
(*Mémoires de Bourienne*, tome 2, page 352.)

Bernadotte, lui laissa reconnaître, à son embarras et à ses distractions, qu'il avait l'esprit fortement préoccupé. Dès lors, ce dernier ne douta plus qu'il n'y eût un projet déjà formé pour soustraire le général en chef de l'armée d'Égypte, en renversant la constitution, au danger dont il était menacé, par suite de son retour en France et de l'abandon de ses troupes.

Bernadotte inclinait, en fidèle républicain, à s'opposer aux manœuvres qui se tramaient, pour peu qu'on le secondât dans ce dessein. Revenu à Paris, et s'étant, par hasard, rencontré avec Moreau chez un compatriote de ce général, celui-ci lui demanda s'il avait assisté à la réunion de Morfontaine, et s'il s'était entretenu avec Bonaparte. Bernadotte répondit affirmativement. « C'est l'homme qui a fait le plus de mal à la
» République, reprit Moreau. — Et celui qui
» lui en prépare le plus, ajouta Bernadotte. —
» Nous l'arrêterons, répliqua le premier. »

Les deux généraux se touchèrent alors la main, et promirent de rester unis pour combattre celui qu'ils appelèrent le *déserteur d'Égypte*, en présence de l'ancien ministre Petiet et de plusieurs autres personnes.

Mais les résolutions de Moreau étaient souvent flottantes et sans force; personne ne pouvait être plus facilement entraîné dans des opinions qui n'étaient pas les siennes. Il fallait à ce général le bruit des camps, l'appareil terrible du champ de bataille, pour que son caractère acquît toute la puissance et la fixité d'idées qui conviennent aux hommes supérieurs... On sait qu'il se laissa lier à la cause de Bonaparte ; et ce fut, ainsi que les événements ultérieurs le prouvèrent, faute d'avoir su se défendre d'un entraînement contraire à sa conviction.

Malgré les protestations énergiques de Moreau, Bernadotte sentit qu'il devait peu compter sur lui pour entraver l'exécution des projets de Bonaparte, et punir celui qu'il appelait le *déserteur de l'armée d'Orient.*

Le 16 brumaire, Bernadotte dînait chez Bonaparte ; il y trouva Jourdan, dont les protestations républicaines avaient été si vigoureuses en fructidor, à propos du discours prononcé par Sieyès, au Champ-de-Mars. Pendant le dîner, les matières politiques furent éloignées de la conversation ; elle roula particulièrement sur des sujets militaires. Bonaparte soutenait avec chaleur son système favori : la guerre d'invasion... Bernadotte réfutait énergiquement ce système dangereux, dont les effets devaient un jour être si funestes à celui qui le défendait en ce moment. L'ex-ministre conclut en disant, non sans quelque velléité d'application : « Général, on a plus de peine à conserver qu'à » *envahir.* »

Cette réponse, un peu malicieuse, amène naturellement une réflexion qui se reproduisit plus d'une fois dans la pensée des observateurs, tant que durèrent les rapports entre Bonaparte et Bernadotte : celui-ci s'attachait volontiers à aiguiser ses paroles jusqu'à la critique dans les entretiens qu'ils avaient ensemble. De là ces prétendus mouvements de jalousie et d'animosité envenimée attribués au général béarnais. Ceux qui se sont laissé persuader dans ce sens ont adopté une grande erreur : personne ne rendait plus de justice que Bernadotte aux vastes capacités de Napoléon; personne n'admirait plus la spontanéité, si souvent heureuse, de ses conceptions. Mais, il faut le dire, personne n'avait moins de confiance dans la légitimité de ses intentions, relativement à la conservation des droits politiques qui pouvaient gêner son ambition. Or, Bernadotte n'accueillait qu'avec défaveur tout ce qui pouvait faire soupçonner la violation d'une légalité... Nous prouverons plus tard, par le témoignage irrécusable des faits, que, sur ce point, la souveraine puissance n'a rien changé à ses opinions.

Telle était la source pure de laquelle découlait l'opposition, un peu hostile, que Bernadotte exerçait envers Napoléon. Elle le fâchait, le blessait même quelquefois ; mais elle n'altérait ni l'estime, ni la confiance qu'il vouait à cet homme loyal et franc : général, consul, empereur, il n'hésita jamais un instant à l'investir des fonctions qui sollicitaient le plus de dévouement et de fidélité ; et le jour où de hautes dignités devinrent la récompense des services éclatants rendus à la patrie, Bernadotte fut compté parmi les premiers généraux que l'empereur en revêtit.

Dans cette réunion du 16 brumaire chez Bonaparte, ses appartements furent remplis, le soir, de membres influents des conseils, d'hommes d'état, de généraux, de savants. A travers une conversation qui fut assez longtemps générale, vinrent à surgir quelques réflexions sur les affaires de l'Ouest, contrée où la chouannerie était comprimée avec peine. Alors Bonaparte, élevant un peu la voix, dit en riant à l'un de ses voisins : « Vous voyez dans le général » Bernadotte un chouan. — Mettez-vous donc » d'accord avec vous même, général, répondit » le Béarnais avec la même hilarité; il y a quel- » que jours, vous prétendiez que je favorisais » l'enthousiasme incommode (il appuya sur le » mot) des amis de la république; maintenant » voilà que je protége les chouans : la contra- » diction est trop frappante. »

Bonaparte, même lorsqu'il écoutait en riant les remarques critiques, en prenait note sérieusement : on a prétendu que les réponses que Bernadotte lui avait faites, le 16 brumaire, retardèrent de vingt-quatre heures le mouvement qui se préparait. D'autres ont avancé que le 17 se trouvant un vendredi, Bonaparte, naturellement fataliste et superstitieux, n'avait pas voulu agir pendant ce jour néfaste.

Quoi qu'il en soit, le 17 brumaire, entre onze heures et minuit, Joseph, en retournant chez lui, rue du Rocher, entra chez Bernadotte, rue Cisalpine; mais le général étant couché, son beau-frère lui fit dire qu'il reviendrait le lendemain. En effet, le 18, à sept heures du matin, Joseph reparut rue Cisalpine.

Bonaparte avait prescrit la veille à son frère de passer chez Bernadotte, et de le lui amener le lendemain, de très-bonne heure : c'était cette mission, ou plutôt cet ordre, que Joseph exécutait. Il dit à l'ex-ministre que le général en chef désirait lui parler, afin d'avoir son avis sur des mesures à prendre, qu'on avait discutées le jour précédent. Bernadotte suivit Joseph en secouant la tête.

Lorsqu'ils arrivèrent à l'hôtel de Bonaparte, ils virent la cour et même la rue encombrées d'une foule d'officiers supérieurs et de généraux. Plusieurs d'entre eux s'abandonnaient à une sorte d'orgie. Cette cohue militaire remplissait également le vestibule et les appartements : ce fut avec peine que Bernadotte et Joseph se firent jour jusqu'au général en chef.

Bonaparte déjeunait, avec l'aide-de-camp Lemarrois, dans un petit salon où Joseph ne suivit pas son beau-frère. Bernadotte, en y entrant, vit, non sans étonnement, le général Lefebvre debout. Il commandait la dix-septième division militaire, et s'était montré jusqu'alors opposé aux projets de mouvement : on pouvait présumer qu'il se trouvait là comme prisonnier. Bernadotte prit immédiatement un siége, en invitant, par un coup d'œil expressif, son collègue à l'imiter. Lefebvre hésitait : un second signe le décida... Néanmoins, en s'asseyant, il jeta sur Bonaparte un regard mêlé de crainte et de respect.

« Comment, dit Bonaparte, qui s'aperçut » que Bernadotte portait un habit bourgeois, » vous n'êtes pas en uniforme? — Je ne suis » pas employé, répondit le général. — Vous » allez l'être tout à l'heure, reprit vivement le » futur dictateur. — Je ne le pense pas, répli- » qua le survenant. »

A ces mots, le général en chef se leva, prit Bernadotte par la main, et le mena dans une pièce voisine. « Ce Directoire gouverne mal, lui » dit-il en y entrant : il perdrait la république » si nous n'y mettions ordre. Le conseil des » anciens m'a nommé commandant de Paris, de » la garde nationale et de toutes les troupes de » la division... Allez passer votre uniforme, et » revenez me trouver aux Tuileries, où je vais » me rendre. »

Bernadotte, sans hésiter une seconde, répondit négativement. Il s'attendait à cette proposition, et s'était préparé d'avance à la repousser. « Ah! je vois, continua Bonaparte avec quelque

» amertume, vous croyez pouvoir compter sur
» Moreau, sur Beurnonville et sur d'autres gé-
» néraux; c'est une erreur : vous les verrez tous
» venir, Moreau lui-même. » Parlant ensuite
avec une extrême volubilité, Bonaparte désigna
une trentaine de membres du conseil des anciens, que Bernadotte croyait le plus attachés
à la constitution de l'an III. « Vous ne connais-
» sez pas les hommes, poursuivit le général
» en chef en s'animant; ils promettent beau-
» coup et tiennent peu; ne vous y fiez pas. —
» Je ne veux point épouser une rébellion, ré-
» pondit Bernadotte avec fermeté, ni boulever-
» ser une constitution cimentée par le sang de
» tant d'hommes. — Eh bien ! reprit Bonaparte,
» vous resterez ici jusqu'à ce que j'aie reçu le
» décret du conseil des anciens; car d'ici-là je
» ne suis rien.

» — Général, repartit Bernadotte en élevant
» la voix, je suis un homme qu'on tue, mais
» qu'on ne retient pas malgré lui. — Donnez-
» moi donc votre parole, dit Bonaparte, en
» s'adoucissant, que vous ne ferez rien con-
» tre moi. — Comme citoyen, je vous le pro-
» mets. — Comme citoyen! répéta brusquement
» Bonaparte, que voulez-vous dire ? — Je veux

» dire que, de moi-même et en ma qualité
» de simple citoyen, je n'irai ni aux casernes
» haranguer les soldats, ni sur les places publi-
» ques exciter la garde nationale et le peuple.
» Mais si le Directoire m'appelle, ou si le corps
» législatif me donne le commandement de sa
» garde, je marcherai contre ceux qui tente-
» ront de renverser illégalement ce qui existe. —
» Oh! sur cela, je suis fort tranquille, poursuivit
» Bonaparte : j'ai pris mes précautions, et vous
» ne recevrez aucun commandement. Croyez,
» d'ailleurs, que je ne veux que sauver la ré-
» publique; je ne demande rien pour moi : je
» me retirerai à la Malmaison, après m'être en-
» vironné d'une société d'amis : si vous voulez
» être du nombre, vous y serez bien reçu [1]. —
» Pour bon ami, répliqua Bernadotte en se re-
» tirant, cela se peut; mais je crois que vous
» serez toujours le plus impérieux des maîtres. »

Bonaparte accompagna Bernadotte jusqu'au vestibule; ayant rencontré Joseph, il lui dit d'une voix très-émue : *suivez-le...* Le géné-

---

[1] Le soir, Bonaparte, parlant de cette entrevue avec Bourienne, lui disait : « Je n'ai pu vaincre Bernadotte; c'est une barre de fer. Au surplus,
» je vous dirai que je l'ai tout à fait rassuré sur la suite de ceci : je l'ai
» *embêté* des douceurs de la vie privée, des plaisirs de la campagne, des
» délices de la Malmaison; que sais-je? Je lui ai fait de la pastorale, et je
» suis parti. »

ral dissident traversa, la tête haute, cette foule de généraux, qui se pressaient dans les appartements. Bonaparte avait dit vrai : on remarquait, parmi ces hommes prêts à faire cortége autour du char d'une fortune audacieuse, Beurnonville et Moreau ; mais Bernadotte n'aperçut ni Jourdan, ni Augereau.

Telle fut, d'après des témoignages authentiques, cette entrevue qu'on a si diversement rapportée : nous pouvons affirmer que le texte même du dialogue nous a été transmis fidèlement.

De sept à dix heures, Bernadotte eut une conférence avec Augereau, Jourdan, Gareau et quelques autres membres influents des conseils ; mais à cette réunion assistait, comme on va le voir, un faux frère : c'était Sallicetti. Il fut décidé que, le lendemain matin, on déclarerait Bonaparte hors la loi, et que Bernadotte serait nommé commandant de la garde du corps législatif et de toutes les troupes rassemblées à Paris.

A peine était-on séparé, que le député corse courut aux Tuileries rendre compte à Bonaparte de ce qu'il venait d'entendre. Ce général s'inspira alors de la grande maxime des ambitieux : *diviser pour régner*. Il chargea Sallicetti de se trouver le lendemain, à cinq heures du matin, à une séance préparatoire du conseil des cinq-cents, qui devait avoir lieu avant le départ pour Saint-Cloud, et de dire hautement que Bonaparte avait fait les plus grands efforts pour empêcher qu'un décret de déportation ne fût lancé, la veille, contre les députés qui avaient formé le projet d'investir Bernadotte d'un commandement.

Cependant Bernadotte, en quittant ses collègues, Jourdan et Augereau, se rendit dans le jardin des Tuileries, où la 79ᵉ demi-brigade était rangée en bataille. Lorsqu'il passa devant le front de ce corps, les officiers le reconnurent, quoiqu'il ne fût point en uniforme; plusieurs d'entre eux, leur colonel en tête, s'approchèrent du général, et lui demandèrent des éclaircissements sur les événements qui se préparaient. Bernadotte répondit en termes généraux, et en exprimant le vœu que la garantie sociale ne fût pas compromise par suite du mouvement présumé.

Les soldats, ayant à leur tour reconnu le général qui les avait commandés au siége de Maëstricht, firent éclater leur étonnement de ce qu'il ne se trouvait pas avec les généraux qui allaient, disaient-ils, décider du sort de la patrie. Mais cette remarque était loin d'être contraire à ce chef, dont la conduite avait été, dans toutes les circonstances, l'exemple de l'officier et du soldat.

Bernadotte vit qu'il pourrait compter, au besoin, sur l'obéissance des troupes dont il s'était approché successivement aux Tuileries, sur le boulevard, et sur le pont de la révolution, dans le cours de cette matinée.

Il se rendit ensuite chez le général Jourdan, où bientôt accourut une multitude d'autres députés, arrivant de l'assemblée. Ils annoncèrent, avec une vive indignation, la communication qu'on venait de faire, aux cinq-cents, du décret qui transférait à Saint-Cloud le lieu des séances du corps législatif.

Puis Bernadotte, étant retourné rue Cisalpine, apprit de sa femme qu'en son absence, les généraux Bonaparte et Moreau avaient député auprès de lui l'adjudant-général Rapatel, pour le déterminer à les rejoindre aux Tuileries. Le général directeur du mouvement avait dit à cet officier : « Vous avez fait vos premières ar-
» mes avec le général Bernadotte; je sais qu'il

» a de la confiance en vous; dites-lui que tous
» ses amis sont réunis ici; qu'ils désirent le voir
» avec eux; ajoutez qu'ils aiment la patrie au-
» tant que lui, et qu'ils souhaitent vivement le
» compter au nombre de ceux qui la sauvent
» aujourd'hui. »

Cependant, à l'heure où Sieyès et Roger-Ducos avaient paru se jeter dans le mouvement, en se rendant aux Tuileries, Gohier, Moulins et Barras, qui formaient encore la majorité du directoire, préparaient, au Luxembourg, un système de résistance, qu'avait déjà formulé en arrêté le secrétaire-général Lagarde. Ainsi qu'on l'avait annoncé à Bernadotte, cette majorité se disposait à lui rendre le portefeuille de la guerre, et à lui confier, en même temps, le commandement des troupes et des gardes nationales de la dix-septième division militaire. Cette nomination était déjà signée par le président Gohier et par le directeur Moulins; on attendait encore la signature de Barras, que d'itératives démarches venaient d'arracher à sa langueur sybaritique.

Mais tout à coup on vint annoncer que ce directeur, après un assez long entretien avec le ministre Talleyrand et l'amiral Bruix, avait donné sa démission et partait pour Grosbois [1]. Alors le secrétaire-général, conquis déjà, peut-être, par le parti du mouvement, déclara qu'avec la majorité du directoire s'évanouissait la possibilité de délibérer légalement. Après cette déclaration, Lagarde se leva et courut aux Tuileries.

Lorsqu'il y arriva, Bonaparte achevait de répartir, entre les généraux qui lui étaient dévoués ou qu'il voulait s'attacher, les différents postes que la troupe devait occuper : Moreau, avec cent chevaux, se rendit au Luxembourg, chargé de la honteuse mission de garder à vue Gohier et Moulins. Mais déjà cet homme irrésolu se repentait de s'être laissé entraîner à servir le général signalé par lui-même, la veille encore, comme un des redoutables ennemis de la république. Il arrangeait dans sa tête le plan d'une défection. Ses tardives réflexions lui montraient sous les plus hideuses couleurs de la trahison, ce coup de main, auquel il venait de s'associer; il songeait à rentrer dans les voies de la

---

[1] On peut conclure de divers témoignages dignes de foi que, parmi les craintes qu'on sut inspirer en ce moment à Barras pour lui faire signer sa démission, on glissa la menace de rendre publiques les négociations, assez récentes, qu'il avait entretenues avec Louis XVIII.

légalité, en abandonnant le parti du dictateur. Ce fut dans cette situation d'esprit que Moreau envoya une seconde fois l'adjudant-général Rapatel chez Bernadotte; il le faisait inviter à se rendre au Luxembourg, afin d'aviser ensemble aux mesures à prendre pour empêcher Bonaparte de s'emparer définitivement de la dictature.

Bernadotte répondit que, n'étant investi d'aucun commandement, il se croyait lié par la parole qu'il avait donnée le matin à Bonaparte, de ne rien entreprendre comme citoyen ; mais qu'il agirait à l'appel ou sur la sommation d'un homme public, réclamant son concours avec une certaine apparence de légalité. « Que le » général Moreau, ajouta Bernadotte, se pré- » sente à ma porte, à la tête du moindre déta- » chement; qu'il me somme, au nom du bien » public, de faire cause commune avec lui, pour » défendre la liberté et la constitution. Alors » je monterai à cheval avec mes aides de camp; » je me rangerai sous les ordres de votre géné- » ral; je haranguerai les troupes; je ferai arrê- » ter immédiatement Bonaparte, et le ferai » juger, d'abord comme déserteur de l'armée » d'Égypte, ensuite comme ayant violé la con-

» stitution, en acceptant un commandement
» donné par une simple fraction du corps lé-
» gislatif¹. »

Moreau, s'enveloppant dans son irrésolution ordinaire, n'osa point accepter la proposition de Bernadotte, et le dictateur continua de marcher vers son but.

Le 19 brumaire, à sept heures du matin, les généraux Augereau et Jourdan, suivis de huit à dix députés du conseil des cinq-cents, parmi lesquels se trouvaient Gareau et Talot, se rendirent chez Bernadotte; ils lui apprirent que Sallicetti les avait prévenus, de la part du

---

¹ Le second grief imputé à Bonaparte par Bernadotte, non-seulement n'eût point été du ressort d'un tribunal militaire, mais n'était pas réel, quant au général de l'armée d'Orient. Il y avait un décret rendu; il était conforme à l'article 102 de la constitution : la légalité du vote pouvait seule être attaquée, et Bonaparte, en apparence simple agent d'exécution, n'eût point été responsable... La dictature et la responsabilité de ce général ne commencèrent que le lendemain à Saint-Cloud.

Les détracteurs du 18 brumaire trouvèrent que Bernadotte s'était montré trop fidèle à la promesse qu'il avait faite au général Bonaparte ; que, loin d'attendre Moreau à sa porte, il eût dû se rendre au Luxembourg, et, secondé par ce même général, demander des ordres à Gohier et à Moulins pour marcher contre Bonaparte, afin d'arrêter le mouvement de Saint-Cloud. Ils ajoutaient que le président et un seul membre du Directoire, lorsque les trois autres avaient déserté leur poste, eussent agi encore plus légalement que le dictateur investi par le conseil des anciens.

général Bonaparte, que Sieyès avait proposé de faire arrêter plusieurs membres des deux conseils, afin d'éviter leur présence à Saint-Cloud. Ils demandèrent à Bernadotte ce qu'il pensait de cette communication. Celui-ci répondit qu'il y voyait uniquement l'intention de rendre ces députés favorables à Bonaparte. Néanmoins les représentants réunis rue Cisalpine parurent touchés du service que le général en chef leur rendait. On voit qu'il avait parfaitement calculé l'effet de la démarche faite par Sallicetti.

Sans apprécier au même degré la générosité de Bonaparte dans cette circonstance, Bernadotte se rangea à l'opinion des législateurs assemblés chez lui, quant aux mesures conciliatrices qu'ils paraissaient vouloir adopter : « Que l'un de
» vous, leur dit-il, monte à la tribune, et expose
» succinctement la situation intérieure et exté-
» rieure de la France; il prouvera facilement
» que nous sommes en position d'obtenir une
» paix aussi honorable que celle de Campo-For-
» mio [1], et que, pour la maintenir, nous n'a-
» vons qu'à conserver notre attitude imposante.
» Parlez ensuite de la nécessité d'une confiance

---

[1] Voyez, page 225, le discours de Bernadotte, dans sa première entrevue avec Bonaparte, à son retour d'Égypte.

» mutuelle. Après avoir signalé l'investiture
» de Bonaparte par une fraction du conseil des
» anciens comme un attentat à la constitu-
» tion, dites néanmoins que le conseil des cinq-
» cents ne doit point délibérer maintenant sur
» cette violation, mais bien rendre la sécurité
» à la nation, à ses représentants et au gou-
» vernement. Proposez, pour atteindre ce ré-
» sultat si désirable, si urgent, de nommer le
» général Bernadotte collègue du général Bona-
» parte, afin que ces deux officiers s'entendent
» pour l'emploi des troupes, dans le cas où
» l'on devrait s'en servir, et pour la distri-
» bution des commandements. Terminez en as-
» surant que la tranquillité règne à Paris et
» dans les environs ; ce qui donne lieu de pré-
» sumer que toute intervention de la force
» publique sera sans utilité.

» Dès que vous aurez obtenu un décret con-
» forme à vos vues et aux miennes, » continua
Bernadotte, « faites-le-moi parvenir, et vingt
» minutes après je me trouverai au milieu de
» vous, avec mes aides de camp. Je me serai em-
» paré du commandement des troupes que j'aurai
» trouvées sur ma route, et nous verrons alors ce
» qu'il y aura à faire. S'il devient nécessaire de

» mettre Bonaparte hors la loi, vous aurez tou-
» jours pour vous l'un des généraux investis par
» les conseils, et vous pourrez compter sur une
» forte partie des troupes. »

Les députés partirent pour Saint-Cloud, disposés à suivre ce plan; mais lorsque la séance fut ouverte, le but qu'ils se proposaient se noya, comme de coutume, dans un déluge de phrases. On perdit un temps précieux en vaines divagations, en prestations de serments individuels; nulle décision utile ne surgit de ce chaos législatif... Bonaparte parut, et l'on sait ce qui se passa.

Lorsque le dictateur fut repoussé du conseil des cinq-cents, il dit avec émotion aux soldats : « Êtes-vous pour moi? — Nous sommes » pour la république, répondirent-ils. » Si Bernadotte, investi d'un commandement, se fût trouvé là, nul doute que la constitution de l'an III eût été maintenue. Bonaparte le sentait lui-même; car il répéta plusieurs fois dans cette journée: « Je ne crains pas que Bernadotte con-
» sente à ce qu'on m'assassine; mais il haran-
» guera la troupe, et voilà ce que j'ai à re-
» douter. »

On sait qu'après l'expédition de Saint-Cloud

Bonaparte, irrité contre ceux qui lui avaient rendu le triomphe difficile, fit arrêter plusieurs membres du conseil des cinq-cents. Bernadotte, informé de ce coup d'autorité, et le voyant avec une profonde indignation, courut chez Bonaparte. « En me communiquant vos
» projets, lui dit-il, vous m'avez fait entendre
» que les républicains ne devaient pas s'en alar-
» mer; vous n'en vouliez qu'à des chefs inha-
» biles, qui ne pouvaient tenir les rênes de
» l'état. Et voilà que, dès le lendemain, vous
» faites arrêter des hommes qui n'ont eu d'au-
» tre tort que de se méfier de vos desseins,
» qu'ils ne connaissaient pas, et de se montrer
» courageusement fidèles à leur premier ser-
» ment. Si c'est ainsi que vous remplissez vos
» promesses, ne dois-je pas me croire dégagé de
» celles que je vous ai faites, et que j'ai fidè-
» lement observées? »

Le consul fut-il frappé de la justice de cette réclamation, ou plutôt se crut-il encore trop faible pour mépriser une telle interpellation? c'est ce que l'on ne peut décider; mais il ordonna presque aussitôt que les républicains incarcérés fussent relâchés.

Ici se termine le rôle que le héros de cette

histoire joua dans les événements du 18 brumaire et leur suite; outre le courage avec lequel il refusa de prendre part à ce mouvement, il ne cacha nullement le dessein qu'il avait de s'y opposer; non pour élever, comme on l'a dit, autel contre autel, mais dans l'intérêt de cette république dont il s'était, depuis sa fondation, déclaré le fervent sectateur.

Sans doute cette conduite, opposée aux vues dominatrices de Bonaparte, dut exciter son vif ressentiment envers le général qui seul, au moins ouvertement, s'était porté sur la brèche pour défendre la constitution de l'an III. Mais Napoléon connaissait trop bien l'empire des réputations, pour environner de persécutions l'homme qui lui avait déplu si noblement; il continua de dérober son mécontentement sous une ample émission de témoignages d'estime et de haute confiance; Bernadotte y répondit par un dévouement sans bornes; et cette conduite réciproque leur fit honneur à tous deux.

CHAPITRE II.

Bernadotte conseiller d'état. — Général en chef de l'armée de l'Ouest. — Discours singulier du premier consul. — Situation déplorable des départements de l'Ouest. — Bernadotte repousse une expédition maritime. — Georges et Guillemotte. — Pacification morale tentée avec succès. — Lettres remarquables du premier consul. — Révolte de la 52ᵉ demi-brigade. — Ce qui en résulte. — Conspiration de l'Opéra. — Ceracchi. — Le buste de Bernadotte. — Soupçons du premier consul. — Investigation sur la conduite de Bernadotte. — Déposition des conjurés à cet égard. — Bernadotte nommé gouverneur de la Louisiane et ministre plénipotentiaire près les États-Unis d'Amérique. — La sibylle. — Singulières prédictions. — Elles se réalisent. — Bernadotte ne s'embarque pas. — Fin de la république française.

Au moment où les passions individuelles remuent un levier redoutable pour opérer le renversement de l'état politique, sans que des garanties suffisantes ressortent du système à établir, il est du devoir de tout citoyen courageux d'empêcher une subversion. Mais lorsque le changement est accompli, et que l'on songe à rentrer dans la légalité, le soutien d'un ordre de choses détruit, s'il aime sa patrie, doit la servir avec ses nouvelles institutions, à peine de passer pour s'être attaché aux hommes plutôt qu'au pays : ce qui est la plus intolérable des hérésies.

Bernadotte ne se livra point à cette persistance sacrilége; républicain déçu, mais patriote dévoué, il pensa que, n'ayant plus d'impulsion à donner, il lui restait des fonctions à remplir. Le nouveau chef de l'état, excellent juge des hommes, quand ses préventions ne l'égaraient pas, connaissait bien les sentiments et les principes du général qu'il n'avait pu rallier à ses projets : il le savait incapable de trahir les devoirs nouveaux qu'on attendrait de lui; et pour première preuve d'estime, il le nomma, par arrêté du 4 pluviôse an VIII, conseiller d'état (section de la guerre). « C'est l'absorber, » dit Sieyès à propos de cette nomination; « mais c'est prouver » qu'on n'ose pas l'oublier. » En prononçant ce jugement, l'ex-directeur plaçait à tort le général sur la même ligne que lui : Sieyès s'était laissé absorber, ou plutôt son prétendu patriotisme venait d'être tellement saturé d'or, qu'il avait perdu tout ressort possible de réaction. Bernadotte ne se serait pas laissé humilier ainsi : Bonaparte le sentit, et fit mentir la prévision de Sieyès, en donnant au général béarnais, la plus éclatante preuve de sa confiance. A peine avait-il eu le temps de prendre part aux délibérations du conseil d'état, que pouvait éclairer, sur les matières de la guerre, l'habile ministre de l'année précédente, l'organisateur du plan de campagne justifié déjà par des victoires, lorsqu'un décret du 28 germinal l'appela au commandement de l'armée de l'Ouest.

Alors le premier consul allait partir pour Dijon, où se réunissait l'armée dite de réserve, qu'il devait conduire en Italie. « Je vais me » jeter de nouveau, dans les hasards des ba» tailles, » dit-il à Bernadotte; « nous ne savons » ce qui doit m'arriver. Si je succombe, vous » vous trouverez à la tête de quarante mille » hommes, presqu'aux portes de Paris... dans » vos mains sera le sort de la république. »

De telles paroles, prononcées par un homme comme Bonaparte, ne sont pas d'une facile interprétation : on pourrait errer longtemps sans rencontrer la pensée qui préoccupait en ce moment cet esprit aux conceptions hardies... Cependant ne semblait-il pas dire au général qui, lors du mouvement de brumaire, avait montré autant de résolution pour défendre que lui pour attaquer : « si je tombe dans les champs de » la guerre, à vous le pouvoir... à vous l'em- » pire. »

Le nouveau poste confié à Bernadotte lui imposait des devoirs d'une exécution d'autant plus difficile, que sur les malheureuses contrées de l'Ouest se réunissaient tous les éléments de trouble et de combustion. Les habitants, il est vrai, las de guerres stériles, épuisés de ressources et de sang, aspiraient avec ferveur au retour d'une tranquillité assurée, dont ils avaient le plus grand besoin. L'herbe avait recouvert le soc de la charrue engagé et rouillé dans le sillon inachevé; les ronces poussaient sur le seuil des chaumières, veuves des pauvres paysans qui en étaient sortis le glaive à la main; et partout les populations survivantes montraient les livrées hideuses de cette misère, que la guerre traîne à sa suite. Mais des prêtres irascibles, mais des chefs tels que Georges et Guillemotte, à la tête de quelques bandes réunies de nouveau sur divers points, ranimaient de tout leur pouvoir le feu, mal éteint, des discordes civiles, et poussaient, avec menace, dans les champs du carnage, des citoyens qui eussent voulu demeurer paisibles.

Sur les côtes, de nombreuses voiles anglaises se dessinaient à l'horizon ; une flotte, portant dix-huit mille hommes de débarquement, menaçait le littoral breton, cherchait à s'emparer de Belle-Isle, et tentait d'incendier les établissements de Brest.

Telle était la situation des départements de l'Ouest, lorsque Bernadotte prit le commandement des troupes qui les occupaient. Arrivé le 9 prairial, il dut se mettre en marche le 17, au matin, pour s'opposer à un débarquement que l'ennemi préparait vers la presqu'île de Quiberon. Le général en chef, parti de Rennes avec quatre mille hommes, fut rendu à Vannes le 18, dans l'après-midi : la troupe venait de franchir vingt-six lieues. Pendant ce mouvement, Bernadotte avait fait parvenir à Quiberon l'ordre de défendre le fort de Penthièvre jusqu'à la dernière extrémité.

Trente-cinq bâtiments de guerre étaient d'abord en vue; mais le nombre des voiles augmenta successivement · le 23 à midi, on signala cinq vaisseaux, sept frégates et deux bâtiments de transport, à la hauteur de l'île Donath ; le soir vingt vaisseaux de guerre cernèrent la presqu'île de Quiberon, et vingt-sept autres parurent dans les courants de Belle-Isle ; tandis que, le même jour, trois frégates, trois cutters et cinq chaloupes canonnières firent des dispositions d'attaque à la baie de Pénerf.

Cependant, de tout cet appareil menaçant, il ne résulta que des débarquements partiels, s'élevant à six cents hommes, au plus, et de vives canonnades dirigées sur différents points. L'ennemi, repoussé par de faibles détachements français, fut contraint de se rembarquer, et ne put conserver aucune des parties de la côte sur laquelle il était descendu. Pendant les tentatives de l'expédition anglaise, des bandes de chouans se montrèrent dans les communes de Grandchamp et de Bignan ; quelques compagnies envoyées contre elles suffirent pour les obliger à se retirer dans les forêts de Camats et de la Noue. D'autres rassemblements de rebelles, formés au même instant vers Berg et à l'embouchure de l'Ars, se dissipèrent d'eux-mêmes après la disparition des Anglais. Tels furent les seuls résultats que purent obtenir les pressantes et brutales incitations de Georges et de Guillemotte ; en général le paysan breton leur résista : la cause des Bourbons, de ces Bourbons qu'ils n'avaient jamais vus, n'était plus pour eux qu'une fable redondante et vaine.

Ainsi se termina cette expédition maritime, dont les Anglais avaient fait beaucoup de bruit, et qui pouvait effectivement offrir un puissant renfort aux chefs royalistes de l'Ouest. Bernadotte, avec un corps équivalant à peine au tiers des troupes qu'on pouvait jeter sur la côte, non-seulement arrêta ce débarquement, mais prévint la réunion des bandes dispersées, auxquelles l'étranger eût offert un moyen de ralliement.

Le général en chef dirigea ensuite ses efforts vers la pacification morale du pays : il adoucit, par des proclamations, l'irritabilité des prêtres, ferment acrimonieux qui tendait sans cesse à réveiller l'esprit de révolte parmi les habitants des campagnes. Envers ces derniers, Bernadotte se montra plus conciliateur que guerrier : les commissions militaires, terrible mais utile institution, dont le nom et l'appareil devaient prévenir l'effet, sévirent rarement sous ce général. Il maintint la sévérité dans les formes ; mais l'indulgence présida toujours aux arrêts, et l'innocence était présumée dès que les preuves ne pouvaient établir la culpabilité. Le chef républicain assaisonna toutes ces sages dispositions de cette popularité communicative, qui ne manqua jamais de conquérir la conviction. Il parcourait le pays, prenait l'avis des administrateurs, rassurait les citoyens par son langage empreint de franchise et de persuasion, sans jamais promettre plus qu'il ne pouvait tenir. Enfin, il peignait sous un jour favorable les intentions du gouvernement, que d'autres influences avaient montrées perfides et cruelles : ce qui ne pouvait être en saine politique, ce qui n'était pas.

Bernadotte parvint ainsi à éteindre l'esprit de parti dans ces contrées, si longtemps malheureuses par ses fureurs. La gloire que lui acquit cette mission conciliatrice lui sembla plus pure, plus désirable que celle qu'il se fût procurée sur le champ de bataille, en combattant la rébellion, au lieu de la calmer. Le dernier service qu'il rendit à la république expirante consista à réunir sur son sein un grand nombre de ses enfants, longtemps insoumis.

Pendant les deux années que dura le commandement de Bernadotte dans l'Ouest, il n'y eut nulle part de rassemblements redoutables; mais le caractère inquiet du premier consul était peu rassuré par les rapports du général en chef. Il lui écrivit le 15 messidor an VIII : « Je vous
» envoie, citoyen général, mon aide-de-camp,
» chef de brigade d'artillerie Lauriston, que je
» vous prie de faire passer à Belle-Isle, afin qu'il
» visite la place et parle aux soldats et aux ha-
» bitants. A son retour, il vous rendra compte
» d'abord de ce qu'il aura vu ; après quoi il
» reviendra à Paris. Votre aide-de-camp m'a
» rencontré à Saint-Jean-de-Maurienne[1] ; je l'at-
» tendrai à Paris ; je vous le renverrai avec une
» réponse détaillée à toutes vos lettres. Deux
» demi-brigades, et spécialement la 92ᵉ, sont
» en marche pour vous rejoindre.

» On me donne beaucoup d'inquiétude sur
» les approvisionnements de Brest; dites-moi,
» je vous prie, ce qui en est, et ce qu'il faut
» faire. Je n'ai pas besoin de vous dire qu'il
» faut faire l'impossible.

» Faites donc arrêter et fusiller dans les vingt-

---

[1] Revenant d'Italie après la bataille de Marengo.

» quatre heures ce misérable Georges. Faites-
» vous remettre sous les yeux la liste de tous
» les officiers qui sont à Belle-Isle, et faites chan-
» ger ceux qui y seraient depuis trop longtemps.
» Il nous faut des hommes bien sûrs : l'or est
» le grand moyen des Anglais.

» Je vous salue et vous aime.

» BONAPARTE. »

Cette lettre, qui résume admirablement le caractère de Napoléon, fut suivie de celle-ci, dont le contenu n'est pas moins caractéristique :
« J'ai reçu, citoyen général, votre lettre du
» 7 fructidor ; j'ai nommé votre aide-de-camp [1]
» chef de brigade. Je n'ai aucune inquiétude
» sur ce que peuvent faire les Anglais de vos
» côtés, parce que vous y êtes.

» Nous avons grand besoin de mettre de l'é-
» conomie dans la solde, qui absorbe une grande
» partie des revenus de l'état.

» La légion expéditionnaire [2] sera probable-

---

[1] Le chef de bataillon Gérard, aujourd'hui maréchal de France ; il prit tous ses grades, jusqu'à celui de général de division, auprès de Bernadotte.

[2] Cette légion expéditionnaire, qui ne s'embarqua point, était destinée

» ment destinée à s'embarquer à la fin de ce
» mois; tâchez de lui faire fournir tout ce qui
» lui manque. J'ordonne au ministre de la guerre
» de lui faire passer les draps nécessaires. »

La conduite de Bernadotte dans les départements de l'Ouest était, ainsi que nous l'avons prouvé par les faits, digne des plus grands éloges : on peut même juger, d'après les lettres que nous venons de rapporter textuellement, que l'opinion du premier consul était toute favorable aux dispositions faites par ce général en chef. Mais le ressentiment qu'avait excité dans le cœur de Bonaparte le dissident de brumaire, fermentait de temps en temps, et dominait sa justice : en voici la preuve. Au moment où l'armée de réserve passa le Saint-Bernard pour surprendre les Autrichiens en Italie, Bernadotte amalgama dans quelques demi-brigades, et dirigea sur cette armée des corps francs, plus dangereux qu'utiles dans l'Ouest, parce que l'on avait reconnu qu'un bon nombre des individus qui les formaient s'était mis, purement et simplement, à la solde des chouans, alors plus régulière, il faut l'avouer, que celle des troupes

---

à se rendre en Égypte pour renforcer notre armée. La capitulation de celle-ci rendit ce secours inutile.

républicaines. Or, au moment où ces soldats, fort mal disciplinés, ainsi qu'on devait l'attendre de leur origine, se mirent en route pour Dijon, une insurrection sérieuse éclata à Vannes : la 52ᵉ demi-brigade, dans laquelle ces hommes équivoques se trouvaient assez nombreux, refusa de marcher jusqu'à ce qu'on lui eût soldé son arriéré. Vainement le colonel et ses officiers essayèrent-ils de rétablir l'ordre; ils furent méconnus, insultés, maltraités.

Informé de cette sédition, Bernadotte se rendit en poste à Vannes pour la réprimer; mais les mutins, présumant avec raison qu'il serait dangereux de l'attendre, se résignèrent : ils étaient partis à son arrivée. Néanmoins le général en chef, persuadé qu'on ne peut rien attendre d'une troupe qui a brisé le frein de la subordination, écrivit au général Liébert, commandant à Tours, de faire rassembler la 52ᵉ demi-brigade à son passage dans cette ville; de se présenter devant elle avec son état-major et les membres du conseil de guerre; de faire lire à haute voix le Code pénal militaire; de prescrire ensuite aux chefs des bataillons de lui remettre sur l'heure un ou deux hommes par compagnie, choisis parmi ceux qui s'étaient le plus fait remarquer durant la révolte, et de les livrer sans désemparer aux juges militaires.

Les ordres du général en chef furent exécutés ponctuellement : le général Liébert fit arrêter les principaux séditieux sur la place de Tours, en présence d'un grand nombre de citoyens, sans que le moindre désordre eût lieu.

Bernadotte s'était empressé de rendre compte des mesures qu'il avait prises au premier consul et au ministre de la guerre, Carnot; mais lorsque son rapport leur parvint, le résultat des ordres donnés à Liébert n'était pas encore connu. Bonaparte montra beaucoup de colère en lisant la dépêche du général en chef, et, laissant courir sa plume sous l'inspiration de ce premier mouvement, il écrivit en marge du rapport : « Le général Bernadotte a mal fait de » prendre des mesures aussi sévères contre la » 52ᵉ demi-brigade; n'ayant pas de moyens né- » cessaires pour la ramener à l'ordre, au sein » d'une ville où la garnison se trouvait insuffi- » sante pour repousser la multitude. »

Cette remarque, juste peut-être dans sa conception, devenait suspecte inscrite officiellement sur le rapport; et l'on doit convenir qu'elle révélait le fiel d'un homme charmé de trouver enfin l'occasion de blâmer. La connaissance de l'événement acheva de donner tort au premier consul, en justifiant les dispositions faites par Bernadotte, puisque non-seulement la 52ᵉ demi-brigade avait laissé punir les coupables, mais s'était empressé de dénoncer ceux qui n'avaient pas été signalés au premier moment.

Il faut ajouter, toutefois, que le ressentiment de ce blâme, rendu injuste par l'événement, se grava trop profondément dans la mémoire de Bernadotte; surtout si l'on considère que le chef du gouvernement fit lui-même amende honorable de son admonition précipitée, en comblant d'éloges la sagesse, la prévoyance et la fermeté du général en chef, dès que le récit de l'affaire de Tours fut parvenu à Paris.

« Tous les hommes, sans doute, sont sujets à commettre des erreurs, disait Bernadotte avec amertume; mais l'empressement du consul à improuver la conduite d'un chef militaire et politique, chargé de maintenir la discipline et l'obéissance aux lois, se montre ici plus empreinte de fiel que d'amour du devoir; car le gouvernement n'avait nullement besoin de précipiter ses résolutions, et pouvait attendre un résultat définitif, pour approuver ou condamner. »

Des amis de Bernadotte, sagement inspirés, et ayant égard à la rétractation de Bonaparte, se fussent efforcés de calmer le mécontentement du premier; ceux qu'il avait à Paris agirent dans le sens opposé : ils s'empressèrent de lui écrire tout ce que le consul laissait échapper de désobligeant sur son caractère ou sa conduite. Toutes les lettres que le général en chef recevait de la capitale lui annonçaient que la police formait des brigues et des conspirations secrètes contre lui; que des agents étaient répandus dans son armée, comme dans celle du Rhin, commandée par Moreau, pour tâcher de compromettre les états-majors de ces armées, afin d'avoir un prétexte pour disgracier les généraux qui les commandaient. Des bruits étranges, disaient toujours les amis officieux, circulaient dans ces mêmes états-majors : Un jour le premier consul se mourait; le lendemain la population de Paris était soulevée et la constitution de l'an III rétablie. Les personnes chargées de propager ces bruits observaient la contenance des généraux, et rendaient compte de leurs moindres impressions.

Ces rapports furent rejetés en partie par la raison supérieure du général en chef; mais il en crut assez, néanmoins, pour que sa susceptibilité, trop inflammable, fût vivement excitée. Elle se révéla dans une proclamation qu'il adressa aux troupes de l'Ouest, au moment de les quitter, en brumaire an x. « Le gouverne-
» ment, » leur disait-il, « m'a autorisé à me
» rendre à Paris; je laisse au général Delaborde
» le commandement de l'armée. Que ceux d'en-
» tre vous qui vont joindre leurs familles por-
» tent au milieu de leurs concitoyens l'exemple
» des vertus civiles : ce sont elles qui ont enfanté
» des prodiges militaires.

» Avant de m'éloigner, je vous dois, au nom
» du gouvernement, des éloges pour la conduite
» que vous avez tenue, tant que les discordes
» civiles affligeaient ces malheureuses contrées :
» c'est à votre activité, à vos veilles, à votre
» persévérance, qu'elles sont redevables de la
» tranquillité dont elles jouissent.

» La paix vous rend à une vie plus douce :
» jouissez dans le repos du souvenir de vos
» triomphes, *et ne perdez jamais de vue que*
» *l'élan de la liberté vous a conduits.*

» *Vous pouvez conserver votre gloire ; il est*

» *difficile que vous puissiez jamais l'augmenter.*
» Chacun de vous peut avec orgueil élever son
» âme aux plus nobles idées : presque tous les
» généraux qui vous ont conduits à la victoire
» sont sortis de vos rangs. »

Un commentaire sur cette proclamation serait superflu : on y découvre aisément les traces du ressentiment qu'avaient entretenu les amis mal inspirés de Bernadotte, par des rapports dont, en définitive, ils ne pouvaient attendre que de fâcheux effets.

Le premier consul et le général en chef Bernadotte se revirent sous l'influence d'un éloignement réciproque, que des circonstances nouvelles avaient augmenté; ils n'étaient évidemment liés l'un à l'autre que par le sentiment des besoins de la patrie : le consul ne pouvait consentir à se priver de la valeur et des talents du général; celui-ci se croyait engagé par l'honneur à conserver, tant qu'il le pourrait, au pays le concours de son zèle et de son dévouement.

L'ordre des événements amène ici le récit d'un fait peu connu, et qui prouve combien l'on doit se défendre des préventions, même lorsque les apparences les plus démonstratives semblent les justifier.

Dans le temps que Bernadotte commandait l'armée de l'Ouest, quelques républicains exaltés, n'ayant pu se consoler des coups mortels portés à la liberté par Bonaparte, et voyant que la république n'était plus qu'un mot, un vain son, conçurent, comme on sait, le projet d'attenter à la vie de celui qui marchait à grands pas vers le pouvoir souverain. Ceci se passait en 1801 : c'était la seconde conspiration tramée contre les jours du premier magistrat de la France; mais celle de l'année précédente avait été royaliste [1].

Parmi les conjurés, on comptait, au premier rang, Arena, ex-adjudant général, Topino Lebrun, peintre distingué, et Ceracchi, statuaire

---

[1] Bonaparte inclinait cependant, avec obstination, à la croire républicaine ; il fallut des preuves irrécusables pour le dissuader. Il est vrai que plusieurs des courtisans qui l'environnaient déjà contribuaient à le maintenir dans cette injuste opinion. On regrette d'avoir à citer parmi eux Volney, cet homme si profond, ce penseur si judicieux dans ses ouvrages, et qui, dans le commerce de la vie, eût dû montrer moins de légèreté. Le premier consul accusait l'ex-représentant Talot. « Ah ! oui, général, affirma l'auteur des *Ruines*, c'est un mauvais sujet. Je me souviens qu'au collége c'était toujours lui qui nous volait nos pommes. » A cette niaise et puérile sortie, Bernadotte, qui était présent, abaissa sur Volney un regard dédaigneux, et dit, en haussant les épaules : « Pauvre république !! ! Puis, prenant avec chaleur la défense du patriote accusé, le général prouva, par les faits, qu'on n'avait jamais eu à lui reprocher la moindre déviation de loyauté et d'honneur.

du premier mérite. Après d'assez longs conciliabules, qui furent tenus très-secrets, on s'arrêta au moyen de louer à l'Opéra une loge au-dessus de celle du premier consul, et de laquelle, au jour convenu, on lancerait des poignards sur lui, au moment où il s'avancerait pour saluer le public. Il ne s'agissait plus que de faire fabriquer des stylets propres à cette manœuvre meurtrière; mais aucun des conjurés ne se trouvait en état de pourvoir aux frais de cette fabrication. Ceracchi, prenant alors la parole, dit *qu'il attendait de l'argent de Bernadotte, et qu'il se chargeait de cette dépense.*

Cependant la police fut instruite que l'on confectionnait à Paris des poignards d'une forme particulière, et cette même police apprit bientôt qu'ils devaient être payés par Ceracchi, avec de l'argent reçu du général en chef de l'armée de l'Ouest. Or, par une coïncidence remarquable, ce général venait de demander un congé pour se rendre à Paris : il y était attendu le jour même où l'exécution du complot devait avoir lieu.

Les conjurés étant saisis, le premier consul envoya son frère, Joseph, chez Bernadotte, pour lui demander, en observant bien sa contenance, par quel motif il avait donné de l'argent à Ceracchi. Le général n'était point encore arrivé ; il fallut remettre à un autre moment l'investigation directe à faire auprès de lui. Mais Joseph se rendit immédiatement chez le banquier qu'il savait être chargé des affaires de son beau-frère, et lui demanda s'il n'avait pas reçu récemment de Bernadotte l'invitation de compter une somme quelconque au statuaire Ceracchi. Le banquier répondit qu'il croyait en effet avoir payé 1,200 francs à quelqu'un de ce nom, et qu'il allait s'en assurer. Vérification faite du livre de caisse, on obtint la confirmation de ce paiement, fait pour le compte et par l'ordre du général en chef de l'armée de l'Ouest ; mais le motif de ce même paiement n'était pas rapporté sur le registre consulté.

Le lendemain, Joseph retourna chez Bernadotte ; il était arrivé, mais absent. L'envoyé du premier consul fut satisfait, cette fois, de ne pas rencontrer le général ; son absence lui ménageait la facilité d'interroger madame Bernadotte, dont les réponses seraient d'autant plus décisives, qu'elles auraient été moins préparées. Joseph lui demanda donc, sans trop de préambule, si elle pourrait lui dire pourquoi son mari avait fait compter de l'argent à Ceracchi. Madame

Bernadotte répondit, avec une pleine liberté d'esprit : « Cet artiste avait sollicité longtemps
» du général la permission de modeler son buste;
» enfin il y consentit, et supporta l'ennui de
» quelques poses. L'ouvrage étant terminé,
» Bernadotte voulut récompenser l'auteur; mais
» Ceracchi refusa avec fierté ; assurant que c'é-
» tait à lui de remercier le général d'avoir bien
» voulu lui permettre d'offrir à ses amis et au
» public le portrait d'un capitaine illustre, qui
» avait si bien mérité de la patrie. Malgré ce
» fier refus et les protestations de désintéresse-
» ment qui l'avaient accompagné, Ceracchi, par
» l'entremise de R***, fit demander, après quel-
» ques mois, à Bernadotte le prix de son buste.
» Le général, se trouvant alors à Rennes, écrivit
» à son banquier de compter cinquante louis au
» réclamant. »

Ce récit, fait à Joseph par sa belle-sœur, du ton le plus calme, le plus naturel, et rapporté à Bonaparte avec fidélité, suffit pour dissiper ses présomptions ; mais bientôt il put en puiser de plus fortes dans les réponses des conjurés aux interpellations de la police. On avait demandé à chacun d'eux séparément ce qu'ils se proposaient de faire après avoir tué le premier consul, et sur quel personnage ils avaient jeté les yeux pour le remplacer à la tête du gouvernement. Presque tous avaient répondu que leur choix s'était fixé sur le général Bernadotte, qu'ils savaient être un bon républicain, un chef que l'armée environnait de sa confiance, et qui saurait la diriger pour la gloire et l'intérêt de la patrie.

Le premier consul, instruit de ces réponses, envoya demander avec empressement aux accusés s'ils avaient informé le général Bernadotte de leurs desseins, et s'il les approuvait. Ils répondirent qu'ils s'étaient bien gardés de lui faire une telle ouverture; connaissant trop bien le caractère de ce général pour avoir songé à le faire entrer dans une conspiration; mais qu'ils avaient pensé qu'on pouvait compter sur lui après l'événement.

Cette affaire étant ainsi éclaircie, et le général de l'armée de l'Ouest n'y ayant pris évidemment aucune part, Bonaparte jugea prudent de ne pas divulguer davantage des soupçons qui devaient s'évanouir. Il continua de donner à Bernadotte des témoignages d'estime et de confiance, sans bannir, toutefois, cette réflexion qu'il trouvait toujours le nom de ce général mêlé aux entreprises contraires à ses vues, ou qui compromettaient sa tranquillité.

Lorsque Bernadotte quitta définitivement les départements de l'Ouest, il emporta l'estime de tous les partis qu'il avait rapprochés; la rébellion était entièrement éteinte dans ces contrées : elle n'y reparut plus.

Dans l'intervalle qui s'écoula entre la pacification de l'Ouest et la guerre de 1805, nous trouvons parmi nos documents un récit qui prouve que si l'on peut contester, en quelques points, le parallèle établi entre Bonaparte et Bernadotte, on est au moins forcé de convenir que le dernier fut l'égal du premier dans la confiance aux pressentiments, et dans une certaine foi à la prédestination.

La Louisiane avait été cédée à la France par un traité signé à Saint-Ildephonse le 1er mai 1801; le premier consul, obsédé par une sorte d'instinct qui lui montrait sans cesse Bernadotte en opposition avec ses projets, songea à s'en débarrasser, en le jetant avec honneur hors de sa sphère : il lui offrit donc le gouvernement de cette colonie. Bernadotte accepta sur-le-champ, et persista dans son acceptation malgré toutes les représentations de ses amis, qui regrettaient de le voir s'éloigner de la France. Ce gouvernement lui convenait sous tous les rapports. Il se flatait d''y trouver le moyen de se soustraire à la domination de Bonaparte, comme il en avait assez souvent témoigné le désir; il y voyait aussi un chemin ouvert à cette élévation qu'il rêvait depuis son enfance. Bernadotte possédait, d'ailleurs, des notions aussi exactes qu'étendues sur la population et les ressources qu'offrait le pays où il allait commander. Cette grande contrée au sol fertile qui, perdue jusqu'alors pour la culture et la civilisation, n'avait servi qu'à nourrir quelques hordes sauvages, allait, sous sa direction, devenir florissante, par les faciles débouchés qu'offraient la rive droite du Mississipi et les ports qui commandent le golfe du Mexique. La Louisiane, enfin, apparaissait à Bernadotte comme le siége d'une domination qu'il lui serait facile d'agrandir. Il demandait au consul six mille hommes, nourris et soldés pendant deux ans, et lui offrait de les prendre ensuite à sa charge. Bonaparte se montrait disposé à accéder à ses demandes; mais les affaires s'embrouillaient avec l'Angleterre; il abandonna ce projet, et se décida à vendre la Louisiane aux États-Unis.

Ce fut pour le général Bernadotte un des plus grands chagrins qu'il eût éprouvés de sa vie. Le consul chercha à le consoler, sans oublier son but principal : celui d'éloigner un lieutenant incommode. Il lui proposa d'aller à Wasingthon pour terminer les négociations commencées avec Jefferson, et d'y rester en qualité d'ambassadeur de France aux États-Unis. Tout, cette fois, était bien convenu, et le départ ne pouvait manquer d'être prochain.

La frégate qui devait porter Bernadotte dans le nouveau monde était prête à le recevoir, au port de La Rochelle; une partie de ses effets y avait été déjà transportée; il partit de Paris pour aller à sa terre de *la Grange* prendre sa femme et son fils, ne doutant plus que ses destinées ne le fixassent en Amérique pour le reste de sa vie. Le colonel Gérard, son premier aide-de-camp et son ami, avait voulu suivre sa fortune; ils étaient tous les quatre dans la même voiture, qui venait de passer la grille. Le général jeta un dernier regard sur sa demeure, en disant : « C'est sans doute pour la dernière fois que je vois cette belle terre.

»—Je ne le crois pas, mon général, » répondit le colonel Gérard; et ces mots furent prononcés d'un ton qui semblait provenir de quelque notion secrète. « Comment tu ne le crois pas ! reprit avec vivacité le général; et quel motif as-tu pour en douter? » Madame Bernadotte, qui n'était pas aussi flattée que son mari d'aller en Amérique, ne se montra pas moins empressée de demander au colonel le fond de sa pensée. « J'étais, il y a quelques jours, leur dit Gérard, chez une de mes parentes qui s'intéresse beaucoup à moi; un si long voyage l'affligeait; elle s'exagérait les dangers de mer auxquels j'allais être exposé.

» Elle me parla d'une vieille femme dont les prédictions étaient fort remarquables, disait-on, en ce qu'elles s'accomplissaient ordinairement. Ma parente voulut consulter cette pythonisse; par condescendance, je consentis à l'accompagner chez elle. Après lui avoir parlé vaguement de mon prochain départ pour des contrées outre mer, elle lui demanda si je reviendrais jamais en France. La sibylle répondit: « Consolez-vous, le départ de votre parent » n'aura pas lieu, ni celui de son général : des » événements imprévus y mettront obstacle, » et vous le reverrez plus tôt que vous ne pen- » sez. » Ma parente m'a montré tant de confiance en cette prédiction, qu'elle a fini par me faire partager sa crédulité : j'ai le pressentiment que nous reverrons la Grange.—Oh! ma foi, reprit le général, au ton de ta première ouverture, je m'attendais à quelque raison plus sérieuse. » Madame Bernadotte, qui aurait bien voulu que les paroles du colonel eussent été mieux fondées, perdit son illusion d'un moment, et l'on finit par en rire en continuant la route.

Dès son arrivée à La Rochelle, le général apprit qu'une dépêche télégraphique, arrivée la veille, lui enlevait la frégate promise, et qu'elle allait transporter le général Ernouf à la Guadeloupe, où une insurrection venait d'éclater. Dans la nuit même, Bernadotte reçut un courrier du ministre de la marine qui, en l'informant de cette décision du premier consul, lui annonçait qu'une autre frégate, armée et équipée à Brest, viendrait incessamment le prendre à La Rochelle, pour le conduire à sa destination. Le général communiqua en riant cette dépêche à son aide-de-camp : « Voilà, lui dit-il, l'événement imprévu prédit par ta sibylle ; mais il n'aboutit qu'à nous faire passer ici quelques jours ennuyeux.

Cependant la frégate qui devait venir prendre Bernadotte à La Rochelle reçut, en sortant de Brest, le signal de rentrer : elle devait maintenant porter à Saint-Domingue environ deux millions pour fournir aux besoins les plus pressants de l'armée. Un officier, débarqué au Havre, avait appris au premier consul l'état de détresse où se trouvait alors Rochambeau, et l'urgente nécessité de lui fournir les moyens de conserver cette colonie. Le ministre Decrès, en informant le général ambassadeur de ce nouveau retard, lui annonça qu'une frégate en réparation à Rochefort serait bientôt prête à prendre mer; que le préfet maritime avait ordre de presser les réparations, et d'exécuter ce que le général lui prescrirait pour la distribution et l'arrangement intérieur. Bernadotte se rendit à Rochefort, afin de s'aboucher avec ce fonctionnaire, et de voir par lui-même en quel état se trouvait la frégate qu'on lui destinait. Le préfet assura que sous quatre jours, elle pourrait mouiller entre La Rochelle et l'île d'Aix.

Rentré à La Rochelle, Bernadotte dit gaiement à Gérard : « Voilà bien encore un accident imprévu prédit par la devineresse; mais nous n'en irons pas moins en Amérique, et tu ne reverras pas la Grange. — Qu'en savons nous? répondit

le colonel : nous en sommes au second obstacle inattendu, n'en peut-il arriver un troisième? » Gérard parlait encore lorsqu'on annonça le commandant de la place, qui remit au général ses lettres de Paris, avec le *Moniteur*. Par ces dépêches, Bernadotte apprit que la négociation qu'il allait suivre à Wasingthon était terminée, et que la Louisiane était définitivement cédée aux États-Unis. Le *Moniteur* lui apprit la déclaration de guerre de l'Angleterre à la France. « Oh! pour le coup, s'écria-t-il en s'adressant à son aide-de-camp, je veux donner raison à ta sibylle : prépare-toi à partir sur-le-champ pour porter au premier consul la lettre que je vais faire; » et il écrivit. « A mon retour de Roche-
» fort à La Rochelle, j'apprends des événements
» qui me font regarder ma mission en Améri-
» que comme terminée, et je vois, dans le
» *Moniteur*, que l'Angleterre déclare la guerre
» à la France. J'offre au gouvernement mes
» services et mon épée; je partirai demain pour
» Paris. » Une heure après, le colonel Gérard était en route; le général partit le lendemain avec sa femme et son fils.

Le premier consul n'apprit pas sans colère que Bernadotte eût pris si lestement son parti, et qu'il revînt à Paris sans son ordre. Joseph, sa femme et sa famille parvinrent à l'apaiser ; le général conserva son traitement de commandant en chef ; mais il n'eut pas en ce moment de nouvelle destination.

Les amis et les parents s'intéressèrent vivement à remettre Bernadotte en bon accord avec le premier consul. Bonaparte n'était organisé ni pour la haine ni pour la crainte ; il désirait que toute sa famille, pour être forte, fût toujours unie. Lorsque le Béarnais paraissait aux Tuileries, il lui faisait un accueil bienveillant ; le regardant comme un homme propre aux grandes choses, mais tourmenté par une ambition qui ne trouverait jamais sa place dans la sphère d'une domination absolue.

Le général et son aide-de-camp avaient donc revu la Grange, et Bonaparte laissait au premier le temps de réfléchir sur les vicissitudes des choses humaines et sur les prédictions. Dans cette période d'inaction, qu'il supportait avec peine, Bernadotte dit un jour à son ami : « Eh ! » comment va ta vieille devineresse, qui nous » avait si bien prédit notre retour ici ? — Ma » foi, général, je n'en sais rien ; mais j'avoue » que j'ai souvent pensé à cette prophétie...

» On m'assure qu'elle en a fait depuis qui n'ont
» pas été moins exactes... Aujourd'hui que tout
» prend une marche si extraordinaire (janvier
» 1804), il serait curieux de savoir ce qu'elle
» aurait à vous raconter?... Voulez-vous faire
» sa connaissance? — Parbleu! volontiers, ré-
» pondit le général... Informe-toi de sa demeure,
» et prends tes mesures pour que nous puissions
» la voir sans être reconnus. »

Aux jour et heure donnés par la pythonisse, Bernadotte et Gérard arrivèrent à un logement de médiocre apparence. Le colonel présente son ami comme un négociant très-riche, qui fait de grandes entreprises commerciales sur diverses places de l'Allemagne, et qui désire savoir si elles réussiront. La vieille femme, toisant le général d'un air d'incrédulité, dispose son tarot, paraît bientôt plongée dans de profondes contemplations, et garde longtemps le silence. Levant enfin les yeux sur Bernadotte : « Mon-
» sieur, lui dit-elle, vous n'êtes pas négociant :
» vous êtes militaire, et même dans les hauts
» grades. » Sur les assurances qu'on lui donna du contraire, elle sourit en hochant la tête, et continua : « Eh bien! monsieur, si vous vous
» livrez à des opérations de commerce, le succès

» ne couronnera pas vos entreprises, et vous
» serez forcé de les abandonner pour suivre la
» route qui vous est tracée. » Elle reprend les
cartes, les examine de nouveau, et paraît les
combiner avec une grande attention. « Mon-
» sieur, poursuit-elle, non-seulement vous êtes
» dans les hauts grades militaires, mais vous
» êtes ou vous serez parent de *l'empereur*. —
» De quel empereur? s'écrièrent à la fois les
» deux consultants. — Je voulais dire du pre-
» mier consul... mais bientôt vous le verrez em-
» pereur. » Puis ses doigts se promènent sur les
points cabalistiques dont la table est couverte,
et elle paraît frappée d'une nouvelle vision.
« Oui, dit-elle, il sera empereur !... Mais voilà
» quelques nuages qui vous séparent. » Bernadotte jette un regard d'intelligence sur Gérard.
La devineresse poursuit : « Il n'a pourtant pour
» vous aucun éloignement, et vous éprouvez
» de l'affection pour lui... Ah! comme son étoile
» monte! » La vieille s'arrête un instant, et sa
figure semble s'allonger de surprise... « Mon-
» sieur! reprend-elle avec feu, il faut éviter de
» vous brouiller avec lui, car il sera bien puis-
» sant... Il verra tout le monde à ses pieds...
» Et vous, loin, bien loin de lui, *vous serez*

» *roi...* Oui, répète-t-elle, en grossissant sa voix, » vous serez roi... » Et la suspension se prolongeant : « Eh bien! lui dit le colonel. — Je n'en puis » annoncer davantage, car je ne vois plus rien, » murmura la vieille avec humeur, en ramassant brusquement tout son grimoire, et paraissant accablée de fatigue.

Le général et son aide-de-camp étaient entrés chez cette femme, croyant y trouver un sujet de plaisanterie; ils en sortirent sérieux et pensifs. Bernadotte fut d'abord tenté de croire qu'il y avait quelque mystification dans ce qui venait de se passer; mais l'attachement et la loyauté du colonel lui firent repousser une telle supposition. Ils se sont bien souvent rappelé cette scène : ni le roi ni le maréchal n'ont pu l'oublier [1].

Quelques mois après ce que nous venons de raconter, Bonaparte acheva d'anéantir cette république, dont le nom devait traîner deux ans encore dans les almanachs, comme une vaine dérision. La voix du héros de cette histoire fut certainement l'une des dernières qui

[1] Cette singulière anecdote a été confirmée tout récemment, et par le roi de Suède et par M. maréchal Gérard, à la mémoire de qui Sa Majesté en avait référé.

osèrent revendiquer l'effet des promesses du
18 brumaire au matin, et la conservation de
ce gouvernement populaire si chèrement acquis, si malheureusement abandonné. Bernadotte s'était élevé aussi, dans le conseil d'état,
contre le concordat, qui pouvait ressouder un
jour les chaînes sacrées de la France, et contre
la Légion-d'Honneur, ordre quasi-chevaleresque, qui venait étendre ses nouveaux parchemins sur le pacte civique qu'une génération
traçait depuis dix ans avec son sang.

CHAPITRE III.

Bernadotte maréchal d'empire. — Gouverneur-général du Hanovre. — Sagacité administrative. — Diverses mesures, dans l'intérêt du pays et dans celui de l'armée. — Le général Von-Gonheim. — Le sergent de Royal-la-Marine. — Abus réprimés. — Résultats satisfaisants obtenus par des moyens bornés. — L'université de Gœttingue. — Anecdote. — Sollicitude tendant à prévenir la disette. — Conspiration. — Clémence du maréchal. — Bernadotte quitte le Hanovre avec les troupes françaises. — Elles forment le premier corps de la grande armée. — Le maréchal s'est acquis l'estime et la reconnaissance des Hanovriens. — Bernadotte reprend Munich aux Autrichiens. - Il protége le siége d'Ulm. — Il occupe la Bohême. — Il concourt puissamment à la victoire d'Austerlitz. — Le premier corps occupe le marquisat d'Anspach. — Bernadotte prince de Ponte-Corvo.

Bernadotte, qui venait d'être compté parmi les derniers défenseurs de la république, figura parmi les premiers dignitaires de la nouvelle monarchie : il fut nommé maréchal d'empire par décret du 10 mai 1804. Mais ces honneurs, émanés d'une couronne qu'il considérait comme usurpée sur les droits de la nation, flattèrent peu l'orgueil de ce général, resté Romain de la république à la cour d'un autre Octave.

L'empereur s'en aperçut; le nouveau maréchal fut envoyé dans le Hanovre, pour commander l'armée française stationnée sur ce point, et gouverner le pays.

A son arrivée (vers le milieu de l'année 1804), Bernadotte mit à l'ordre la proclamation suivante, sous la date du 28 prairial an XII : « Sol-
» dats, sa majesté l'empereur, en me conférant
» le commandement de l'armée d'Hanovre, m'a
» chargé particulièrement de m'occuper de vos
» besoins; je remplirai avec plaisir les devoirs
» qui me sont imposés. A votre tour, méritez
» la constante sollicitude d'un gouvernement
» sage et paternel; continuez d'être dociles à la
» voix de vos chefs; soyez sans cesse fidèles à
» cet honneur qui toujours a caractérisé les
» armées françaises; chérissez à jamais la main
» conservatrice qui a sauvé votre patrie : elle
» assure à vos pères la garantie de leurs pro-
» priétés, à vous la récompense de vos services,
» et à tous une vieillesse tranquille et heureuse.

» Répétez, avec vos généraux et avec tous les
» bons Français : *Vive l'Empereur!* »

Sans doute, le vernis des cours recouvrait ici des pensées peu conformes aux sentiments du maréchal; mais, sujet trop fidèle pour être encore orateur piquant, Bernadotte laissait remarquer dans cette proclamation un notable amendement apporté à l'éloquence républicaine dont ses adieux à l'armée de l'Ouest avaient été empreints. Peu de jours après avoir mis cette même proclamation sous les yeux de l'armée, le maréchal rendit à l'empereur un compte très-détaillé de la fête célébrée à Hanovre pour son élévation au trône : solennité à laquelle avaient assisté tous les fonctionnaires du pays. Bernadotte disait en terminant sa dépêche :

« J'ai distribué, en présence de toute la gar-
» nison, un sabre et deux fusils d'honneur à des
» militaires qui se sont distingués dans diffé-
» rentes batailles. »

Ces armes d'honneur, récompense vraiment digne du brave, durent être les dernières décernées à l'armée de Hanovre; et ce fut presque aussitôt que le maréchal, nommé grand cordon de la Légion-d'Honneur, distribua, au milieu d'une nouvelle solennité, les décorations accordées par l'empereur aux membres de cette légion.

Cependant la promesse faite par le gouverneur général aux troupes placées sous son commandement fut promptement accomplie : des magasins se formèrent dans toute l'étendue du Hanovre, sans secousses, sans que les habitants fussent tourmentés; la plus grande régularité présida aux approvisionnements; et toutes les vexations, toutes les subtilités cupides, si souvent inhérentes à ces sortes de dispositions, furent prévenues, grâce à une active surveillance.

Parmi les mesures qui furent prises par le maréchal pour constater les ressources du pays, en même temps que pour prévenir l'abus qu'on en pouvait faire, nous devons citer une série de questions adressée à la régence de Hanovre le 7 messidor : ce document est un gage de sollicitude et de prudence tout à la fois. Ces questions portaient : « A combien s'élève le revenu brut du pays? quel est le produit de l'impôt auquel il est assujetti : 1° sur le sol; 2° sur les personnes; 3° sur les objets de consommation; 4° sur ceux de luxe; 5° sur les droits de circulation?

» Ajouter à ces divers produits ceux provenant des biens séquestrés, des domaines et forêts appartenant à l'électeur, des villes, bourgs et villages.

» Indiquer le revenu des différentes corporations, sans en excepter les cultes catholique et protestant.

» A quelle somme s'élèvent les capitaux hanovriens placés sur le gouvernement anglais, et qui font partie de la dette publique d'Angleterre? Déclarer si les intérêts en sont régulièrement payés.

» Que produisent les usines, fabriques, salines, mines de toute espèce?

» Après avoir établi la nature des objets qui sont ou doivent être assujettis à l'impôt et composer le revenu de l'électorat, la régence indiquera les améliorations qu'elle se propose de faire, ainsi que les moyens à prendre pour arriver au résultat le plus satisfaisant. Elle fera connaître ensuite quelle est la masse du numéraire en circulation, et si elle suffit aux besoins du pays.

» A combien s'élève la dépense de l'administration civile? On comprendra dans cet article le salaire de tous les fonctionnaires de l'électorat, en commençant par la régence; et l'on indiquera quelles économies pourraient être faites sur cette partie.

» La régence mettra sous les yeux du maréchal gouverneur les marchés et traités qu'elle a dû passer avec des entrepreneurs pour la nourriture de l'armée : pain, viande, vin, eau-de-vie, vinaigre, sel; pour le service des fourrages, pour l'habillement et l'équipement des troupes, pour les transports divers.

» Quels moyens la régence a-t-elle pris pour que les magasins soient et restent pourvus ?... Rapporter des états de situation des versements; faire connaître les abus, si la régence en connaît.

» Quelles sont les dettes des états? à quel intérêt ont-ils emprunté? quel fonds est affecté au paiement de cet intérêt et au remboursement du capital? La régence croit-elle avoir besoin de nouveaux emprunts? dans ce cas, pense-t-elle qu'ils pourraient être remplis? par qui et à quelles conditions? »

» Existe-t-il des créances sur le roi d'Angleterre, sur les états ou sur d'autres princes voisins? quel en est le montant? sont-ce des effets négociables dont on puisse payer la solde des troupes; et de quelle nature sont-ils?

Le gouverneur général ajoutait : « Pour répondre aux différentes questions qui viennent d'être posées, la régence doit s'exprimer avec franchise et bonne foi; par ce moyen, elle évitera toutes les mesures de rigueur qui pourraient être prises; elle assurera la tranquillité des habitants de l'électorat; et le maréchal se plaira à vivre parmi les Hanovriens, comme au milieu d'un peuple ami, en s'abandonnant à l'espoir de leur faire oublier les malheurs de la guerre.

Bernadotte fut compris par les autorités du pays : elles lui firent des déclarations sincères, dont il profita pour épargner à ces contrées, des charges d'autant plus accablantes, qu'elles eussent été imposées plus aveuglément. Sa sollicitude ne s'arrêta pas aux soins dont l'armée était l'objet; il les étendit aux habitants eux-mêmes. L'électorat, alors menacé d'une disette, devint, peut-être grâce à l'administration du maréchal, l'une des parties de l'Allemagne où ce terrible fléau exerça le moins de ravages. Chaque semaine, il visitait les magasins, s'en faisait présenter l'inventaire, et s'assurait que nulle fraude n'y était commise. Puis il se rendait chez les boulangers, afin de voir par lui-même si l'on préparait, pour chaque jour, la quantité de pain nécessaire à la population. Plusieurs fois, il arriva que, malgré des mesures aussi sages qu'actives de la part des magistrats, secondés par le gouverneur, le grain et la farine manquèrent dans les marchés. Alors ce général faisait ouvrir les magasins militaires, et les citoyens y trouvaient les ressources dont ils allaient être privés.

Au moment où le laboureur hanovrien s'occupait de préparer une meilleure année, le maréchal favorisa de tout son pouvoir l'agriculture, en défendant, sous des peines graves, de frapper des réquisitions de chevaux ou de voitures, hors les cas absolument indispensables.

Sous beaucoup d'autres rapports, Bernadotte s'attachait à rendre la domination française légère et bienveillante : tâche difficile dans un pays où l'on n'était pas moins anglais, par le cœur, qu'à Londres ou à Oxford... Les salons du gouverneur étaient toujours ouverts à la société hanovrienne; son affabilité, celle de ses officiers, et les égards dont tout ce qui tenait à l'état-major environnait ces anciens sujets de l'Angleterre, finirent par concilier au moins leur estime aux vainqueurs qui agissaient avec des formes si polies et si généreuses.

Bernadotte aimait surtout à recevoir ces vieux guerriers hanovriens, que les campagnes du dix-huitième siècle ont placés haut dans les fastes de la guerre. Il reconnaissait en eux les émulateurs de cet esprit militaire dont le grand Frédéric avait été le type ; et quoiqu'il n'admirât pas sans restriction ce fanatisme qu'on a nommé l'obéissance passive, parce qu'il éteint l'âme du soldat à force de la soumettre, du moins voyait-il avec respect ces nobles débris des phalanges stoïques opposées jadis aux maréchaux de Saxe et de Lowendal. « Messieurs, disait un jour le maréchal en parlant à ses officiers, vous avez vu ces antiques édifices, rendus indestructibles par un art dont les Romains des temps héroïques ont emporté le secret dans la tombe ; eh bien ! telles furent les colonnes auxquelles ces vétérans hanovriens appartinrent : La discipline était leur ciment romain ; on écrasait ces pierres humaines, on ne les désunissait pas... C'est ainsi qu'on les vainquit à Fontenoy ; « mais il faut convenir, ajouta Bernadotte en riant, que ni la masse d'armes ni la tradition de Charles-Martel ne se sont jamais perdues en France. »

Parmi les officiers hanovriens que le maréchal-gouverneur recevait, il distingua le général Von Gonheim, vieillard aimable et généralement estimé. Il avait servi autrefois dans l'Inde auprès de la compagnie anglaise. Comme tous les vieux militaires, celui-ci se plaisait à raconter des combats, surtout ceux auxquels il s'était trouvé. Un jour, à la table du gouverneur, il vint à parler du siége de Kuladore en 1783, et de la sortie que le commandant français, M. de Bussy, avait tentée malheureusement, avec un renfort que venait de lui amener l'escadre de Suffren. Tout à coup l'honorable vétéran s'anima en parlant d'un jeune sergent de Royal-la-Marine, blessé et qui se trouvait au nombre des prisonniers tombés au pouvoir des Anglais. « J'étais alors colonel, continua Von Gonheim; ce militaire, qui me fut amené, s'attira mon attention par sa conduite, autant que par sa manière de s'exprimer. Je le fis transporter dans ma tente; mon chirurgien lui donna tous les soins qu'il m'eût donnés à moi-même; enfin ce jeune Français sut si bien mériter mon affection que je le gardai avec moi longtemps après sa guérison et jusqu'à l'époque de son échange. Depuis lors, ajouta le vieux général avec attendrissement, je n'ai pas eu de ses nou-

velles... — « Je vais vous en donner, dit vive-
» ment Bernadotte... Ce sergent blessé sous les
» murs de Kuladore, ce prisonnier auquel vous
» sauvâtes la vie, c'est le maréchal qui vous parle
» en ce moment ; qui s'estime heureux de re-
» connaître publiquement ce qu'il vous doit,
» et qui ne laissera échapper aucune occasion
» de prouver sa reconnaissance au général Von
» Gonheim. »

La scène qui suivit se devine : les embrasse-
ments, les larmes, l'expansive effusion du bon
Hanovrien étaient une conséquence naturelle
de cette singulière reconnaissance, à laquelle les
officiers de Bernadotte ne concevaient rien,
eux qui savaient qu'il n'avait jamais servi dans
l'Inde.

Lorsque Von Gonheim se fut retiré, les aides-de-camp du maréchal lui demandèrent gaiement quel but il s'était proposé en se faisant
solidaire de la reconnaissance du sergent de 1783,
jusqu'à se substituer à lui... « N'avez-vous pas
» vu, répondit Bernadotte, combien cet excel-
» lent vieillard était heureux en se rappelant le
» service rendu à un militaire du régiment où
» j'ai fait mes premières armes ; j'ai voulu con-
» tinuer son bonheur : qu'importe que ce fût

» par une erreur... Je viens de faire naître pour
» cet honnête Hanovrien l'un des moments les
» plus fortunés de sa vie... Qui sait, Von-Gon-
» heim accusait peut-être d'ingratitude son
» obligé du régiment de Royal-la-Marine; il y
» avait une bonne réminiscence de l'esprit de
» corps à justifier mon ancien camarade. »

En lisant cet épisode de la vie du général béarnais, on pourra peut-être y voir un trait de son pays ; mais la réflexion y fera reconnaître plus essentiellement l'épanchement d'un bon cœur, et l'élan d'une âme généreuse, que gênait l'idée d'une dette de gratitude non acquittée [1].

Affable dans tous ses rapports, Bernadotte ne se montrait sévère qu'envers les exacteurs et les fauteurs de dilapidations : il les atteignait avec un bras d'Hercule. A l'appui de cette assertion, nous rapportons une lettre qu'il écrivit, le 7 messidor an XII, à l'ordonnateur de son armée : « D'après les états que je me suis fait

---

[1] Les journaux du temps, et, depuis, plusieurs biographes, ont dénaturé cet épisode ; nous le rapportons ici de la seule manière qui soit vraie et même vraisemblable; car le maréchal n'avait appris assurément la présence de Von Gonheim au siége de Kuladore que de lui, et n'a pu concevoir son petit drame que d'après le récit du général hanovrien.

» présenter, j'ai reconnu, monsieur, qu'il avait
» été pris, dans le mois de ventôse, des magasins
» destinés à alimenter l'armée, environ soixante
» mille rations de vivres et près de dix-huit
» mille rations de fourrages au-delà de ce qui
» était dû aux parties prenantes. Un tel désor-
» dre, en absorbant toutes les ressources de
» l'électorat, arrêterait bientôt les distributions,
» et plongerait les habitants dans la plus grande
» misère, s'il n'y était promptement remédié.
» Vous voudrez bien écrire à tous les chefs de
» corps que mon intention est qu'ils totalisent
» leurs bons à la fin de chaque mois, conjoin-
» tement avec le quartier-maître; en les préve-
» nant que chaque ration de vivres prise en
» trop sera payée vingt-cinq sous, et chaque
» ration de fourrages trente sous. Vous ordonne-
» rez aux commissaires des guerres de surveiller
» l'exécution de l'ordre que je vous donne, et
» vous me rendrez compte, le 15 thermidor au
» plus tard, de ce qui aura été pris en trop
» pendant le mois de messidor. Vous voudrez
» bien y ajouter un rapport particulier sur les
» quartiers-maîtres dont l'administration pour-
» rait provoquer une attention particulière.
» J'écris à M. Catus, inspecteur aux revues,

» pour qu'il ait à vous faire passer l'extrait des
» revues du 1ᵉʳ au 15 de chaque mois. »

Toute mesure illégale prise dans l'étendue du commandement de Bernadotte, quels qu'en fussent l'objet et l'auteur, provoquait sa sévérité, et l'erreur involontaire, elle-même, ne mettait pas à l'abri de ses réprimandes. Informé que le général de brigade Frère avait fait saisir à Harbourg, des ballots de marchandises anglaises, et en avait ordonné la vente immédiate, le maréchal écrivit au général Drouet : « Je ne puis
» qu'improuver la précipitation avec laquelle
» le général Frère a pris cette décision. Les lois
» commerciales exigent qu'un procès-verbal soit
» dressé et que les formalités soient remplies;
» je n'aurais pu moi-même autoriser une pa-
» reille vente, sans en avoir obtenu l'ordre du
» gouvernement.

» Comme le général Frère a agi de bonne foi
» dans cette occasion, vous lui ferez simple-
» ment des reproches d'amitié, et vous lui direz
» de suspendre la vente des marchandises an-
» glaises, jusqu'à ce qu'il ait reçu de nouveaux
» ordres [1]. »

---

[1] Les marchandises produisirent environ 400,000 fr., qui furent affectés à la solde de l'armée.

Lorsque le maréchal avait pris le commandement du Hanovre, la solde offrait un arriéré de cinq mois, s'élevant à près de quatre millions ; les ressources pour acquitter cet arriéré étaient à peu près nulles. Cependant, dès le 12 messidor, on était parvenu à faire payer un à-compte d'un mois ; et bientôt le gouverneur général trouva dans son activité, dans sa sollicitude, un moyen nouveau d'acquittement.

Le comte souverain de Bentheim avait autrefois engagé, envers le roi d'Angleterre, la possession du comté de ce nom. Or, son fils, actuellement appelé à régner sur ce pays, venait de conclure avec M. de Talleyrand, ministre des relations extérieures de l'empire français, une convention d'après laquelle il rentrait en possession de l'héritage de ses pères, moyennant un versement de 800,000 fr. fait au trésor impérial ; le maréchal parvint à faire changer cette dernière disposition. Sur les vives et directes sollicitations qu'il adressa à l'empereur, sa majesté permit que cette somme fût versée dans la caisse du payeur général de l'armée d'Hanovre, et les habitants de l'électorat furent déchargés d'autant.

Le maréchal, dans le cours de ses tournées,

visita plusieurs fois la principauté de Gœttingue, afin de passer en revue les troupes françaises qui s'y trouvaient cantonnées. Dès son arrivée, il avait eu soin de promettre sa protection à la célèbre université de ce nom; voici le message qui parvint aux recteurs et professeurs :
« Je réponds, messieurs, à la lettre que vous
» m'avez fait l'honneur de m'écrire le 7 mes-
» sidor. Vous pouvez compter sur la protection
» de l'armée française; elle ne gênera en rien
» l'état florissant de votre université; elle se
» plaira au contraire à donner aux étrangers
» que vos connaissances et votre réputation at-
» tirent auprès de vous, la sécurité et la con-
» fiance les plus absolues. »

Lorsque le gouverneur général arrivait à Gœttingue, une députation nombreuse, composée des dignitaires et principaux professeurs, ne manquait jamais de venir lui rendre ses hommages de respect, on pourrait ajouter de reconnaissance; car, fidèle à sa promesse, il protégea de tout son pouvoir ce corps savant, et comprima, par des bienfaits plutôt que par des précautions, l'esprit inflammable d'une jeunesse étudiante réputée si redoutable. Nous citerons, à cette occasion, un trait qui prouvera que la conduite de Bernadotte, dans son gouvernement du Hanovre, avait été vivement appréciée, même parmi les ennemis de la France.

Un seigneur russe, qui avait étudié à Gœttingue, faisait parvenir tous les ans à la bibliothèque de l'université une caisse de livres assez considérable. Depuis deux ans l'envoi manquait; mais environ trois mois après l'arrivée du maréchal gouverneur, le professeur Reuss, bibliothécaire, reçut trois caisses à la fois, avec une lettre où le donataire disait : « Vous avez
» pu croire mes envois supprimés; ils n'étaient
» que suspendus, et cela par la crainte assez fondée, qu'ils ne parvinssent pas à leur destination. Aujourd'hui vous avez pour gouverneur
» le général Bernadotte, et tout ce que je sais
» de lui m'assure que je puis mettre au courant,
» sans crainte de mécompte, la dette de gratitude de votre ancien et toujours affectionné
» disciple. »

Vers la fin de l'année 1804, la rareté des grains, dans l'électorat d'Hanovre, devint inquiétante, malgré l'active sollicitude du maréchal; les inondations avaient détruit une grande partie des récoltes; et l'importation de ces denrées, permise par l'empereur, n'avait produit qu'une ressource insuffisante, parce que des spéculateurs cupides s'en étaient emparés. Dans cette extrémité, le gouverneur général, craignant qu'une disette ne frappât, non-seulement l'armée, mais les habitants, se détermina à écrire la lettre suivante à M. de Laforêt, ambassadeur de la cour de France à Berlin.

« Les pluies abondantes et le débordement
» des fleuves ont ravagé, monsieur, une partie
» des récoltes de cette année, dans toute l'éten-
» due de l'électorat. Les derniers états de grains,
» réunis très-récemment, comparés avec la
» consommation de l'année dernière, nous don-
» nent la triste certitude que nous ne pouvons
» vivre longtemps sans secours extraordinaires.
» J'ai pensé que, dans une telle circonstance,
» S. M. le roi de Prusse voudrait bien permet-
» tre qu'on exportât mille lastes de seigle, pris
» dans les ports de la Baltique qu'il lui plairait
» de faire désigner. Je vous prie, monsieur,
» d'avoir l'obligeance de faire cette demande au-
» près du ministre de sa majesté, et si elle peut
» être accordée, de vouloir bien faire expédier
» la permission le plus tôt possible, afin qu'on
» puisse en profiter avant l'arrivée des glaces.
» Je vous offre, monsieur, mes remerciements

» d'avance ; bien persuadé que vous emploie-
» rez avec plaisir vos bons offices dans une
» affaire qui intéresse si puissamment l'exis-
» tence de l'armée française et des habitants
» du Hanovre. »

Les fonds nécessaires à la solde ne donnaient pas lieu à des dispositions moins laborieuses que celles relatives aux subsistances, et l'argent devenait encore plus rare que les grains dans l'électorat. Cependant, le maréchal s'était prêté à l'exécution de toutes les mesures financières qui lui avaient été proposées par la commission exécutive, pour assurer cette partie importante du service. Seulement il s'était toujours opposé à ce que les classes malaisées fussent comprises dans la répartition des divers impôts que la nécessité rendait indispensables : bien plus, ce dignitaire avait ordonné que des soupes dites à la *Rumfort* fussent distribués journellement à huit cents pauvres, afin de les aider à supporter une époque calamiteuse.

Le maréchal écrivait un jour à la commission : « Je consens à ce que vous ordonniez une
» taxe de guerre sur les capitalistes, négociants
» et propriétaires des terres et maisons ; mais
» en même temps mon intention formelle est

« que les terres nobles, seigneuries, chapitres et
» généralement toutes les personnes privi-
» légiées soient comprises dans cette taxe de
» guerre. Vous donnerez en conséquence des
» ordres de détail aux colléges des provinces,
» et vous me ferez parvenir un état nominatif
» de tous ceux qui seront compris dans votre
» taxe. Ma volonté bien prononcée, messieurs,
» est que tout particulier pauvre, chargé de fa-
» mille, ne soit pas imposé. »

Tout ce que nous venons de rapporter tendait à rallier, sinon des affections, du moins le respect et la soumission au gouvernement du maréchal Bernadotte; et nous devons ajouter que ces sentiments étaient ceux d'une grande partie de la population. Mais l'Angleterre conservait ses influences dans le Hanovre, surtout parmi les habitants de cet électorat dont la domination britannique avait servi les intérêts ou l'ambition.

Vers la fin de novembre 1804, et au moment où le maréchal gouverneur allait se rendre à Paris, pour assister au couronnement de l'empereur Napoléon, le commandant de la force publique lui rendit compte d'un projet tramé dans le but de soulever la province; il ajouta que l'on trouverait les plans et papiers relatifs à cette conjuration, chez M. Heidemann, écuyer d'un prince anglais. Le maréchal, ayant ordonné que des perquisitions fussent faites au domicile de cet agitateur, on y trouva, en effet, ce qu'on cherchait, et particulièrement plusieurs écrits de sa main. Heidemann fut mis immédiatement aux arrêts dans sa maison...

Le lendemain, le maréchal, traversant son antichambre pour monter dans sa voiture de voyage, fut abordé par deux demoiselles fort éplorées, que madame Brémer [1], femme d'un membre de la commission de Hanovre, avait conduites devant lui. Ces jeunes personnes, filles du détenu, venaient implorer son élargissement de la clémence du gouverneur. Elles affirmaient l'innocence de M. Heidemann, avec ce sentiment filial qui ne croit point, qui ne doit pas croire à la culpabilité d'un père. Après les avoir écoutées avec attendrissement, Bernadotte leur répondit : « Quant à l'innocence je » n'y puis croire; mais j'ai mûrement examiné » cette affaire, et je ne la crois pas inquiétante.

---

[1] M. Brémer, depuis la création du royaume de Hanovre, a été nommé ministre.

» D'ailleurs le complot ne devant être mis à exé-
» cution que dans le cas où l'armée française
» quitterait le Hanovre, et mes mesures étant
» prises pour rendre infructueuse toute tenta-
» tive de cette nature, je vous accorde volon-
» tiers, mesdemoiselles, l'élargissement de votre
» père. Mais qu'il soit plus prudent à l'avenir,
» car je serais forcé de punir en lui l'intention,
» par devoir, même au sein de la plus parfaite
» sécurité sur ses effets. » Et le maréchal s'é-
lança dans sa voiture, sans vouloir entendre
les remerciements expansifs de mesdemoiselles
Heidemann.

Ce trait de modération de la part du gouverneur français, à propos d'une maladroite conjuration, eut le résultat, certainement inattendu, de nuire à la cause des Anglais, au lieu de la servir, et la clémence du maréchal produisit plus d'effet sur les habitants que n'aurait pu faire une rigueur excessive. Depuis cet instant, l'ordre et la tranquillité ne furent jamais troublés dans le Hanovre, tant que les troupes françaises l'occupèrent.

Au moment où Napoléon levait le camp de Boulogne, et courait en Allemagne commencer la mémorable campagne de 1805, le maréchal

Bernadotte quitta le Hanovre pour mener à l'empereur des troupes parfaitement équipées, exercées et disciplinées, qui devinrent le premier corps de la grande armée. On peut affirmer, sans crainte d'être démenti, que Bernadotte emporta alors les regrets sincères des Hanovriens, et laissa dans le cœur de ces Allemands des souvenirs qui n'ont pas été stériles. Ils se réunirent, en 1810, au témoignage des villes anséatiques, que ce même général venait de gouverner; et le concert d'éloges qui s'éleva de ces points, assez voisins de la Suède, contribua puissamment à déterminer les suffrages des états généraux et du roi Charles XIII.

L'auteur de cette histoire administrait, en 1813, les troupes françaises stationnées dans le Hanovre; il a pu recueillir alors, d'un bout à l'autre de l'électorat, les renseignements les plus précis, les plus fidèles, sur la gestion politique de Bernadotte; et c'est d'après ces documents, d'une authenticité populaire, que les faits précédents ont été rapportés.

Pendant la durée de son gouvernement, le maréchal avait été nommé, malgré son absence, président du collége électoral de Vaucluse, et élu candidat au sénat conservateur dans plusieurs départements [1]. A la même époque, il fut décoré de l'aigle noir et de l'aigle rouge de Prusse.

---

[1] Voici une lettre adressée par le maréchal au préfet de l'Oise, et qui prouve que ce genre de candidature ne lui convenait point : « Je n'ai » reçu qu'aujourd'hui (15 messidor an XII) la lettre que vous m'avez » écrite relativement aux élections de Rhin-et-Moselle : si j'avais pu être » encore à temps en envoyant un courrier à Coblentz, je l'aurais dépêché » pour prévenir le préfet de ne pas me faire concourir pour la candidature » au sénat. Je suis dans une position à tout attendre de la bienveillance » de sa majesté l'empereur, et les bienfaits dont il m'a comblé me lais- » sent sans inquiétude sur ses dispositions pour moi. Néanmoins, mon- » sieur, je ne puis vous savoir mauvais gré de vos démarches ; mais » n'ayant pas l'honneur d'être particulièrement connu de vous, je devais » espérer d'être consulté. Plusieurs de mes amis avaient voulu me faire » nommer dans divers départements ; les raisons que je vous ai détaillées » ci-dessus m'ont déterminé à les remercier.

» Quoique vos démarches en cette occasion ne puissent entrer dans » mes intérêts, je dois vous en offrir mes remerciements : j'apprécie » l'intention. »

Il est à présumer que, vers l'époque de ces diverses candidatures, les habitants de Pau avaient prié leur illustre compatriote de solliciter, auprès de l'empereur, l'érection du château de cette ville en palais impérial ; car le maréchal écrivit, le 22 messidor an XII, à sa majesté : « Sire, les » habitants de la ville de Pau m'ont prié de présenter à votre majesté le » vœu qu'ils forment de voir le château où naquit Henri IV devenir un des » quatre palais impériaux. Il serait glorieux pour le département des Basses- » Pyrénées de posséder, pour quelque temps, celui qui a surpassé, par » tant d'éclat, le prince dont la mémoire lui est encore chère ; il serait » doux pour moi de penser que mes compatriotes pourront se livrer au » bonheur d'offrir à votre majesté le tribut de la reconnaissance et de la » tendresse qu'ils lui portent. » Cette demande ne réussit pas.

Par une marche savante et rapide, Bernadotte se porta sur Wurtzbourg, où s'était retiré l'électeur de Bavière, chassé de sa capitale, que les Autrichiens occupaient. Sans perdre de temps, le maréchal rassemble les troupes bavaroises dispersées par l'ennemi; et, les réunissant aux divisions françaises, il marche sur Munich à la tête de ce corps combiné. Cette ville était défendue par le général autrichien Kienmayer; Bernadotte l'attaque avec impétuosité, lui enlève Munich et l'oblige à repasser l'Inn. Contraint de précipiter sa retraite, Kienmayer ne peut soutenir son avant-garde, qui perd quinze cents hommes, et se laisse enlever trente-six pièces de canon.

Les avant-postes du maréchal s'établirent sur l'Inn, tandis que l'électeur de Bavière, rendu aux habitants de sa capitale, s'efforçait d'effacer les traces de l'invasion, d'autant plus affligeantes, d'autant plus profondes, que les généraux de l'empereur d'Autriche avaient apporté plus d'animosité dans cette conquête, faite sur un allié allemand de Napoléon.

Cependant Bernadotte, avec vingt-cinq mille combattants français ou bavarois, se trouvait, par sa position, appelé à prévenir le mouvement sur

Ulm, du général russe Kutusow, à la tête de quarante mille hommes, et celui de Kienmayer, qui en commandait vingt-cinq mille. Couvrant tout le pays conquis entre les frontières du Tyrol et la place de Passau, le maréchal, dans une situation critique, devait cependant préparer la chute d'Ulm, défendu par le général Mac, et dont la prise semblait devoir fixer le sort de la campagne. Sans doute l'empereur Napoléon pouvait se reposer sur l'expérience, l'activité et le talent de Bernadotte; mais n'était-ce pas beaucoup hasarder que de compter absolument sur un corps d'armée brave et dévoué, mais représentant un peu plus du tiers des troupes qui lui étaient opposées; et cela pour tenir en échec deux armées dont l'intervention pouvait annuler une opération décisive.

La fortune des armes, cette fois comme tant d'autres, favorisa l'audace de Napoléon : ni Kutusow, ni Kienmayer ne purent secourir Mac; Ulm se rendit; l'empereur marcha sur Vienne; tandis que le premier corps d'armée s'emparait de l'électorat de Salzbourg, puis entrait en Bohême et en Moravie.

Ce dut être à cette époque que l'électeur de Bavière conféra au maréchal Bernadotte, libérateur de ses états, la grande croix de Saint-Hubert.

Le premier corps d'armée occupa la Bohême jusqu'au moment où l'empereur, ayant attiré l'ennemi sur le champ d'Austerlitz, qui lui paraissait favorable pour livrer une bataille décisive, appela à lui toutes les forces, toutes les intelligences qui pouvaient contribuer à fixer la victoire sous ses aigles. Ce n'est point ici le lieu d'examiner combien ce souverain s'abandonnait aux hasardeuses destinées de la guerre, lorsqu'à deux cents lieues de ses frontières, dans un pays à peine contenu, et lorsque ses communications étaient incertaines, il se disposait à jouer toute sa fortune d'un coup de dé. Bernadotte, convié par Napoléon au banquet de gloire qui se préparait, part d'Iglau avec ses braves, franchit vingt-six lieues en trente-six heures, arrive en avant de Brünn le 1er décembre 1805, et prend son rang dans cette belle ligne de combattants, où la bouillante ardeur des guerriers était peut-être le plus sûr garant du triomphe.

Le jour même de la bataille, et au moment où le premier corps, formé en colonne d'attaque, s'ébranlait pour aller combattre, l'empereur, à pied, passa devant ces troupes : « Soldats, » leur dit-il, souvenez-vous que vous êtes le » premier corps de la grande armée. » Ils s'en souvinrent, et ce furent ces braves, conduits par le maréchal Bernadotte, qui enfoncèrent le centre de l'armée russe.

Nous devons consigner ici quelques détails stratégiques dont nous garantissons l'authenticité : l'empereur avait donné l'ordre au maréchal Bernadotte de se rendre à Sokolnitz; par ce mouvement, le centre de l'armée étant porté derrière le maréchal Soult, l'ennemi devenait maître de Bosowitz, et coupait l'armée en deux. Il attaquait la droite du grand-duc de Berg (Murat), et celle du maréchal Lannes; puis, en s'emparant du pont d'Iczikowitz, il empêchait la garde impériale et les grenadiers de la réserve de le passer une heure plus tard. Le maréchal Bernadotte, au lieu de suivre la direction imprimée au premier corps, et qui eût amené ces résultats, probablement funestes, se rendit à Prolzen, en passant par Iczikowitz, dont il garda ainsi le pont. Le succès ayant couronné cette manœuvre, Napoléon se tut sur la transgression de ses ordres; mais la responsabilité du maréchal commandant le premier corps fût devenue terrible, si l'événement eût trompé ses prévisions.

Après la signature du traité de Presbourg, le maréchal Bernadotte occupa, avec son corps d'armée, le marquisat d'Anspach, qu'il fut chargé de recevoir du roi de Prusse, pour le remettre à l'électeur de Bavière, dont l'état devenait une monarchie. L'échange, peu volontaire, que faisait Frédéric-Guillaume de cette province contre une partie du Hanovre, devint, peu de temps après, un des motifs principaux de sa rupture avec Napoléon.

Il faut observer, à cet égard, que si le droit des nations n'était pas, dans cette circonstance, religieusement respecté par l'empereur, il ne pouvait ignorer la conduite équivoque que le roi de Prusse avait tenue avant la bataille d'Austerlitz. Il savait au moins que, la veille de ce grand jour, un diplomate prussien était arrivé en Moravie, chargé d'offrir l'épée de son maître aux empereurs de Russie et d'Autriche, et que la victoire seule avait changé l'adresse du compliment qu'il avait adressé le lendemain à l'empereur des Français.

On sait que, dans le courant de l'année 1806, Napoléon, couronné roi d'Italie l'année précédente, fit de plusieurs grands-officiers de sa double couronne, des grands-feudataires de l'empire : le maréchal Bernadotte fut investi de la principauté de *Ponte-Corvo*. Dans l'histoire de l'une des illustrations de l'époque, il ne sera pas sans intérêt de rapporter textuellement l'une des lettres-patentes expédiées pour ces sortes d'investitures; celles qui parvinrent à Bernadotte, étaient ainsi conçues :

« Napoléon, par la grâce de Dieu et les con-
» stitutions de l'empire, empereur des Français
» et roi d'Italie, à tous présents et avenir, salut.

» Voulant donner à notre cousin le maréchal
» Bernadotte, un témoignage de notre bien-
» veillance pour les services qu'il a rendus à
» notre couronne, nous avons résolu de lui
» transférer, comme en effet nous lui transfé-
» rons, par les présentes, la principauté de
» *Ponte-Corvo*, avec le titre de prince et duc
» de Ponte-Corvo; pour la posséder en toute
» propriété et souveraineté, et comme *fief im-*
» *médiat de notre couronne.*

» Nous entendons qu'il transmette ladite

---

[1] Quelques mois auparavant, on mettait par les *constitutions de la République*; mais en juin 1806, la république n'existait plus, même de nom. L'ancien calendrier grégorien avait été repris.

» principauté à ses enfants mâles légitimes et
» naturels, par ordre de primogéniture; nous
» réservant, si sa descendance naturelle venait
» à s'éteindre, ce que Dieu ne veuille, de trans-
» mettre ladite principauté, aux mêmes titres
» et charges, à notre choix, et ainsi que nous
» le croirons convenable pour le bien de nos
» peuples et l'intérêt de notre couronne.

» Notre cousin le maréchal Bernadotte prê-
» tera, en nos mains, en sadite qualité de prince
» de Ponte-Corvo, le serment de nous servir en
» bon et loyal sujet. Le même serment sera
» prêté, à chaque vacance, par ses successeurs.

» Donné en notre palais de Saint-Cloud, le
» 5 juin 1806. »

Ces formules empruntées aux chartriers des vieilles monarchies, par une dynastie âgée de deux ans à peine, resteront, comme un gage de la facilité avec laquelle les exploits retentissants font les puissances de la terre. Entre un simple particulier et le trône, avec toutes ses pompes, il peut donc n'exister qu'une série de grandes actions, quelquefois une grande renommée seulement; et plus sûrement, peut-être, une grande audace.

Maintenant rien de civique, rien de national, dans les actes de l'empire fondé par Napoléon; ce n'est plus au nom de la France que l'on récompense le dévouement : elle a cessé d'offrir des couronnes de laurier à ses enfants. L'empereur, par *bienveillance*, reconnaît les *services rendus à sa couronne...* Maître d'une nation, il ne la gouverne plus, il la possède; il crée des dignités héréditaires, non parce qu'il lui semble juste d'agir ainsi; mais parce qu'il *entend* que cela soit. Dans les armées, cette noble émulation de gloire qui, naguère encore, tendait presque exclusivement *à bien mériter de la patrie*, va se noyer dans une ambition ardente, à laquelle on montre, pour prix d'une valeur toujours éclatante, mais entachée de servilisme, une perspective de titres, de dotations, de principautés et même de trônes; car dans ce système, la royauté peut être le premier degré de la hiérarchie militaire. Et le promoteur de toutes ces grandeurs, c'est un homme : la patrie a perdu son pouvoir avec ses droits.

CHAPITRE IV.

Premières hostilités de la guerre de Prusse. — Combats de Saalbourg, de Schleitz, de Saalfeld. — Entrevue du prince de Ponte-Corvo avec l'empereur. — Fausses idées de Napoléon sur la position de l'ennemi. — Entretien entre le prince de Ponte-Corvo et le grand-duc de Berg, sur les chances de la campagne. — Bernadotte et Davoust au défilé de Koesen. — Différend entre eux. — Journée d'Auerstadt, où Bernadotte dégage Davoust. — Victoire de Halle. — Marche du 1er corps d'armée à la poursuite de Blucher. — Combat de Nassentin. — Engagement de Crivitz. — Le prince de Ponte-Corvo combat au milieu de deux compagnies de voltigeurs. — Prise de Lubeck. — Bulletin de la grande armée, rectifié par des rapports textuels. — Capitulation de Blucher. — Drapeaux envoyés à l'empereur. — Le colonel Gérard nommé général de brigade, sur la proposition de Bernadotte. — Avantages remportés dans les environs de Lunebourg. — Fin de la campagne sur ce point. — Le prince de Ponte-Corvo se rend à Berlin.

Le premier corps d'armée n'avait pu être entièrement cantonné dans le marquisat d'Anspach; quatre régiments, formant la division de cavalerie légère attachée à ce corps, occupaient la principauté de Bamberg. Or, cette cavalerie, se trouvant assez rapprochée de la Thuringe et de la Basse-Saxe, put observer les rassemblements de troupes que le roi de Prusse et l'électeur de Saxe formaient de ce côté. Les vues de ces deux souverains se manifestaient clairement par cette démonstration : on ne pouvait douter qu'ils ne se proposassent de rompre avec la France, et les fanfaronnades martiales de la jeune noblesse prussienne, que la Frédéric-Guillaume ne réprimait point, achevèrent de confirmer la probabilité d'une guerre nouvelle.

Dans cette situation, le général Maison, qui commandait par intérim la cavalerie légère, eut ordre de surveiller avec soin les troupes allemandes, et de prescrire aux siennes tels mouvements que les circonstances exigeraient. En conséquence, il resserra ses cantonnements, de manière à ce que les régiments pussent être promptement réunis.

Le prince de Ponte-Corvo, de son côté, rapprocha de Nuremberg ses divisions d'infanterie, afin qu'elles pussent, en cas d'offensive des Prussiens, occuper les débouchés de Kronach et de Saalfeld, et couvrir les frontières de la Confédération du Rhin.

Le premier ordre que le prince reçut, lorsque la guerre éclata, fut en effet de s'emparer des défilés. Il s'y établit, le 2 octobre 1806, avec toute la cavalerie légère et la division Drouet; la division Rivaud prit position, avec le quartier-général, à Lichtenfelds. Jusqu'alors le premier corps ne s'était composé que d'une division de cavalerie légère et de deux divisions d'infanterie; une troisième division de cette arme passa, le 6 octobre, sous les ordres du prince de Ponte-Corvo : elle était commandée par le général Dupont.

Le 8, tout le corps d'armée se concentra près de Nordhalben; puis la division Drouet et la cavalerie légère, franchissant les limites de la Confédération du Rhin, se jetèrent sur le territoire ennemi, et repoussèrent les patrouilles prussiennes qu'elles rencontrèrent. Ce furent les premières hostilités de cette guerre.

Le 9, à cinq heures du matin, le premier corps s'ébranla tout entier, et se porta sur Saalbourg, où s'était portée l'avant-garde prussienne, commandée par le général Tauenzien. L'ennemi occupait la ville avec de l'infanterie; s'étendant sur le long du coteau que cette ville couronne, sur la rive gauche de la Wiesenthal;

appuyant sa droite à la chapelle de Beryfried, bâtie sur un mamelon assez escarpé, et refusant sa gauche. Le général Drouet, chargé de l'attaque, jeta des voltigeurs et des grenadiers à travers le faubourg, pour passer la rivière à gué ou gagner, par de petits ponts, le vallon situé à droite de la chapelle, et tourner ainsi la position de l'ennemi. Le reste de la division s'avançait en même temps sur la ville. Elle ne fut que faiblement défendue, et le général Tauenzien fit sa retraite sur Ottersdorf.

L'ennemi se soutint plus longtemps dans cette position; enfin, forcé par plusieurs charges successives de cavalerie et d'infanterie, il dut se jeter dans un bois qui pouvait dérober sa retraite sur Auma. Un bataillon du 27e régiment s'y engagea sur ses traces; mais la nuit arrêta ce mouvement, et Tauenzien, à la faveur des ténèbres, reforma sans doute sa colonne, qui s'était précipitée dans cette route boisée avec le plus grand désordre.

Cet engagement reçut le nom de combat de Schleitz; ce fut le premier de la campagne. La déroute qui le termina eut un résultat moral fort remarquable sur les deux armées : d'abord elle apaisa l'élan romanesque de la jeunesse prussienne; ensuite elle prouva à nos soldats que ces Prussiens, qu'on s'était efforcé de leur faire redouter, n'étaient pas plus difficiles à vaincre que d'autres troupes.

La journée de Schleitz coûta à l'ennemi plusieurs centaines de prisonniers et deux pièces de canon. Après l'engagement de Saalfeld, qui la suivit, le roi de Prusse eut à regretter son propre frère, ce prince Louis, dont la valeur fut celle d'un soldat, et priva son pays des talents d'un général.

Le 11 octobre le prince de Ponte-Corvo arriva, avec ses troupes à Géra, et fut assuré que, toute l'armée prussienne se trouvait dans les environs de Weimar et d'Iéna, sur la rive gauche de la Saale. Il fallait en excepter toutefois le corps du prince Louis de Prusse, battu à Saalfeld, et destiné d'abord à soutenir l'arrière-garde du général Tauenzien. Le prince de Ponte-Corvo, craignant que l'empereur ignorât qu'il était à la poursuite de cette arrière-garde, s'occupait de lui en rendre compte, lorsqu'un officier de sa majesté lui apporta l'ordre de se rendre au quartier impérial.

Le maréchal renouvela à l'empereur le rapport fait le 6 au major général, portant que

l'ennemi se concentrait entre Erfurth et Naumbourg. Napoléon répondit avec quelque emportement : « Ce n'est pas possible. — Que votre
» majesté, reprit le prince, consulte les magis-
» trats du lieu et les personnes de la maison où
» elle se trouve : leur rapport, j'en suis assuré,
» sera conforme au mien. »

L'empereur reprit brusquement : « Vous me
» direz peut-être aussi que les Russes viennent.
» — Je ne dirai pas à votre majesté, qu'ils sont
» près d'ici, répliqua le maréchal; mais je puis
» lui assurer que leur marche est commencée,
» et que dans quinze jours, soixante mille hom-
» mes seront rendus sur la Vistule. » L'empereur
haussa les épaules, en disant avec un sourire
« amer : Mais comment pouvez-vous le savoir ?
» — Je l'ai appris par des rapports secrets, et je
» vous en ai instruit avant d'avoir quitté Ans-
» pach. » Napoléon, paraissant alors rallier
quelques souvenirs fugitifs, dit vivement? « Ah!
» oui, je m'en souviens. »

L'empereur partit le même soir pour Auma, d'où, malgré les assurances qu'il avait reçues le matin, il fit adresser, le 12, au prince de Ponte-Corvo, l'ordre suivant : « Je vous pré-
» viens, monsieur le maréchal, que je donne

» au grand-duc de Berg l'ordre de se porter sur
» Zeitz, et de là sur Naumbourg; si les renseigne-
» ments qu'il recueillera sur l'ennemi, le portent
» à croire que ses principales forces sont tou-
» jours à côté d'Erfurth, l'intention de l'empe-
» reur est que vous appuyiez le mouvement du
» grand-duc de Berg : concertez-vous avec lui
» pour votre marche. Le quartier-général sera
» rendu aujourd'hui à Géra, à midi.

» *Le major général,*

» Alexandre BERTHIER. »

Pendant sa marche, le prince recueillit diverses notions de plusieurs personnes, particulièrement des habitants de la campagne, qui, simples et candides dans cette partie de la Basse-Saxe, se feraient un scrupule de donner des renseignements trompeurs.

Le maréchal interrogea également les seigneurs dont les châteaux étaient voisins de la grande route : toutes les réponses furent unanimes sur la marche de l'armée prussienne dans la direction de Weimar, et vers le plateau d'Iéna; ce qui, d'ailleurs, fut confirmé par la prise d'une partie des équipages et des dépôts de l'armée saxonne.

Ces rapports, envoyés à l'empereur toutes les deux heures, le convainquirent enfin qu'il s'était trompé sur le mouvement de l'ennemi. A peine les corps du prince de Ponte-Corvo et du grand-duc de Berg étaient-ils arrivés à Zeitz, qu'ils reçurent l'ordre de se porter sur Naumbourg.

Les deux princes, en marchant vers ce point, s'entretinrent longuement des opérations de la campagne : Bernadotte ne cacha point au beau-frère de l'empereur qu'il voyait, non pas décliner, mais s'égarer la gloire militaire de la France, et que l'on pouvait prévoir des désastres, si Napoléon persistait à ne s'inspirer que de ses propres conceptions. « Voyez par exem-
» ple, quelle est aujourd'hui notre position,
» continua le chef du premier corps : l'armée
» française se trouve placée précisément là où
» devrait être l'armée prussienne ; et cela par de
» fausses indications qu'a reçues celui qui dirige
» l'ensemble des opérations. Si l'ennemi accepte
» la bataille, j'espère que nous la gagnerons,
» malgré la difficulté du terrain, le passage
» d'une rivière, les hauteurs et les défilés que

» nous avons à franchir. Mais il est toujours im-
» prudent de s'exposer à des chances aussi ha-
» sardeuses, quand on peut les éviter, et quand
» les premières notions stratégiques comman-
» dent de masser ses troupes, tant qu'on ne con-
» naît pas d'une manière positive la position de
» l'ennemi.

» Si le roi de Prusse veut éviter la bataille,
» poursuivit le prince, et qu'il opère avec rapidité
» un changement de front, par son flanc gau-
» che, pour se porter sur Magdebourg, il nous
» forcera nous-mêmes à un changement de
» front, afin de faire face à notre droite. Si, au
» contraire, ce souverain se meut rapidement
» par son flanc droit, il peut se porter sur Ro-
» chlitz et Meissen, défendre ce pays monta-
» gneux, nous contraindre de présenter notre
» flanc gauche à l'Elbe; puis se retirer sur
» Dresde et guerroyer jusqu'à l'arirvée des
» Russes.

» Le terrain du pays, ajouta Bernadotte, est un
» terrain de chicane : Frédéric-Guillaume peut
» éviter une bataille, et traîner la guerre en lon-
» gueur. Cependant, comme les Prussiens ont
» beaucoup de présomption, je pense qu'ils
» ont commis les mêmes fautes que nous, et
» j'espère beaucoup de notre habitude de la

» guerre... Je vous conseille, pourtant, de ne
» pas vous découdre pendant le combat. »

Le grand-duc de Berg, frappé des observations du prince, convenait de leur justesse ; mais il finissait toujours par répondre : « Cela lui a
» réussi jusqu'à présent. — Sans doute, mais
» du moment que l'on connaîtra sa tactique, il
» sera perdu [1]. » Cette conversation avait conduit les deux princes aux portes de Naumbourg ; ils se quittèrent, et chacun établit son camp.

Le maréchal Davoust, qui avait déjà pris position à Naumbourg, donna à dîner au grand-duc de Berg et au prince de Ponte-Corvo, qui se retirèrent ensuite à leur quartier. Mais vers l'entrée de la nuit, le grand-duc de Berg, dominé par de vagues inquiétudes, fit prier le prince de passer chez lui. Dès qu'il le vit entrer, il lui demanda avec empressement s'il avait reçu des ordres de l'empereur; sur la réponse négative du maréchal, il lui annonça qu'il avait

---

[1] Il est constant que l'empereur Napoléon avait quelques manœuvres favorites qui se reproduisaient souvent : par exemple, il aventurait des corps sur ses flancs, rarement sur son front. De la sorte, l'ennemi pouvait être instruit de ses mouvements. On a remarqué que ces entreprises hasardeuses étaient ordinairement confiées aux généraux qu'il ne croyait pas lui être absolument dévoués, et qu'il les plaçait ainsi dans des positions difficiles, où il n'aurait pas voulu risquer la réputation de ses favoris.

l'ordre de partir pour Camburg et Darnburg. « Et vous, ajouta-t-il, que faites-vous? — Rien » encore, répliqua le chef du premier corps; je » n'ai reçu aucune instruction, et je m'en féli- » cite, car mes troupes sont extrêmement ha- » rassées. — Nous ferions bien de marcher en- » semble, reprit le grand-duc de Berg : nous » agirions d'accord, et Dieu sait ce qui peut ar- » river. »

Le prince, ayant approuvé l'idée du grand-duc, fit donner l'ordre du départ. Tandis que la troupe, quoique rendue de fatigue, se disposait gaîment à se remettre en marche, le prince, toujours sans nouvelles de l'empereur, fit demander au maréchal Davoust s'il en avait reçu : ce dernier répondit affirmativement; alors son collègue se rendit auprès de lui, afin de prendre connaissance des dépêches. Le prince de Neuchatel écrivait, sous la date du 13 octobre : « L'empereur vous ordonne, monsieur le » maréchal, de vous porter demain matin, à la » pointe du jour, sur Apolda; vous y trouverez » dix-huit mille Prussiens, commandés par le » duc de Brunswick. L'empereur veut que, » dans l'hypothèse où le maréchal Lannes au- » rait été attaqué ce soir du côté d'Iéna, vous

» manœuvriez immédiatement sur la gauche de
» l'ennemi, et que vous le poursuiviez l'épée
» dans les reins. Si l'attaque n'a pas eu lieu,
» vous recevrez les dispositions de l'empereur
» pour la journée de demain. L'armée prus-
» sienne est rassemblée dans le voisinage de
» Weimar : elle va être attaquée... Si le prince
» de Ponte-Corvo était dans vos environs[1], et
» qu'il n'eût pas encore reçu ses ordres, vous
» pourriez marcher ensemble; mais l'empereur
» espère qu'il sera déjà en marche, avec la ca-
» valerie du grand-duc de Berg, sur Darnburg
» et Camburg. »

Après quelques pourparlers entre les deux maréchaux sur les inimaginables incertitudes du major-général, dans une circonstance d'un si vaste intérêt, le prince de Ponte-Corvo, non sans s'être livré à quelques traits de critique sur les *bonnes* informations de l'empereur, affirma à son collègue qu'il y avait beaucoup plus de dix-huit mille Prussiens à Apolda. « Mais, » ajouta le prince, « laissez-moi passer au milieu

---

[1] On ne conçoit pas comment Berthier était si peu fixé sur la position du prince, qui l'avait prise d'après l'ordre expédié la veille par ce major-général lui-même.

» de votre camp; je vais les attaquer, et vous
» me soutiendrez. »

A cette proposition, il s'engagea entre les deux maréchaux une difficulté sur le frivole avantage du pas : Davoust prétendit qu'étant posté à l'entrée du défilé de Koesen, il serait humiliant pour lui de le voir franchir par un autre corps que le sien..... « Mais, » reprit le prince, « il est naturel qu'un seul commande;
» et comme je suis votre ancien, il faut qu'en
» l'absence de l'empereur le moins âgé obéisse...
» Laissez vos troupes où elles sont; je passe le
» défilé pendant la nuit, et demain je me trouve,
» à l'aube du jour, dans la plaine. Si j'ai besoin
» d'être soutenu, vous serez là. Les dispositions
» générales ne sont pas encore arrêtées; mais
» peut-être les connaîtrons-nous dans deux
» heures. »

Le maréchal Davoust persista à conserver son défilé et à marcher le premier. Le prince quitta son collègue sans rancune; mais jamais celui-ci n'oublia l'impression que ce léger différend avait produite sur son orgueil extrêmement irritable. Rentré à son quartier, le chef du premier corps écrivit au major-général (18 octobre, huit heures du soir) la lettre suivante.

« Le maréchal Davoust me communique à l'instant, monsieur le duc, votre lettre d'aujourd'hui, apportée par M. Perigon, votre aide-de-camp. D'après son contenu, j'ai cru devoir arrêter le mouvement dont je vous ai rendu compte dans ma lettre datée de ce soir à six heures. Puisque vous ordonnez au maréchal Davoust de ne manœuvrer sur le flanc gauche de l'ennemi que dans l'hypothèse où le maréchal Lannes aurait été attaqué ce soir du côté d'Iéna, et que vous ajoutez que, l'attaque n'ayant pas eu lieu, il recevra les dispositions de l'empereur pour la journée de demain, je dois penser que ces dispositions générales me parviendront; je me détermine donc à arrêter mes troupes où elles se trouvent, et à attendre de nouveaux ordres. »

A trois heures du matin, aucune instruction, aucun officier du major-général n'étant parvenu au prince, il se décida à faire continuer le mouvement. Le 14, vers six heures du matin, on entendit les premiers coups de canon de la journée dite d'*Iéna :* le combat semblait s'engager vivement vers le plateau de ce nom et à la droite du prince, au-delà du défilé de Koesen.

Son altesse fit alors précipiter la marche de ses troupes sur Darnburg. Le défilé de la Saale, que l'on rencontre en ce lieu, est tel qu'une voiture le ferme entièrement. La montagne qu'il faut gravir est fort rapide, et le chemin mal tracé qu'elle présente est très-difficile. Il fallut un long espace temps pour faire passer notre cavalerie légère, deux divisions de dragons de la réserve du grand-duc de Berg, et la division Rivaud du premier corps, avec son artillerie... Les troupes du grand-duc de Berg ne purent franchir ce défilé et couronner les hauteurs, qu'après une marche de six heures dans ce passage étroit et hérissé d'obstacles.

Quant au prince de Ponte-Corvo, afin de hâter une marche dont il concevait toute l'importance, il fit gravir, pêle-mêle, la montagne à l'infanterie du général Rivaud et à la cavalerie légère. Du moment qu'elles furent formées, elles se trouvèrent sur les derrières du corps prussien aux prises avec le maréchal Davoust : huit à dix mille chevaux, qui eussent décidé le succès contre ce général, furent envoyés pour reconnaître le prince de Ponte-Corvo. Ce mouvement ayant fait découvrir aux Prussiens le premier corps de l'armée française dans les environs d'Apolda, ils cessèrent de combattre le troisième (Davoust), et se mirent en retraite sur Buttelestedt, Esleben et Nordhausen.

Cependant le prince ordonna à son tour au général Belliard [1] de reconnaître la cavalerie prussienne, qui s'était avancée à sa rencontre, et de l'attaquer avec les divisions Beaumont et Latour-Maubourg. Il fit plus, il mit sa cavalerie légère sous les ordres du général Milhaud, commandant celle du grand-duc de Berg, afin de renforcer cette dernière. Mais au moment où la cavalerie combinée s'ébranlait, l'ordre arriva aux généraux Belliard, Latour-Maubourg, Beaumont et Milhaud, de rejoindre le grand-duc, qui se trouvait de sa personne auprès de l'empereur.

Le prince de Ponte-Corvo, resté seul avec le peu de troupes qui avait franchi le défilé, continua néanmoins son mouvement sur Apolda, Aberrossla et Neustadt. Les deux divisions d'infanterie Drouet et Dupont, qui n'avaient pu suivre pendant la journée le reste du premier

---

[1] On verra tout à l'heure que le grand-duc de Berg n'était plus là, et qu'il était naturel qu'en son absence le prince donnât un ordre à un général de son corps d'armée, surtout dans une situation impérieuse.

corps, le rejoignirent au milieu de la nuit près d'Apolda.

Après avoir rendu compte, le 14, à onze heures du soir, au major-général, de la part que ses troupes avaient prise au succès de la journée, en dégageant celles du maréchal Davoust, le prince ajoutait : « L'ennemi nous a laissé
» huit cents prisonniers, dont un major, avec
» deux pièces de canon. Je me mettrai en route
» demain sur Buttelstedt, où l'on assure que
» les Prussiens se sont retirés. Les prisonniers
» me rapportent que le roi lui-même a com-
» mandé, et que le duc de Brunswick a été
» blessé [1]. »

Par sa correspondance du 15 octobre au matin, le prince apprit au major-général qu'il avait encore fait mille prisonniers, parmi lesquels se trouvait le bataillon de Koloff, qui venait de mettre bas les armes devant le 45ᵉ régiment. Le premier corps avait pris aussi dix

---

[1] On sait que la blessure reçue par ce prince, déjà vieux, à la bataille d'Iéna, le priva de la vue, et qu'il mourut, peu de temps après, moins des suites de cette blessure que du chagrin d'avoir été battu à Iéna. Brunswick avait la prétention d'être le premier général de l'Europe : c'était, en effet, le meilleur manœuvrier de l'école du grand Frédéric... mais l'art avait marché.

pièces de canon, une quarantaine de pontons et beaucoup de caissons.

Il marchait sur Nebra, pour suivre l'ennemi, qui se retirait vers Magdebourg; il prit position dans la journée, et le soir, un piquet de vingt-cinq chasseurs du 5ᵉ régiment fit mettre bas les armes à un détachement de deux cents hommes, appartenant à la garde du roi. Une pièce de canon, que ces Prussiens escortaient, tomba également au pouvoir de cette poignée de braves.

Nous devons dire, avant de passer outre, que dès le 14, pendant la bataille, le prince de Ponte-Corvo avait envoyé le chef d'escadron Berton [1] auprès de l'empereur, pour se plaindre de ce que les dispositions générales du jour ne lui étaient pas parvenues, et pour le prier de ne plus le laisser désormais dans l'ignorance des opérations auxquelles il devait concourir. Cet officier était aussi chargé de donner connaissance à Napoléon de la lettre que le prince avait écrite, la veille, à huit heures du soir, au major-général, du camp de Naumburg.

Le 15 au matin, Berton rapporta au prince l'ordre de poursuivre les Prussiens : l'on a vu

---

[1] Devenu général, il périt sur l'échafaud, convaincu de conspiration contre la *légitimité*.

qu'il les poursuivait déjà. Cet officier apprit à son altesse que l'empereur lui avait fait plusieurs questions sur la marche du premier corps, et sur l'affection que les soldats portaient à son chef. Puis sa majesté avait ajouté : « Afin que
» le prince ne soit plus contrarié dans ce qu'il
» a l'intention de faire, je vais recommander à
» Berthier de ne plus le *brider* par les ordres
» qu'il lui expédiera. »

En effet, deux heures après le retour de Berton, le prince reçut du major-général une dépêche, dans laquelle, après l'avoir informé du triomphe de la veille, il disait : « Vous êtes le
» maître de manœuvrer comme les circonstan-
» ces l'indiqueront ; faites le plus de mal pos-
» sible à l'ennemi : ayant soin cependant d'at-
» taquer le corps qui a été opposé au maréchal
» Davoust, s'il était possible qu'il fût resté en
» position ¹, ce qui serait la plus grande folie…

---

¹ On a vu qu'il s'était mis en retraite sur Buttelstedt, et le prince de Ponte-Corvo l'avait mandé, le 14 au soir, au major-général. Mais il y avait fort peu d'ordre dans les bureaux de Berthier ; et par la suite il en résulta de grands abus. L'un des plus graves fut celui de l'intercalation de certains noms dans les listes de promotion que devait signer l'empereur. L'auteur de cette histoire a vu plus d'une croix obtenue ainsi ; et les légionnaires créés par de semblables fraudes, n'en étaient pas moins fiers à l'égard des bons serviteurs privés de la même faveur.

» Dans ce cas, poursuivez vivement ce corps.
» Si, n'ayant été instruit que tard du succès de
» la bataille d'hier, il avait hésité à se retirer,
» et mis de l'incertitude dans son mouvement,
» détruisez-le. Tenez-vous le plus possible dans
» une position à être le corps d'armée le plus
» près de Naumbourg, hormis le maréchal Da-
» voust; de sorte que, quand le mouvement de
» l'ennemi sera bien connu, vous soyez prêt à
» vous porter sur l'Elbe et sur Berlin; pouvant
» en un jour vous porter sur Naumbourg. »

Dans la journée du 16, le premier corps prit position à Nebra : le quartier-général s'établit dans la ville. On apprit alors au maréchal qu'une armée de réserve, sous les ordres du prince Eugène de Wurtemberg, était assemblée à Halle. Ayant résolu de la combattre, Bernadotte se mit en route le 17, à deux heures du matin, marchant sur une seule colonne. A huit heures, la division Dupont et le 2ᵉ régiment d'hussards arrivèrent, sans avoir rencontré l'ennemi, sur les hauteurs de Schwerbert, à une lieue environ de Halle.

Ces hauteurs se prolongent à gauche par Niedleben, et à droite par Angersdorf et Paffendorf : elles dessinent sur ces points le bassin où coule la Saale, en avant de Halle. Cette ville est située sur la rive droite de la rivière : de ce côté, son enceinte de vieilles murailles et ses quatre portes sont dominées par la crête d'un coteau, qui n'en est éloigné que de cent cinquante toises au plus. Elle est séparée de la rive gauche par une digue longue d'un quart de lieue, et flanquée, à gauche, par des bosquets plantés dans des marais, à droite, par des îlots. Sur cette face, Halle offre deux enceintes que le temps a respectées : en avant de chacune, se trouve un pont couvert.

Un corps d'armée occupant une ville ainsi protégée, couronnant les hauteurs qui la dominent, et opposant de vingt à vingt-cinq mille hommes à moins de quinze mille, laissait à ces derniers peu de chances de succès. Il y avait donc évidemment témérité, de la part du prince de Ponte-Corvo, dans le projet d'attaquer les troupes du prince de Wurtemberg, qui n'avaient point encore été entamées. Il fallait compter beaucoup sur l'étonnement qu'une telle audace pourrait leur causer, et ce fut peut-être, en effet, la spontanéité avec laquelle le général français profita du premier trouble de l'ennemi, qui détermina le succès de cet engagement.

Le récit de la longue suite de combats que le premier corps eut à soutenir, dans la journée du 17 octobre, pour expulser l'ennemi de Halle et des hauteurs qui dominent cette ville, dépasserait les bornes que nous devons nous prescrire : il suffira de dire qu'à l'habileté de direction imprimée au premier corps d'armée par son chef, les généraux de division Rivaud, Drouet et Dupont, ainsi que le général d'artillerie Éblé, joignirent une habileté d'exécution qui triompha de tous les obstacles, secondée par l'infatigable activité des officiers de tous les rangs, et par l'indicible valeur de la troupe.

Résumons cependant les exploits de cette journée glorieuse : le prince Eugène de Wurtemberg fut chassé successivement des positions en avant de la place, de la ville elle-même, puis enfin des hauteurs. Tandis qu'une partie du premier corps d'armée poursuivait ce prince, une colonne, qui arrivait au rendez-vous de la réserve prussienne, était attaquée, battue et prise presque en entier par le surplus de ce corps.

Ainsi fut détruit tout espoir de ralliement des troupes de Frédéric-Guillaume; depuis lors on ne put les combattre que dispersées, et dans une fuite qui ne s'arrêta qu'à la mer.

La bataille avait commencé à neuf heures du matin; elle ne finit qu'à la nuit. En ce moment, l'ennemi fuyait en toute hâte. Le prince de Wurtemberg fit de vains efforts pour rallier ses troupes au village de Malzlich; mais poursuivi par notre cavalerie, elles ne purent s'arrêter, et continuèrent leur retraite précipitée jusqu'à quatre lieues de Halle, au delà de Lansberg.

Le corps d'armée prit position dans la ville et dans les villages environnants : le quartier-général s'établit à Halle.

Les trophées conquis en ce jour mémorable étaient six mille prisonniers, quatre drapeaux, trente-deux pièces de canon et presque tous les bagages de l'armée. L'ennemi laissait mille morts sur le champ de bataille. Dans cet engagement, dix-huit cents Français, dont cinq cents tués, furent mis hors de combat.

Irrité de la longue et sanglante résistance qu'il avait éprouvée à Halle, le soldat se sentait enclin à faire retomber sur les habitants une partie de son ressentiment; mais le prince s'opposa à tout acte, non-seulement de violence mais d'illégalité. Malgré les fatigues extrêmes qu'il avait partagées avec ses troupes, il ne voulut prendre aucun repos avant d'avoir rétabli l'ordre et la tranquillité dans la ville. Il défendit le pillage sous les peines les plus graves, et cette défense eut son plein effet.

Le prince de Ponte-Corvo n'ayant point reçu de nouvelles du quartier impérial depuis le 15, et ne sachant pas ce qui se passait à sa gauche, resta le 18 en position devant Halle; mais le lendemain son corps d'armée descendit la Saale, par sa rive droite, se dirigeant sur Halberstadt, pour se joindre aux 4e et 6e corps, et suivre les Prussiens vers Magdebourg.

Cependant, le 17 à minuit, le prince s'était rendu de sa personne auprès de l'empereur, à Merseburg. Sa majesté le combla d'éloges sur l'éclatante victoire de Halle; mais Bernadotte apprit presque aussitôt, du maréchal Lefebvre, son ami, que cette victoire avait excité au plus haut point l'envie de tous *les favoris*. « Ils sont
» humiliés, » lui dit-il, « et l'empereur lui-
» même partage leur dépit. Nous marchions
» avec soixante mille hommes pour attaquer la
» réserve du prince de Wurtemberg, que tu as
» battue avec moins de quinze mille; si tu
» n'eusses pas réussi, on t'en saurait meilleur

» gré, et cela parce que tu es un général du
» Rhin. »

Le bulletin de la bataille d'Iéna portait effectivement que l'empereur allait marcher, avec soixante mille hommes et la garde impériale, contre la réserve prussienne; lorsque Napoléon apprit les événements de Halle, il fit courir après le porteur de ce bulletin; mais il avait déjà dépassé Mayence : on ne put le rejoindre.

En visitant le champ de bataille de Halle, L'empereur exprima en termes extrêmement flatteurs sa surprise de ce que le prince de Ponte-Corvo avait osé, avec des forces bien inférieures à celles de son ennemi, attaquer une position aussi formidable. Puis, revenant tout à coup de cette sorte d'admiration, il dit, d'un ton sévère, aux courtisans qui l'environnaient : « Je
» n'entreprendrais pas de forcer une position
» semblable avec moins de soixante mille hom-
» mes, si j'en avais vingt-cinq ou trente mille
» devant moi; mais *il* ne doute de rien :
» quelque jour, il y sera pris. »

Le 19 au soir, les troupes du premier corps prirent position à Esleben; là, le prince de Ponte-Corvo reçut l'ordre de se porter sur Bernbourg, et de descendre la Saale jusqu'à son embouchure dans l'Elbe, pour passer ce fleuve près de Barby. Le 20, son altesse établit son quartier général à Bernbourg. La journée du 21 fut employée à réunir tous les bateaux de la Saale et à les faire descendre jusqu'à l'Elbe, afin de suppléer aux ponts, que l'on ne pouvait construire faute de temps et de matériaux. Le 22, les divisions Dupont et Drouet, avec le 5e de chasseurs, passèrent le fleuve laborieusement sur ces bateaux, en face de Barby ; tandis que deux autres régiments de cavalerie légère, la division Rivaud, l'artillerie et les bagages prenaient la route de Dessau, pour passer l'Elbe sur le pont de cette ville. Dans la soirée, le passage des divisions Dupont et Drouet, ainsi que des chasseurs, était entièrement effectué ; ils se réunirent en avant de Zerbst. Les troupes de l'artillerie et du génie, selon leur usage, avaient déployé beaucoup d'intelligence pendant ce passage.

Le 24, le corps d'armée était entièrement rassemblé à Ziezar, quoique la division Rivaud eût dû s'arrêter un jour à Bernbourg pour désarmer le corps saxon. Le 25, on marcha sur Brandebourg, où l'on espérait atteindre les corps prussiens qui avaient quitté l'Elbe pour se retirer sur l'Oder. Le prince apprit ce même jour que le grand-duc de Berg et le maréchal Lannes, avec leurs corps, s'avançaient sur la rive droite de l'Elbe, et poursuivaient aussi l'ennemi vers le Bas-Oder : son altesse continua de marcher parallèlement à leur gauche.

Cependant on savait, dès le 28, que le corps du duc de Weimar, qui avait passé l'Elbe à Sandau, la veille, s'était rendu, le soir même, à Kyritz, et que le 28, il était à Wiltztoch; poussant des partisans sur Rheinsberg. Ainsi le premier corps, qui se trouvait le 27 à Gransée et le 28 à Furstenberg, eut pendant sa marche le corps de Blucher sur son flanc gauche, et celui du duc de Weimar sur ses derrières.

Ce fut alors que le prince de Ponte-Corvo apprit : 1° La capitulation du prince de Hohenlohe; 2° que les troupes françaises occupaient la forteresse de Stettin, 3° que le général Blucher et le duc de Weimar étaient coupés de cette ville. Alors Blucher, ayant perdu tout espoir d'opérer sa retraite sur l'Oder, conçut le projet de se rejeter en arrière, en s'éloignant de ce fleuve, afin de retarder, autant que possible, la perte de son corps d'armée, qu'il regardait peut-être comme inévitable, malgré sa haute prétention au génie militaire. Toutefois, ce Fabius prussien espérait un peu qu'en temporisant, il donnerait aux Russes le temps d'arriver et de faire une diversion à la faveur de laquelle il pourrait se sauver, soit en se maintenant dans le Mecklenbourg, soit en gagnant les places du Hanovre, soit en se jetant dans Stralsund.

Mais le prince de Ponte-Corvo, qui avait atteint Blucher à Boizenbourg, pénétra promptement ses desseins, et fit des dispositions pour les déjouer. D'abord il marcha de près sur ses traces afin de lui couper le chemin de Stralsund : on pouvait craindre avec raison, qu'il n'y fût reçu par les Suédois, dont le souverain ne se montrait pas favorable à la France. Le Prussien apporta beaucoup de célérité dans son mouvement rétrograde, en se portant de Boizenbourg sur Neustrelitz ; et le 30, parvenu à Damberk, il fit sa jonction avec le duc de Weimar... Dès lors, il eut vingt-cinq mille hommes.

Après cette réunion, la situation du premier corps d'armée devenait critique : le quatrième corps, qui avait dû suivre les troupes du duc de Weimar, n'était pas arrivé le 30, à Damberk ; ainsi le prince de Ponte-Corvo, avec douze mille hommes au plus, se trouvait en présence d'une armée de vingt-cinq mille combattants. Cependant, il ne cessa pas de harceler l'ennemi pendant sa marche : l'adjudant commandant Gérard[1], premier aide-de-camp du prince, avec un régiment de cavalerie légère, inquiéta souvent les Prussiens sur la route de Neustrelitz ; il dépassa cette ville, et prit à Blucher environ quatre cents hommes, avec beaucoup de bagages. Le prince de Ponte-Corvo, habile appréciateur des talents et de la valeur, ne négligeait aucune occasion de placer le colonel Gérard dans des positions où sa conduite pût être remarquée : la haute fortune de cet officier a prouvé, plus tard, qu'il avait su profiter de ces occasions.

L'ennemi continua de se retirer sans s'arrêter, jusqu'au bois situé entre Jabel et Nassentin : là ses colonnes se déployèrent ; il montra de l'infanterie, du canon et arrêta la cavalerie qui le poursuivait.

Le prince joignit Blucher, le 1er novembre au soir, et se disposa à l'attaquer dans cette position. Alors, son altesse était informée que

---

[1] Aujourd'hui maréchal de France.

le grand-duc de Berg était à Demmin, prolongeant sa droite jusqu'à Rostock; et que le maréchal Soult était en marche sur Planer.

L'attaque eut lieu dans la soirée : l'arrière-garde prussienne, qui la soutint, forte d'environ dix mille hommes, égalait à peu près en nombre le corps du prince. Elle se défendit vaillamment; cependant, elle fut mise en déroute et eût été enlevée, si le lac de Flesensée et les difficultés du terrain ne l'eussent protégée. Dans ce combat, le prince de Ponte-Corvo, en chargeant à la tête du 5e régiment de chasseurs, fit une chute de cheval; plusieurs escadrons lui passèrent sur le corps sans qu'il reçût la moindre contusion, ainsi que cela se voit souvent en pareil cas.

Le combat de Nassentin valut au premier corps d'armée mille prisonniers et beaucoup de bagages, pris pendant l'action.

Le 2, au matin, on poursuivit l'ennemi, qui se retirait dans la direction de Claderam et de Prostin. Le soir la division Drouet enleva, dans un village où elle s'établit, trois cents hommes, un major et un obusier.

Pendant le combat du 1er, le maréchal Soult,

avec sa cavalerie légère, s'était jeté à gauche du premier corps, vers Lubeck.

Le lieutenant-général Blucher, à la tête d'une armée assez imposante, pouvait retarder long-temps sa défaite; mais il sentait qu'il lui serait difficile d'avoir une ligne d'opérations fixe. Aussi se montrait-il fort capricieux dans ses mouvements; on était obligé de tenir toutes les routes couvertes de cavalerie pendant la nuit, afin d'observer l'ennemi, et de mettre le prince à même d'éviter de fausses démarches, qui eussent pu donner du temps aux Prussiens. Blucher, coupé définitivement de Stralsund, devait songer à repasser l'Elbe, pour se jeter dans le Hanovre; mais le prince de Ponte-Corvo, en calculant toutes ses manœuvres, avait pour but d'enlever au général prussien ce moyen de salut.

Le 3, le premier corps, en marche sur Schwerin, arriva devant Crevitz, où l'ennemi signala l'intention de résister, et déploya un assez gros corps de cavalerie, sur les hauteurs. Les portes de la ville étaient fermées; de l'infanterie française pénétra cependant dans Crevitz; bientôt le général Vathier, avec la cavalerie légère, en déboucha pour occuper le plateau situé en avant de la place, et pour être à portée de charger l'arrière-garde prussienne, qui s'était remise en marche. Blucher fit alors revenir dix escadrons, afin de soutenir sa retraite.

Au lieu de charger les premiers escadrons qui se présentèrent, on parlementa pour les engager à se rendre ; ce qui donna le temps au général de brigade Maison d'appuyer la cavalerie par quelques compagnies de fantassins. Le général Pacthod débouchait aussi du défilé de Crevitz, avec de l'infanterie ; déjà même la tête de sa colonne paraissait sur le plateau ; mais le général Vathier, qui avait fait charger un peu trop tôt l'ennemi par sa cavalerie légère, fut vivement ramené, et poursuivi jusqu'à l'entrée du défilé.

En ce moment, le prince de Ponte-Corvo, inquiet de ce qui se passait en avant de la ville, déboucha du défilé, à la tête de deux compagnies de voltigeurs du 94ᵉ régiment, qu'il avait prises à la hâte, n'ayant pas eu le temps de réunir quelques pelotons de cavalerie. Son altesse, parvenue très-près de l'ennemi avec ce faible détachement, lui fit faire plusieurs décharges presqu'à bout portant. Cette fusillade et la belle contenance des voltigeurs, fiers d'être commandés directement par un maréchal d'empire, arrêtèrent le mouvement de l'ennemi.

Ce mouvement d'intrépidité appartenait à l'une de ces situations où Bernadotte cessait de calculer ses démarches : il se trouvait littéralement au milieu des ennemis. Mais le capitaine Razout[1], qui commandait les deux compagnies de voltigeurs, lui dit : « Soyez tranquille, mon » prince, le dernier de mes voltigeurs et moi » serons morts avant qu'on parvienne jusqu'à » vous. » Et ces braves resserraient, de plus en plus, autour de leur général en chef, le rempart vivant dont ils l'environnaient. Sans ce dévouement, le prince eût été infailliblement fait prisonnier. Enfin, les généraux Maison et Pacthod, se trouvant en ligne, chargèrent à leur tour la cavalerie prussienne, qui tourna bride, se retira précipitamment, et fut poursuivie, d'abord par une vive fusillade, ensuite par les escadrons du général Vathier, qui prit une revanche éclatante de son échec d'un moment.

Le succès de cette journée avait été laborieux : il nous coûtait un assez grand nombre de bra-

---

[1] Il était général en 1814.

ves, et plusieurs officiers distingués sortirent blessés de la mêlée. Le colonel Bonnemain, commandant le 5ᵉ régiment de chasseurs, qui venait de souffrir beaucoup pendant l'action, était atteint de plusieurs coups de sabre; le colonel Gérard, du 2ᵉ de hussards, ainsi que le capitaine Vilatte[1], aide-de-camp du prince de Ponte-Corvo, avaient été grièvement blessés et pris. Mais l'ennemi éprouva de grandes pertes en tués et blessés; on lui prit mille hommes et sept pièces d'artillerie. Ce même soir, le quartier-général du prince de Ponte-Corvo, s'étant porté un peu en avant de Crevitz, s'établit à moins d'une lieue du quartier-général de Blucher.

Le lendemain 4, le premier corps d'armée occupa Schewrin. Suivant les avis qui parvinrent au prince dans cette journée, l'ennemi réunissait toutes ses troupes à Godebusch, c'est-à-dire vers l'embouchure des deux routes de Lubeck et de Ratzebourg. On crut alors qu'il avait le dessein de combattre, et l'on disposa tout pour l'attaquer. Mais, le 5 au matin, des reconnaissances poussées, pendant la nuit, jus-

---

[1] Devenu général.

qu'à une petite distance des avant-postes ennemis, apprirent que le général prussien s'était remis en marche sous la protection des ténèbres : on jugea qu'il se retirait en deux colonnes, sur Lubeck et Ratzebourg.

Le grand-duc de Berg était arrivé le 4 à Schewrin, venant de la Poméranie, avec quelques régiments de cavalerie de sa réserve. Le maréchal Soult, avec tout son corps d'armée, arrivait aussi à la hauteur du premier corps, qui, jusque-là, s'était trouvé presque seul opposé à l'ennemi.

Blucher se retirait décidément sur Lubeck et Ratzebourg, derrière la Stechnitz et la Trave ; le grand-duc de Berg et le maréchal Soult marchèrent sur Ratzebourg ; le premier corps se porta sur Lubeck, en passant par Schomberg, où il prit position le 5 au soir.

Le prince fut informé dans cette ville qu'un corps suédois, qui avait occupé le Lauenburg, s'était embarqué à Lubeck le même jour, 5 novembre, pour descendre la Trave, et retourner dans sa patrie. Il forma sur le champ le projet d'enlever ces troupes, en s'emparant du cours de la rivière ; mais ne voulant pas que cette expédition secondaire retardât son mouvement sur

Lubeck, il en chargea le général Rouyer. S. A. lui ordonna de ramasser tous les bateaux qui se trouvaient sur les deux rives de la Trave, et d'environner le corps suédois dès qu'il paraîtrait, afin de le forcer à se rendre. Cette opération réussit complétement : le 6, dix-huit cents Suédois, leurs canons et leurs équipages furent pris par le général Rouyer. Dans ce même moment, un convoi de trois cents voitures, poursuivi par le général Savary [1], depuis Weimar, et qui se rendait à Lubeck, tomba dans les colonnes du premier corps et fut enlevé.

Cependant, l'ennemi se fortifiait dans Lubeck, dont il avait forcé les portes durant la nuit [2]. Il paraissait que Blucher, après avoir refusé plusieurs fois un engagement avec le premier corps, avant qu'il eût été rejoint par le 4e et par la réserve du grand-duc de Berg, se disposait maintenant à combattre. Le lieu qu'il avait adopté pour soutenir une défense désespérée était, il faut le dire, mal choisi : une place fermée annulait nécesssairement le concours de sa cavalerie, qui formait le quart au moins de ses

---

[1] Depius duc de Rovigo.

[2] On sait que Lubeck était ville libre anséatique.

forces, et dont il avait obtenu d'assez bons services, pendant sa retraite, pour en espérer beaucoup dans une affaire décisive.

Lubeck présentait, néanmoins, de grands avantages à Blucher pour établir sa défensive : cette ville est située au milieu d'une plaine marécageuse, et les accidents du terrain environnant ne sont pas assez considérables pour favoriser les assiégeants. La place offre les restes d'une ancienne enceinte bastionnée : ses terrepleins ainsi que les fossés sont intacts; dans ces derniers, profonds de dix pieds, coulent les eaux de la Trave et de la Wachaitz. Le *Burg Thor* (porte du château), est un fort assez important, dont l'ennemi espérait tirer un bon parti, ainsi que des autres portes et des divers débris de fortifications, sur lesquels il avait à la hâte, mais avec discernement, placé des batteries.

Les Prussiens avaient environ vingt mille hommes, tant sur les remparts que dans la ville et alentour. Leur artillerie était d'ailleurs formidable : le front du Burg Thor seulement présentait vingt pièces de canon. Le corps posté en dehors de la place et sous la protection de ses batteries, était de cinq mille hommes; le duc de

Brunswick-Oels, prince d'une grande intrépidité, en avait le commandement.

Le premier corps d'armée, arrivé le 6, au matin, à la porte dite de la Trave, après avoir défilé sur une chaussée étroite, que l'ennemi avait essayé vainement de défendre, refoula promptement les cinq mille hommes postés hors de la ville. Mais le Burg Thor et deux bastions, bien armés, firent tonner toute leur artillerie. Malgré le feu le plus meurtrier, la division Drouet, formée du 27e régiment d'infanterie légère et des 94 et 95e de ligne, pénétra dans la ville, se dirigeant à droite, pour sortir par la porte de Holstein. La division Rivaud entra immédiatement après. Le général Pacthod, à la tête du 8e régiment, balaya toute la ville, et se rendit directement à la porte de Ratzebourg, dont il s'empara en triomphant de la plus intrépide résistance. Tout ce qui se présenta fut chargé, enfoncé à la baïonnette. Les batteries des portes et des bastions furent éteintes et enlevées, malgré la persistance empreinte de rage, avec laquelle on essaya de les défendre... A cet effort du désespoir nos soldats opposèrent partout cette ardeur française, qui semble s'accroître avec la difficulté de vaincre... De rue en rue, de carrefour en carrefour, de maison en maison, les Prussiens furent poursuivis, traqués avec fureur : on en fit un carnage épouvantable... Le pavé de la ville était jonché de morts; sa couleur était celle du sang.

Quatre mille prisonniers, avec tout l'état-major du général Blücher, treize drapeaux, et quarante pièces de canon, furent les premiers trophées de cette journée. Pour en continuer le récit, nous empruntons les termes du rapport adressé à l'empereur par le prince de Ponte-Corvo : nos lecteurs comprendront bientôt pourquoi.

« J'ai ordonné à ma cavalerie, » écrivait son altesse, « de déboucher de la ville, et de pour-
» suivre ce qui reste d'ennemis sur la route de
» Travemunde, où ils se retirent. La réserve du
» grand-duc de Berg est arrivée, comme nous
» venions de pénétrer dans Lubeck; la division
» Legrand, du corps du maréchal Soult, arri-
» vait de Razbourg, et se présentait de l'autre
» côté de la ville [1]. Il s'est élevé une discussion

---

[1] L'auteur de cette histoire a entendu dire au général Rivaud, sous lequel il a servi dans la douzième division militaire : « Le général Pacthod, en débouchant de *Neuhlen-Thor*, rencontra l'infanterie du maréchal

» entre cette division et la division Rivaud, au
» sujet de deux mille prisonniers qui, en sus
» des quatre mille autres, se trouvant poussés
» *hors de la ville par nos troupes*, ont été se je-
» ter sur les colonnes du général Legrand. Mais
» je suis arrivé pour concilier cette discussion,
» qui prouve, au reste, combien chacun est
» jaloux de contribuer au succès des armes im-
» périales... Elles sont victorieuses, sire, voilà
» l'essentiel.

» Je puis assurer à votre majesté que cette
» journée a été l'une des plus brillantes qui
» jamais aient eu lieu; mais elle a été aussi extrê-
» mement sanglante, et nous avons à regretter
» plusieurs braves officiers [1]. »

Soult qui arrivait. » On verra ci-après ce que rapporta le vingt-septième bulletin de la grande armée.

[1] Ce rapport, adressé au souverain et tracé presque sous les yeux du grand-duc de Berg et du maréchal Soult, ne peut être suspecté d'infidélité, ni même d'exagération. Voici maintenant ce que le *bulletin* contenait : « Le général Drouet, à la tête du 27e régiment d'infanterie légère, et des 94e et 95e régiments de ligne, aborda les batteries avec ce sang-froid, cette intrépidité qui appartiennent aux troupes françaises. Les portes sont aussitôt enfoncées, les bastions escaladés, l'ennemi mis en fuite, et le corps du prince de Ponte-Corvo entra par la porte de la Trave. Les chasseurs corses, les tirailleurs du Pô et le 56e régiment d'infanterie légère, composant la division d'avant-garde du général Legrand, qui n'avaient point encore combattu dans cette campagne, et qui étaient

L'ennemi, dans cette journée, si funeste pour lui, eut environ quinze cents hommes tués et un nombre à peu près égal de blessés. Seize cents Français furent mis hors de combat. A la tête des généraux qui se distinguèrent à Lubeck, nous devons, pour satisfaire à la plus stricte justice, citer le prince de Ponte-Corvo lui-même : il avait senti qu'il fallait que la troupe fît plus que le possible, et c'est en s'exposant comme eux qu'un grand capitaine obtient des prodiges de ses soldats. Les généraux Drouet, Rivaud, L. Berthier, Dupont, Pacthod, Werle, Maison ; tous les chefs de corps, tout l'état-major, donnèrent aux officiers et à la troupe, des exemples soutenus de valeur. Tout le monde, en un mot,

impatients de se mesurer avec l'ennemi, marchèrent avec la rapidité de l'éclair : redoutes, bastions, fossés, tout est franchi; et le corps du maréchal Soult entre par la porte de Neuhlen... Les deux corps d'armée, arrivant des deux côtés opposés, se réunirent au milieu de la ville. »

Ce bulletin ne mentionne même pas la division Rivaud; il tait également la discussion survenue entre cette division et celle du général Legrand. Si l'on réfléchit au dépit que Napoléon laissait remarquer au récit des travaux de plusieurs de ses généraux ; si l'on se rappelle l'amertume dont l'éloge de la victoire de Halle avait été mêlé dans la bouche de l'empereur, il faudra reconnaître que la nouvelle gloire acquise par le premier corps à Lubeck, fut diminuée dans l'un de ces rapports officieux, beaucoup plus qu'officiels, dont la vérité se résumait par ces mots : *menteur comme un bulletin.*

fit son devoir, comme on le fait au champ d'honneur quand la gloire doit en être le prix.

Après la prise de Lubeck, le maréchal prince de Ponte-Corvo se livra, envers les habitants, à cette même sollicitude qu'il avait exercée à Halle. La ville était dans le plus grand désordre : il ne restait pas un carreau de vitre entier aux façades légères des maisons, que l'artillerie avait ébranlées ; les fermetures d'un grand nombre de magasins étaient brisées ; les citoyens, pâles, éplorés, ayant l'effroi dans le regard, parcouraient les rues avec tous les signes du désespoir, en trébuchant à chaque pas sur des cadavres. On voyait des femmes du peuple, échevelées, emportant leurs enfants dans leurs bras, et ne sachant où chercher un asile. Pas une dame de la bourgeoisie, du haut commerce ou des classes plus élevées ne fut entrevue dans cette journée : durant la bataille elles en avaient fui les terribles hasards ; dès qu'elle eut cessé elles en redoutèrent les horribles suites... Le maréchal parvint à calmer ces terreurs, en s'opposant au pillage, en organisant une police sévère, avant même que le combat eût pris fin ; car un officier de son état-major fut blessé pendant qu'il se livrait à ces soins, et cet accident ne ralentit pas les efforts que son altesse faisait pour protéger les habitants[1].

Nous reprenons ici les rapports adressés à l'empereur par le prince de Ponte-Corvo; il lui écrivait le 8 : « Je m'empresse d'annoncer à
» votre majesté que, hier matin, lorsque je
» me disposais à attaquer le reste des troupes
» ennemies réunies à Ratkow, le général Blü-
» cher m'a fait demander à capituler. Après
» avoir pris l'avis du grand-duc de Berg, j'ai
» autorisé les généraux Rivaud et Tilly, qui se
» trouvaient en présence, à accepter, au nom
» des trois corps d'armée, la capitulation dont
» je remets copie à votre majesté[2].

---

[1] Voyez à cet égard les lettres de M. Villars à madame de Beauharnais. Les journaux du temps ont aussi mentionné les soins philanthropiques que nous rapportons ici. Voici, du reste, un témoignage plus récent : le 9 novembre 1856, M. le comte de Wrangel présenta au sénat de Lubeck ses lettres de créance, en qualité de chargé d'affaires de sa majesté le roi de Suède et de Norvége, près les villes anséatiques. Dans un dîner donné par le sénat à cet agent diplomatique, sous la présidence de M. le bourgmestre, le docteur Frister proposa un toast à sa majesté suédoise, en disant : « Le 9 novembre rappelle aux habitants de Lubeck un souvenir de profonde gratitude à sa majesté... C'est l'anniversaire du jour où, il y a trente ans, le prince de Ponte-Corvo a préservé la ville du pillage et des malheurs de la guerre.

[2] Le 29e bulletin portait : « Le 7, avant le jour, tout le monde était à cheval, et le grand-duc de Berg cernait l'ennemi à Schevartow, avec la

» Demain, sire, j'aurai l'honneur d'envoyer
» à votre majesté les drapeaux conquis, dont
» treize ont été enlevés sur le champ de ba-
» taille : elle verra avec plaisir les enseignes du
» grand Frédéric réunies, dans ses mains, à celles
» du grand Gustave.

» J'attends maintenant les ordres ultérieurs
» de votre majesté : à moins qu'il ne faille voler
» à de nouveaux combats, je la supplie de per-
» mettre au premier corps de cantonner pen-
» dant une douzaine de jours. Ce repos est
» indispensable pour refaire les hommes et les
» chevaux, rassembler les traîneurs et surtout
» remettre un peu la discipline qui, je ne puis
» le cacher à votre majesté, est considérable-
» ment affaiblie, par la difficulté d'atteindre
» et de punir les coupables pendant une mar-
» che rapide et forcée. Depuis mon départ de
» Halle, j'ai eu près de deux mille tués ou bles-

---

brigade Lasalle et la division de cuirassiers d'Hautpoul. Le général Blücher, le prince Frédéric-Guillaume de Brunswick et tous les généraux se présentant alors aux vainqueurs, demandèrent à signer une capitulation, et défilèrent devant l'armée française.

Le rapport du prince de Ponte-Corvo, mentionne des faits et désigne les officiers qui furent chargés d'accepter la capitulation; le bulletin n'offre que des phrases. Il est constant, toutefois, que le grand-duc de Berg cernait l'ennemi.

» sés... Je m'estimerai heureux, sire, si dans
» les différentes marches que j'ai faites et les
» combats que j'ai livrés, j'ai pu satisfaire votre
» majesté.

» Le matériel de mon artillerie est dans le
» plus mauvais état; je n'ai plus une roue de
» rechange; j'ai consumé beaucoup de muni-
» tions... Le voisinage de Hanovre pourra peut-
» être m'en procurer du calibre de mes pièces. »

Après l'activité et la valeur que le prince venait de déployer dans la campagne qui se terminait, rien ne pouvait mieux faire apprécier que cette lettre les qualités militaires qu'il possédait. En effet, à peine a-t-il cessé de vaincre, qu'en chef plein de sollicitude, il demande quelque repos pour sa troupe; en capitaine sage, le temps de rétablir la discipline dans ses rangs, en administrateur prévoyant, les moyens de réparer son matériel.

Le 9, l'adjudant-commandant Gérard partit de Lubeck pour le quartier impérial, portant à Napoléon cinquante et un drapeaux pris sur les troupes prussiennes et suédoises. Bernadotte écrivait à l'empereur : « Je supplie votre
» majesté de vouloir bien recevoir cet hom-
» mage, offert par le premier corps de la grande

» armée à son auguste chef, comme un nou-
» veau gage du dévouement sans bornes dont
» nous sommes tous animés pour votre per-
» sonne sacrée.

» Votre majesté me permettra-t-elle, ajoutait
» le maréchal, de lui rappeler la demande que
» j'ai eu l'honneur de lui faire en faveur du
» colonel Gérard, et qu'elle a bien voulu ac-
» cueillir favorablement. Votre majesté connaît
» les anciens services de cet officier. Dans cette
» campagne, sire, il s'est efforcé d'acquérir de
» nouveaux droits à vos bontés : il a rempli,
» avec autant d'habileté que de bravoure, les
» diverses missions dont je l'ai chargé. Si votre
» majesté daigne le nommer général de brigade,
» elle aura récompensé un des officiers les plus
» distingués, et je considérerai cette faveur
» comme un nouveau bienfait pour moi. »

Le premier aide-de-camp du prince de Ponte-Corvo fut immédiatement nommé général de brigade. Plus tard, lorsque des raisonneurs politiques irréfléchis méconnurent le caractère et les véritables devoirs du prince royal de Suède, le général Gérard, privilégié des affections du maréchal Bernadotte, et qui avait trouvé en lui le tuteur bienveillant de sa fortune militaire, sentit qu'il lui appartenait de défendre la renommée de cet ancien bienfaiteur, et sans doute il obéit à cette inspiration d'une juste gratitude.

Pendant son séjour à Lubeck, le prince reçut de l'empereur la lettre suivante, datée de Berlin, le 13 novembre : « Mon cousin, j'ai reçu
» les drapeaux que vous m'avez envoyés ; j'ai
» vu avec plaisir l'activité et les talents que
» vous avez déployés dans cette circonstance, et
» la bravoure distinguée de vos troupes. Je vous
» en témoigne ma satisfaction, et vous pouvez
» compter sur ma reconnaissance. »

Le commandant en chef du premier corps de la grande armée, dans le bref séjour qu'il fit sur les bords de la Trave, après le triomphe de Lubeck, ordonna qu'on établît deux ponts volants sur l'Elbe, l'un à Boizenbourg, l'autre à Artenbourg. Une partie de la division Drouet passa le fleuve, avec le 4ᵉ régiment d'hussards, pour donner la chasse à quelques corps de flanqueurs prussiens qui rôdaient dans les environs de Lunebourg.

Le général qui les commandait, serré par les troupes de Drouet, et n'ayant d'ailleurs aucun moyen de salut, se rendit prisonnier, avec quatre escadrons du régiment du roi de Bavière, dragons et leurs étendards; un escadron de hussards de Kohler; un détachement de divers régiments; deux colonels, deux majors, trente officiers de tout grade; six cents hommes d'infanterie, dont un lieutenant-colonel, quatre capitaines et quinze autres officiers.

Le capitaine Le Brun [1], aide-de-camp du prince de Ponte-Corvo, présenta à l'empereur les quatre étendards pris avec le régiment du roi de Bavière.

Cette expédition termina la campagne sur ce point; le 9 novembre le premier corps d'armée quitta ses cantonnements de Lubeck, et se porta sur Berlin, où il arriva le 28.

---

[1] Fils de l'archi-trésorier de l'empire; il est devenu officier général. On le citait comme un des cavaliers les plus agréables de la cour impériale.

CHAPITRE V.

Changements dans le premier corps d'armée. — Début de la campagne de Pologne. — Le prince de Ponte-Corvo commande trois corps formant la gauche de la grande armée. — Marche habile pour séparer les Prussiens des Russes. — Ce résultat est obtenu. — Quartiers d'hiver. — Bernadotte nettoie tout le pays compris entre la Passarge et le Frisch-haff. — Bataille de Mohrungen. — Le succès de cette journée conserve les communications entre le premier corps et le surplus de l'armée. — Combat de Braunsberg. — Affaire du Pont de Spanden. — Le prince de Ponte-Corvo y est blessé. — Il continue de donner des ordres. — Lettre flatteuse qui lui est écrite de la part de l'empereur. — Il est forcé de remettre son commandement. — Peu de jours après, la victoire de Friedland termine la guerre.

Le prince de Ponte-Corvo ne resta que quelques heures à Berlin : ce brave premier corps d'armée avec lequel, depuis son départ d'Hanovre, il avait combattu si glorieusement, devait concourir à de nouveaux exploits contre les troupes de l'empereur Alexandre, à la tête desquelles ce souverain s'avançait en personne. Mais au moment où ce même corps s'ébranlait pour marcher sur la Vistule, il éprouva des pertes sensibles : le général L. Berthier, son chef d'état-major, atteint déjà de la cruelle maladie qui devait priver l'armée de ce brave et loyal officier, fut contraint de prendre un congé; et le général d'artillerie Éblé, dont les talents supérieurs avaient puissamment contribué aux victoires de Halle et de Lubeck, venait d'être nommé gouverneur de Magdebourg.

Il n'appartient pas à notre sujet d'examiner comment cette forteresse inexpugnable tomba si promptement au pouvoir de l'armée française; nous devons nous borner à dire que sa prise, en admettant qu'elle eût eu lieu, aurait coûté beaucoup de sang; ce qu'elle coûta était moins regrettable, et l'empereur s'abstint sagement de faire comprendre cette conquête parmi les fastes de la campagne [1].

[1] L'auteur était chargé de l'administration militaire à Magdebourg pendant l'année 1811 et une partie de 1812; il a connu parfaitement, et les conditions secrètes de la reddition de cette place en 1806, et même leur

Le général de brigade Maison remplit, par intérim, les fonctions de chef d'état-major; le général Faultrier remplaça le général Éblé au commandement de l'artillerie, et le général Gérard eut auprès du prince l'emploi qu'y avait exercé, pendant la campagne précédente, le général Maison.

Du reste, les divisions restèrent composées comme elles l'étaient précédemment; si ce n'est, toutefois, que le général de division Tilly remplaça le général de brigade Vathier dans le commandement de la cavalerie légère.

Le corps d'armée partit de Berlin le 29 novembre, pour se rendre à Posen, en passant par Francfort sur l'Oder; il arriva dans cette dernière ville le 8 décembre, et y resta jusqu'au 15. Il se remit en marche le 16, se dirigeant sur Thorn, où l'une de ses brigades au moins, portait l'ordre de l'empereur, devait être rendue le 18 : ce fut une brigade de la division Dupont; le reste du corps d'armée rejoignit le 19 et le 20.

quotité. Le bourgmestre de Magdebourg (à cette époque M. le comte de Plumenthal) obtint la croix de la Légion-d'Honneur; il faut ajouter, quant à lui, qu'il épargna des malheurs à ses administrés et fit en cela son devoir d'officier civil.

Ce mouvement, opéré avec célérité, avait pour but de substituer le 1er corps au 6e, commandé par le maréchal Ney : ce dernier venait de se porter sur le Gollup, afin d'observer les débris de l'armée prussienne, réunis sous les ordres du général Lestoq. Ce corps ennemi se trouvait à Osterode, poussant des partis le long de la Drewentz. Les intentions de Lestoq avaient été pénétrées : on savait qu'il se disposait à faire un mouvement, par sa gauche, afin de se rapprocher de l'armée russe dans la nouvelle Prusse, et de combiner avec elle ses opérations. Pour prévenir cette manœuvre, le 6e corps et une forte réserve de cavalerie, qui avait été formée à Thorn, sous les ordres du général Bessières, furent mis sous ceux du prince de Ponte-Corvo, pour agir de concert avec le premier corps : son altesse commandait ainsi l'aile gauche de la grande armée, et se trouvait, cette fois encore, appelée à commencer les hostilités d'une nouvelle campagne.

Le prince de Ponte-Corvo, posta le 6e corps vers Strasburg et Gurzno, et partit le 20 de Thorn, avec la réserve de cavalerie pour Rypin et Biézun. Il ordonna en même temps aux divisions Drouet et Dupont du 1er corps, de passer la

Drewents à Gollup, et de suivre le mouvement de la réserve. La division Rivaud restait à Thorn pour couvrir ce débouché, observer la garnison de Graudentz et surtout contenir les troupes ennemies restées à Osterode.

En arrivant de Biézun, l'avant-garde du maréchal Bessières rencontra celle du général Lestoq, qui s'était avancée pour s'emparer de ce point important. Un vif engagement eut lieu; il fut à l'avantage de l'armée française : l'ennemi, contraint de se retirer, laissa au pouvoir du vainqueur quelques prisonniers, et un étendard, enlevé dans une belle charge faite par une brigade de dragons aux ordres du général Roger. Les Prussiens se replièrent sur Mlawa. De son côté, le maréchal Ney avait battu l'ennemi à Soldau.

Le premier corps, ayant achevé son mouvement sur Biézun, se porta naturellement sur Mlawa. Cette marche, commencée le 25, fut très-laborieuse : les chemins étaient impraticables; l'artillerie ne pouvait suivre; à peine faisait-on quatre lieues par jour. Cependant, le premier corps arriva le 29 à Mlawa; il occupa plusieurs villages; son quartier-général s'établit à Dembsk. Pendant ces dispositions, le maréchal Ney s'était porté de Soldau à Neidenbourg; tandis que la réserve du maréchal Bessières et le prince de Ponte-Corvo, de sa personne, se portaient sur Chorzellen.

Nous avons jugé nécessaire d'indiquer ces divers mouvements, parce qu'ils constituèrent une manœuvre habile, de laquelle il résulta que l'armée prussienne fut séparée des Russes. Alors les trois corps dont la direction était confiée au prince, se trouvèrent en position d'agir sur le flanc droit et sur les derrières des troupes de l'empereur Alexandre.

Dans cette situation, les chemins étant devenus tout à fait impraticables, et la saison rigoureuse ne permettant plus de tenir la campagne, l'empereur ordonna aux troupes de prendre des cantonnemens d'hiver. Le quartier général revint à Mlawa. La réserve aux ordres du maréchal Bessières fut dissoute : les régiments qui la composaient furent répartis dans les différents corps d'armée. La 4e division de dragons, commandée par le général Sahuc, et la cavalerie légère du premier corps, qui se trouvait détachée depuis le 29 novembre, sous les ordres du maréchal Ney, reprirent leur place parmi les troupes du prince de Ponte-Corvo.

L'empereur fixa lui-même la ligne des quartiers d'hiver : d'après cette fixation, le premier corps d'armée dut occuper l'importante position d'Osterode; s'étendant, par sa gauche, jusqu'au Frisch-Haff [1], et pouvant, au besoin, se jeter sur ses derrières vers la Vistule. En cas de mouvement offensif de la part de l'ennemi, le corps d'armée devait se concentrer à Osterode, pour protéger cette position et attendre les ordres de l'empereur.

Ainsi cantonné, le corps du prince de Ponte-Corvo couvrait les siéges de Dantzig et de Graudentz, dont la direction supérieure était confiée à ce général, ayant sous ses ordres le général Victor, pour la première de ces places, et le général Rouyer, pour la seconde. Les Polonais et quelques autres troupes alliées formaient les corps destinés aux deux siéges.

Ainsi, le prince de Ponte-Corvo, jusqu'au moment où les hostilités seraient reprises, devait faire mouvoir ces troupes pour former le blocus de Dantzig et de Graudentz; et cette partie du plan de campagne s'exécuta de manière à ce que ces mêmes troupes combinèrent

---

[1] Longue bande de mer, infiltrée dans les terres, parallèle à la mer du Nord, et qui s'étend de Kœnisberg à Dantzig.

leurs manœuvres avec celles du 1er corps, vers le Frisch-Haff.

Ces diverses opérations marchèrent avec une telle harmonie que l'investissement des deux places était complet le 18 janvier, et que ce même jour le corps d'armée occupait ses quartiers d'hiver d'Osterode.

Tandis que ces mouvements s'effectuaient, le général Faultrier, commandant l'artillerie du premier corps, reçut du prince de Ponte-Corvo l'ordre de se rendre à Thorn, et d'y réunir tous les moyens nécessaires à l'établissement d'un pont, que son altesse voulait faire jeter, derrière son corps d'armée, sur la Basse-Vistule.

En arrivant à son quartier-général, le prince apprit que les Prussiens, qui occupaient l'île de la Nogah [1], Dantzig et les rives de la Passarge, avaient réuni un corps à Preussisch-Holland, pour couvrir Elbing, et lier la communication entre leurs troupes de la Basse-Vistule et leur corps d'armée posté sur la Passarge. Son altesse repartit d'Osterode le 19, joignit à Saalfeld la division Dupont, la cavalerie légère et la brigade de dragons du général Laplanche, qui s'y étaient

---

[1] Grande île située entre les deux bras de la Vistule; elle est fertile et opulente : c'est un des greniers du nord de la Prusse.

rendues pour marcher sur Elbing. A la tête de ces troupes, le prince attaqua tout ce qui se trouvait d'ennemis à Preussisch-Holland, et nettoya le pays entre la Passarge, le Frisch-Haff et l'île de la Nogah. Il n'y eut, pendant cette manœuvre, qu'un léger engagement à Holland, quelques charges de cavalerie qui rencontrèrent peu de résistance, et diverses escarmouches sans importance.

Le prince de Ponte-Corvo, ayant ainsi balayé le pays qu'il devait couvrir pendant l'hiver, arriva à Elbing le 21, avec une partie de la division Dupont et les dragons du général Laplanche.

Maïs, dans la nécessité où l'on s'était trouvé d'opérer derrière la ligne qu'allaient occuper les quartiers d'hiver du premier corps, on avait donné l'éveil à l'empereur sur le danger d'une trop grande sécurité pendant l'arrière-saison.

Les généraux russes pensaient déjà, peut-être, que les rigueurs du climat pourraient être un auxiliaire utile contre des troupes habituées à combattre sous de moins âpres latitudes, et ces espérances de l'ennemi n'échappèrent point sans doute aux prévisions de Napoléon. Le premier corps reçut l'ordre de ne prendre d'abord que des cantonnements provisoires, et de ne se disloquer que lentement.

Ces précautions ne tardèrent point à être justifiées : à peine les cantonnements commençaient-ils à s'établir, qu'on eut avis d'un mouvement de l'armée russe sur le corps du maréchal Ney, posté fort en avant, sur l'Alle. Le général Maison, chef de l'état-major général, qui se trouvait à Osterode, fut informé de la marche des Russes : il apprit que de très-gros corps suivaient le maréchal Ney, dans le mouvement rétrograde qu'il faisait pour prendre ses quartiers d'hiver; dès lors il jugea que l'ennemi n'avait pas ramassé de si grandes forces, seulement pour inquiéter la retraite du 6ᵉ corps, et qu'il tomberait infailliblement sur le premier, qui commençait à se disséminer. Préoccupé de cette pensée, le général Maison prévint le général Pacthod, de la division Rivaud, détaché, avec le 8ᵉ régiment de ligne, à Mohrungen, qu'il eût à se tenir sur ses gardes, parce qu'il paraissait probable qu'il serait bientôt attaqué. Le chef de l'état-major général, faisant connaître en même temps les dispositions de l'ennemi au général Drouet, lui ordonna, au nom du prince, de réunir sur-le-champ toute sa division à Saalfeld, où il recevrait de nouvelles instructions de son altesse. En même temps, le général Rivaud reçut l'ordre de concentrer sa division sur Osterode, le plus promptement possible; la brigade de dragons du général Margaron fut chargée de garder la route d'Altenstein, et de couvrir la droite d'Osterode.

Ces dispositions, dans lesquelles le général Maison avait déployé beaucoup d'intelligence et d'activité, furent approuvées par le prince de Ponte-Corvo; mais il jugea nécessaire de porter de plus fortes masses sur Mohrungen. Son altesse ordonna donc à la division Drouet, qui se réunissait à Saalfeld, de se rendre à Mohrungen; on dirigea aussi sur ce point la division Dupont, la cavalerie légère, et la brigade de dragons stationnée à Holland. Il y avait dans ce mouvement une intention stratégique nettement conçue : le prince, en massant ainsi des forces imposantes à Mohrungen, se proposait de défendre cette position, et de maintenir sa communication avec Osterode, point de jonction du premier corps avec le reste de la grande armée. Toutes les troupes manœuvrèrent avec une précision digne des plus grands éloges; pourtant peu s'en fallut que l'ennemi n'arrivât à Mohrungen avant que la marche ordonnée fût accomplie. Cet inconvénient eût été grand; car le 8ᵉ régiment, qui se trouvait seul à ce poste, aurait été culbuté, et la jonction des divisions serait devenue fort difficile.

Les choses en étaient là, lorsque, le 24 janvier, les Russes, venant de Heilsberg et de Seebourg par Grastadt, arrivèrent sur la ligne du premier corps, franchirent la Passarge et firent enlever Liebstadt par une forte avant-garde. Cette place n'était occupée que par le 4ᵉ régiment de hussards, arrivé tout récemment de Braunsberg, par cent dragons et par deux compagnies de voltigeurs du 8ᵉ régiment. Une si faible garnison, pour le maintien d'un point d'honneur qu'elle devait payer trop cher, s'obstina malheureusement à défendre Liebstadt; l'infanterie fut tuée ou prise; les cent dragons périrent presque entièrement, et les hussards auraient eu le même sort, si la nuit n'eût protégé leur retraite, et, selon le dire de ces braves, leur humiliation... Ce trait de valeur désespérée est du nombre de ceux qu'il faut déplorer, lorsque l'utilité ne les justifie point... Le colonel de hussards Burthe avait été blessé dans une charge. Le lendemain 25, l'ennemi se mit en mouvement pour se porter sur Mohrungen, et se présenta devant cette ville, au moment où le prince de Ponte-Corvo y entrait avec un bataillon du 9ᵉ régiment d'infanterie légère, et la brigade de dragons du général Laplanche. Dans le même instant le général Drouet, venant de Saalfeld, arrivait avec le 27ᵉ régiment léger et le 94ᵉ de ligne.

Les troupes se formèrent sur l'heure en avant de Mohrungen, pour repousser l'ennemi, et donner le temps d'arriver à la division Dupont, qui venait d'Osterode, avec la cavalerie légère. Selon leur habitude, les Russes inondèrent la plaine d'une nuée de cosaques. L'ennemi présentait une masse de cavalerie en avant du village de Pfarrersfeldhen; un assez gros corps d'infanterie occupait ce village, disposé en espèce d'amphithéâtre, et où l'ennemi avait trouvé une position avantageuse. Le corps russe pouvait monter en tout, à peu près, à vingt mille hommes.

Le combat commença par un engagement entre les cosaques et des tirailleurs de notre cavalerie légère; ces bandes ne tinrent que quelques instants, et se replièrent sur leurs masses. Alors le prince fit donner l'ordre à un bataillon du 9ᵉ régiment d'infanterie légère d'attaquer le village, et à un bataillon du 27ᵉ régiment de la même arme de longer un bois, auquel s'appuyait la gauche de l'ennemi. Le prince dépêcha, en même temps, son premier aide-de-camp au général Dupont, pour lui prescrire de presser sa marche, et de se diriger, par Koenigsdorff, afin de déborder la droite des Russes. Son altesse ordonna aussi de faire placer quatre pièces d'artillerie sur une hauteur qui domine la position de Pfarrersfeldhen : Cette batterie improvisée fit beaucoup de mal à l'ennemi. Enfin, le prince envoya l'ordre au 94ᵉ régiment, qui achevait son mouvement de Saalfeld sur Mohrungen, avec la réserve d'artillerie de la division Drouet, de s'arrêter à la hauteur d'Hekersdorf, et au colonel de ce régiment, de faire garder Mohrungen par deux compagnies.

Le bataillon du 9ᵉ d'infanterie légère, ayant trouvé dans Pfarrersfeldhen des forces très-supérieures, était accablé par le nombre; son altesse conduisit elle-même, pour le soutenir, le 2ᵉ bataillon du 27ᵉ d'infanterie légère, qui s'avança au pas de charge, ayant à sa tête le général Werlé. Le 1ᵉʳ bataillon du même régiment, conduit par son colonel, continuait toujours sa marche le long du bois, d'où il menaçait le flanc gauche de l'ennemi... Dans la mêlée, l'aigle du 9ᵉ régiment fut prise par les Russes; mais soudain nos soldats, avec un courage qui tenait du délire, se précipitèrent sur la troupe qui avait enlevé cet insigne .. Il y avait là cet élan de l'âme que le serf du Nord, poussé sous les drapeaux, ne sait ni concevoir, ni soutenir : l'aigle fut reprise à l'instant.

Cependant, le 8ᵉ régiment s'avançait en masses, par bataillons; le 94ᵉ formait la réserve. La brigade de dragons du général Laplanche, placée en échelons, soutenait l'infanterie... Il fallait en finir.

L'ennemi, vivement pressé par cette combinaison de mouvements, et ayant perdu un de ses généraux, abandonna enfin la position du village. Tandis qu'il commençait sa retraite, une belle charge du 19ᵉ de dragons contribua à la lui faire précipiter. Alors la brigade du général Laplanche eut ordre de traverser Pfarrersfeldhen, et de se placer en bataille à la gauche de ce village. Mais l'ennemi prit position sur le plateau, en arrière de ce même village, et fut renforcé par sa réserve.

La nuit approchait : le prince, n'ayant aucune nouvelle du général Dupont, qui avait trouvé des chemins impraticables pour son artillerie, fit avancer le 8ᵉ de ligne entre le village abandonné et le bois, près duquel était resté le 1ᵉʳ bataillon du 27ᵉ léger. Le plateau fut attaqué avec l'impétuosité ordinaire des troupes françaises et emporté. Le général Pacthod, qui conduisait le 8ᵉ régiment, fut blessé d'un coup de mitraille à la cuisse; mais il refusa de quitter son poste, et continua de prendre part à la gloire de cette journée.

L'ennemi se concentra alors dans la position inexpugnable de Georgenthal, et, présentant des forces triples des nôtres, faisait néanmoins des efforts inouïs pour s'y maintenir... Tout à coup, la division Dupont, débouchant par Viast sur Georgenthal, attaque le flanc droit des Russes avec vigueur, dans le temps que le prince les fait attaquer en tête. Ne pouvant soutenir ce double choc, ils abandonnent la position et se retirent, dans le plus grand désordre, sur la route de Liebstadt, laissant sur le champ de bataille un obusier, leurs blessés et un assez grand nombre de prisonniers.

Le prince de Ponte-Corvo, maître du champ

de bataille, fit prendre position à ses troupes pour la nuit, et poursuivit l'ennemi avec quelques détachements de cavalerie.

La victoire de Mohrungen était d'une haute importance : elle permit de conserver les communications du premier corps avec la grande armée, et de lier les opérations des troupes qui venaient de combattre, avec la division Rivaud, restée à Osterode.

Dans ce combat d'un intérêt majeur, et durant lequel les troupes françaises se soutinrent et triomphèrent malgré l'immense disproportion du nombre, les chefs avaient donné constamment l'exemple du plus valeureux dévouement. Le prince de Ponte-Corvo, lui-même, s'était tenu constamment au milieu du feu, servant de point de ralliement à nos troupes, et de point de mire à l'ennemi. Les généraux Drouet, Dupont, Laplanche, Pacthod et Gérard; l'adjudant-commandant Hamelinaye; les colonels Ratié, Razout, Charnotel et Darricau ; le chef d'escadron Gault et le capitaine Le Brun, aides-de-camp du prince, avaient partagé les dangers et l'honneur de cette journée. Elle coûta à l'armée française sept à huit cents hommes, mis hors de combat, dont deux cent cinquante restés sans vie sur le champ de bataille. Mais les Russes virent disparaître de leurs rangs environ seize cent cinquante combattants, dont neuf cents blessés, six cents morts et cent cinquante prisonniers.

Le 28, tout le premier corps reçut l'ordre de faire une manœuvre rétrograde de trois ou quatre lieues; le prince ne la fit commencer qu'après avoir rallié la division Rivaud, restée à Osterode, et lorsqu'il vit que l'ennemi allait achever son mouvement pour le couper de Thorn et des troupes du blocus de Graudentz. Son altesse fit alors prendre position au village de Richen, sur la route de Löbau. Le lendemain, le premier corps, se repliant encore, occupa Löbau même et quelques villages environnants.

A peine avait-on pris position le 29, que l'ennemi attaqua le poste de Grabaw, défendu par le 4ᵉ régiment de hussards et par deux compagnies du 9ᵉ régiment d'infanterie légère. Le colonel Boudeimon commandait sur ce point : il plaça son infanterie dans le cimetière, et ses hussards furent disposés, par pelotons, dans une large rue aboutissant à ce cimetière. Ce fut dans cette position que le colonel reçut une charge fournie par un corps nombreux de cosaques et de cavalerie russe; un feu bien nourri accueillit cette nuée compacte, qui laissa cent cinquante morts sur le champ de bataille, et se retira en désordre. Cependant le général Dupont, qui avait fait prendre les armes à sa division, marchait de Rosenthal pour secourir le poste de Grabaw; son intervention fut inutile.

Le prince ne recevait pas de nouvelles de l'empereur depuis plusieurs jours; il y avait lieu de craindre qu'un mouvement ne dérangeât les projets de sa majesté. En conséquence, son altesse prit la résolution d'attendre, et de combattre l'ennemi dans la position qu'il occupait. Le prince harangua la troupe, lui rappela sa victoire de Mohrungen; des acclamations d'enthousiasme répondirent à l'allocution du chef.

Le 30, à deux heures du matin, le premier corps prit un ordre de bataille, s'attendant à être attaqué au point du jour. Il ne le fut point; seulement on s'aperçut que l'ennemi avait renforcé les troupes postées devant Ralzonne, et amené du canon sur le bord de la Drewentz.

Sur l'avis que le prince lui avait donné du mouvement de l'ennemi, le général d'Hautpoul, dont la division de cuirassiers cantonnait à

Strasburg et dans les environs, arriva vers le milieu de la journée pour se réunir au premier corps. Le 31, la troupe, y compris les cuirassiers d'Hautpoul, resta dans l'ordre de bataille qu'elle avait pris la veille : cette journée se passa en fréquentes alertes, dans l'une desquelles le général Rivaud fit une chute de cheval, et se fractura le bras; l'intérim du commandement de sa division fut confié au général Pacthod.

Le prince de Ponte-Corvo était toujours sans ordres de l'empereur ; il ne pouvait, cependant, rester avec sécurité dans la position qu'il occupait, exposé à combattre seul et sans point d'appui. Deux partis se présentaient : ou le premier corps pouvait se retirer sur Thorn, afin de couvrir ce point important; ou bien il pouvait former sa jonction avec la gauche de l'armée. Le prince était, du reste, fort mal instruit des mouvements de l'ennemi, par la difficulté d'avoir de bons espions, dans un pays peu disposé à favoriser les troupes françaises. Au moment où son altesse optait en faveur de sa réunion avec la gauche de l'armée, et se décidait à abandonner entièrement ses communications avec Thorn, les ordres de l'empereur arrivèrent. Ils enjoignaient positivement au prince de couvrir cette ville par tous les moyens qui se trouvaient en son pouvoir, et de subordonner toutes ses manœuvres à ce but. Il n'y avait donc plus un moment à perdre pour faire une marche rétrograde; l'ennemi était en force à Deutseh-Eylau; il avait des troupes à Bischoffverder et menaçait Neumarck et Strasburg. Dans cette situation, il pouvait couper le premier corps de Thorn s'il eût été entreprenant; mais sans doute les mouvements que l'empereur imprimait au reste de l'armée attiraient l'attention des Russes ailleurs.

Le premier corps quitta sa position de Löbau le 31 à midi, et se retira sur Strasburg et Neumarck. L'arrière-garde fut vivement serrée par l'ennemi au défilé de Brattian; mais le général Dupont, qui la commandait, manœuvra avec habileté, parvint à tenir l'ennemi en échec, et la retraite continua sans accident, sans qu'on eût à regretter une seule voiture. Les troupes prirent position à Strasburg et aux environs, dans la journée du 1er février.

Cependant les succès que l'empereur Napoléon obtint à cette époque à la tête des autres corps de l'armée, obligèrent l'ennemi à se mettre bientôt en retraite; mais ce mouvement fut dérobé au premier corps par les nuées de cavalerie russe qui couvraient sans cesse son front, et le harcelaient dans ses positions. Plusieurs officiers qui apportaient des ordres au prince de Ponte-Corvo furent pris par les cosaques : son altesse était dans une complète ignorance des événements; et ce ne fut que le 3, dans la journée, que lui parvint l'ordre de se porter en avant.

Le premier corps partit de Strasburg le 4, et se rendit, le même jour, à Koernick. Le 5, il se porta à Löbau, le 6 à Osterode, le 7 à Mohrungen, le 8 à Reicherstwald.

En entrant à Osterode, la cavalerie légère trouva un parti de cosaques et environ six cents hommes d'infanterie; elle les chargea vigoureusement, fit deux cent vingt prisonniers, reprit à l'ennemi une trentaine d'hommes des quatrième et sixième corps, ainsi qu'un assez grand nombre de voitures, et enleva six mille rations de pain. A Mohrungen la cavalerie fit aussi deux cents prisonniers russes.

A son arrivée à Reicherstwald, le prince reçut du major-général l'ordre de se mettre à la poursuite du général prussien Lestoq, que l'on sup-

séparé de l'armée russe, et qui, jeté sur le Frisch-Haff, ne pourrait achever sa retraite vers Koenigsberg. Son altesse ordonna de marcher sur Behlenhoff le 9, son intention étant de se diriger droit sur le Frisch-Haff. Mais arrivé à Behlenhoff, le prince reçut l'avis de la bataille de Preussisch-Eylau [1], gagnée le 8 février, et l'ordre de rejoindre sur-le-champ la grande armée. Le même jour, 9, on se porta sur Wormditt, où les troupes arrivèrent fort tard. Le 10, le premier corps se rendit à Buchholz, et le 11 à Preussisch-Eylau, quartier-général de l'empereur. Le prince fit bivouaquer ses troupes à la gauche de l'armée, en avant de Goerchen, où son altesse s'établit de sa personne.

Le 14, la division Dupont reçut l'ordre de se porter sur Kreutzbourg, et de faire des dispositions pour occuper Mansfeld, comme tête

---

[1] Appelée communément bataille d'*Eylau*. Les soldats lui donnèrent le nom de bataille des *Te Deum*, parce qu'en effet chaque armée s'étant attribué l'avantage de cette journée, on en rendit des actions de grâces à Dieu dans les états du czar Alexandre, comme dans ceux de l'empereur Napoléon. Le *Te Deum* légitime eût été incontestablement celui que l'armée française aurait pu entendre sur le champ de bataille d'Eylau : il n'y a point de victoire pour les combattants qui abandonnent le terrain du combat. — Mais combien de *De profundis* eussent dû précéder ce *Te Deum* de la grande armée !

de cantonnement, si l'ennemi l'avait évacué. Dans ce mouvement, il y eut souvent des escarmouches aux avant-postes de Mansfeld, en arrière du village et au moulin du même nom; l'ennemi fut toujours repoussé.

Le premier corps resta dans ses positions en avant de Goerchen, du 11 au 17 février; à cette dernière époque, il se remit en marche pour aller reprendre ses quartiers d'hiver derrière la Passarge. Il formait alors l'arrière-garde de la grande armée. Le 22, ce corps arriva à Reichertswald; il traversa la Passarge; les ponts furent ensuite brûlés, et les troupes prirent des cantonnements.

Tandis que l'armée française se retirait vers ses quartiers, le corps du général Lestocq, fort d'environ douze mille hommes, et composé de Russes et de Prussiens, avait marché de Kœnigsberg sur Braunsberg, traversé la Passarge sur le pont de cette ville, descendu ensuite la rivière jusqu'à Tiedmansdorf, et poussé des postes vers Mulhausen. Ce corps paraissait vouloir se maintenir dans cette position, occuper Elbing, et tenir la communication avec Dantzick.

Pour établir avec quelque sécurité des quartiers d'hiver, il fallait donc obliger Lestoq à repasser la Passarge. En conséquence, le prince de Ponte-Corvo ordonna au général Dupont de se porter sur Braunsberg, et d'obliger l'ennemi à se jeter au-delà de la rivière. Outre sa division d'infanterie, le général Dupont eut à sa disposition la cavalerie légère, maintenant commandée par le général Lahoussaye; de plus, la brigade de dragons, aux ordres du général Margaron, fut postée à Tiedmansdorf, et le 54ᵉ régiment de ligne, avec deux pièces de canon, à Mulhausen. Ces troupes devaient soutenir le général Dupont, et marcher, sur l'ordre qu'il leur donnerait, dans le cas où ce général aurait besoin de secours.

Cependant, à mesure que le général Dupont s'avançait sur l'ennemi, celui-ci se repliait sur Braunsberg; enfin, il s'arrêta près de Stangendorf, et se disposa à recevoir le combat. Il y avait environ sept mille Prussiens et cinq mille Russes quand l'action commença. Le général Dupont disposa ses troupes en deux colonnes : celle de droite, composée du 9ᵉ régiment d'infanterie légère et du 5ᵉ de chasseurs, était commandée par le général Labruyère; elle longea la Passarge, et déboucha par Petelkau. La colonne de gauche, formée des 24e, 32e et 96e de ligne, et des 2e et 4e régiments de hussards, était conduite par le général Dupont en personne : elle suivit la route de Mulhausen à Braunsberg.

L'ennemi occupait, sur sa gauche, le village de Zagern, par un fort détachement ; mais ses plus grandes forces se tenaient entre la route de Frauenbourg et le bois de Braunsberg, en arrière de Stangendorf.

A deux heures de l'après-midi, le général Labruyère arriva devant Zagern, l'enleva après une fusillade assez vive, et força l'ennemi de se retirer derrière un ravin creusé entre le rivage et Braunsberg. Pendant ce temps, le général Dupont avait débouché du bois, et allait attaquer la position de Stangendorf. Le 32e s'était déployé à droite de la route, et le 94e avait gagné le village, au moment où l'ennemi se présentait pour y entrer. Le 24e de dragons se tenait en seconde ligne, en colonne, et suivait ce mouvement. Les deux régiments d'hussards manœuvraient dans les intervalles ou sur les ailes, suivant les dispositions du terrain.

Ces diverses manœuvres, habilement combinées, eurent un plein succès : Quoique l'ennemi fût placé sur les hauteurs d'une manière fort avantageuse, le général Dupont l'attaqua et le culbuta. Alors il se retira derrière un ravin, en avant de la ville, et reprit position. Attaqué de nouveau par le général Dupont, il fut encore culbuté. Néanmoins, il s'arrêta aux portes de Braunsberg, et s'efforça de défendre cette ville. Le combat recommença avec acharnement : Lestoq, ayant reçu un renfort de la rive droite, voulait à tout prix se maintenir en possession à Braunsberg. Enfoncé une troisième fois, il perdit tout son canon et beaucoup de prisonniers. Le général Dupont fit poursuivre les fuyards à travers la ville, passa le pont avec eux, et leur donna la chasse assez longtemps. Puis les bivouacs furent établis au-delà du faubourg de Neustadt.

Les trophées de ce combat furent quinze cents prisonniers russes ou prussiens; six drapeaux, neuf pièces de canon et tous les blessés ennemis.

Dans l'engagement de Braunsberg, le général Dupont fit preuve d'un talent fort distingué; il fut vaillamment secondé par le général Lahoussaye, qui fournit à propos une belle charge du 2e régiment d'hussards, commandé par le colonel Gérard. Le général Dupont se loua particulièrement du général Barois, commandant la deuxième brigade de sa division, ainsi que des colonels Meunier, du 9ᵉ d'infanterie légère, Sémélé du 24ᵉ de ligne, et Aymar du 32ᵉ.

Le 27 au matin, le général Dupont repassa la Passarge sur le pont de Braunsberg, et s'établit dans cette ville, à Frauenbourg et à Tolkemitt.

La Passarge qui, pendant près de quatre mois, servit de retranchement à l'armée française, est plutôt un gros ruisseau qu'une rivière. Or, le front du premier corps, durant les quartiers d'hiver, s'étendait sur cette petite rivière depuis Schonaich jusqu'à son embouchure, c'est-à-dire environ 12 lieues. Devant Braunsberg, sa largeur est de 20 toises; à Schonaich, elle en a moins de 11 : c'était un retranchement peu imposant.

De ses cantonnements sur la Passarge, le premier corps eut de nouveau l'ordre d'observer avec soin le Frisch-Haff, à sa gauche, sur lequel naviguaient quelques bâtiments armés par les Prussiens; et souvent les troupes cantonnées à Frauenbourg furent inquiétées par ces aventuriers.

Le 2 mars, l'empereur ordonna un mouvement général sur la ligne des cantonnements, pour repousser l'ennemi qui s'en était approché partout en force; le premier corps se réunit sur divers points rapprochés les uns des autres. Le prince de Ponte-Corvo donna l'ordre en même temps de préparer les moyens de rétablir les ponts de Braunsberg et de Spanden, et de construire des radeaux pour effectuer différens passages.

La journée du 3 s'écoula en démonstrations vis-à-vis de Spanden; puis le général Dupont, débouchant de Braunsberg, poussa l'ennemi sur la route de Brandenbourg, et rentra le soir dans la ville d'où il était parti, selon les instructions qu'il avait reçues. Le 4, l'ennemi s'étant éloigné un peu de la Passarge, on jeta quelques bataillons et de la cavalerie sur la rive droite, à la hauteur de Spanden. Nos troupes occupèrent Wüshen, Stegmansdorf, et des postes furent poussés jusqu'à Bornitt, sur la route de Mehlsack. On se lia aussi par des reconnaissances avec les troupes du maréchal Soult, sur Wormditt.

Le prince donna l'ordre de retrancher le faubourg de Neustadt à Braunsberg, pour en faire une tête de pont, et d'en former une autre à Spanden. Dans la suite, la ville même fut défendue par des ouvrages, et présenta l'aspect d'un grand camp retranché. Des ponts provisoires furent établis. Tous ces travaux, commencés et poursuivis avec la plus grande activité, se trouvèrent en moins de huit jours assez avancés pour protéger cette position; peu de temps après, ils constituèrent un véritable système de défense. On établit alors des ponts fixes, que l'on pouvait toutefois enlever avec facilité.

Le 4 mars au soir, toutes les troupes étaient rentrées dans leurs cantonnements, sur la rive gauche de la Passarge; les quartiers d'hiver furent maintenus à peu près calmes jusqu'au commencement du mois de mai. Alors l'empereur, prévoyant le retour prochain des hostilités sérieuses, prescrivit des dispositions pour s'y préparer. Le 10, le prince de Ponte-Corvo reçut l'ordre de faire camper son corps d'armée par divisions, dans des positions reconnues et marquées d'avance par les officiers du génie. Ces campements furent établis de telle manière que les troupes pouvaient facilement et promptement se prêter un mutuel secours, pour la défense de la Passarge, surtout sur les deux points principaux de Braunsberg et de Spanden.

Telle était la situation du premier corps d'armée, lorsque la belle saison permit de rentrer en campagne. On vit alors recommencer une nouvelle série de combats, que l'on peut appeler la troisième campagne de Prusse.

L'ennemi avait laissé enlever au maréchal Lefebvre la place de Dantzick, sans avoir fait d'autres efforts pour la délivrer que la tentative infructueuse de Morhungen, et une opération non moins stérile à l'embouchure de la Vistule. Mais dans les premiers jours de juin, les Russes, auxquels se mêlaient quelques débris de cadres prussiens, se déterminèrent à attaquer sérieusement les quatrième et sixième corps, qui occupaient l'est de la Passarge. Pour couvrir ce mouvement, ils firent, sur les points occupés et défendus par le premier corps, plusieurs fausses attaques, qu'ils poussèrent avec une opiniâtreté beaucoup trop meurtrière, puisqu'elles étaient sans but réel. Enfin le 3, après quelques mouvements sur les gués de Lauck, de Boarden, et sur la tête du pont de Spanden, l'armée combinée engagea une canonnade assez vive avec la division du général Dupont, au camp de Zagern : ces démonstrations n'eurent aucun résultat.

Mais le surlendemain 5, vers neuf heures du matin, une colonne considérable de Russes et de Prussiens, ayant avec elle environ vingt pièces de canon, se présenta près du village de Wühsen, devant la tête du pont de Spanden. Le général Frère défendait ce poste avec le 27ᵉ régiment d'infanterie légère, et cinq bouches à feu, dont un obusier. Le reste de cette division (ancienne division Drouet, maintenant commandée par le général Villatte) avec son artillerie, fut placé sur la rive gauche de la Passarge, pour soutenir le régiment chargé de la défense des ouvrages; tandis que la quatrième division de dragons appuyait les troupes du général Villatte.

L'ennemi commença un grand feu d'artillerie dirigé sur la tête du pont : ce feu dura deux heures. Après cet espace de temps, les Russes, croyant nos troupes suffisamment ébranlées sur ce point, se présentèrent à l'assaut. Nos pièces étaient chargées à mitraille... le brave 27ᵉ d'infanterie légère laissa approcher les assaillants presque jusqu'au pied des palissades, puis les attaqua brusquement. A la première décharge, trois cents hommes mordirent la poussière; le reste prit la fuite, laissant sept à huit cents blessés sur le champ de bataille. Dans cette défense, froidement soutenue, le général de brigade Frère et le colonel Lacoste, commandant le 27e, se distinguèrent particulièrement. Le général Senarmont avait dirigé lui-même l'artillerie; il eut à se louer du talent et de l'intrépidité du capitaine Michel, commandant les batteries de position, et du lieutenant Hervilli chargé du service des pièces mobiles. Le général Villatte, qui venait de conduire avec habileté l'ensemble de la défense, reçut les éloges, vivement exprimés, du prince de Ponte-Corvo; ce général les avait déjà mérités par la présence d'esprit et l'activité avec lesquelles il avait déjoué la fausse attaque du 3.

Aussitôt que l'ennemi eut repassé la rivière, le 17e régiment de dragons, suivant les ordres qu'il avait reçus, le poursuivit jusqu'au village de Wühsen : le général Lahoussaye dirigea lui-même cette poursuite.

Ce combat coûtait peu de sang au premier corps; mais le prince de Ponte-Corvo lui-même était du nombre des blessés. Au moment où l'ennemi se portait sur la tête du pont de Spanden, le maréchal, voulant faire changer de position à un régiment qui souffrait beaucoup du feu de l'ennemi, fut atteint d'une balle, qui le frappa vers la nuque. Cette balle, quoique amortie, eut pourtant assez de force pour porter la tête du prince sur celle de son cheval. Obligé de quitter le champ de bataille pour se faire panser, on le vit, avant de s'éloigner, et sans s'inquiéter d'une blessure près de la colonne vertébrale, donner froidement, au général Maison, chef de l'état-major général, toutes les instructions nécessaires à la direction de l'engagement.

Dès qu'on eut posé le premier appareil sur sa blessure, le prince voulut absolument reprendre son commandement; mais les douleurs de tête qu'il éprouvait étant trop fortes pour lui permettre de se tenir à cheval, il se fit porter en avant de Deutschendorf, où la division Lapisse[1] avait été appelée du camp de Neumarck pour former la réserve. De là son altesse

---

[1] Le général Lapisse avait pris le commandement de la division Rivaud; on sait que ce dernier s'était fracturé le bras dans une chute de cheval.

continua à suivre les mouvements de l'ennemi et ceux de ses troupes. Dans les hommes supérieurs, le corps peut être bien malade, sans que l'âme soit altérée.

L'empereur apprit avec sensibilité la blessure du maréchal; voici la lettre que le major-général fut chargé de lui écrire : « Il est difficile de » vous exprimer, prince, la peine que l'empe- » reur et nous avons éprouvée de vous savoir » blessé, surtout dans un moment où sa ma- » jesté a tant besoin de vos talents.

» Si vous avez quitté le commandement de » votre armée, vous ferez passer la lettre ci-jointe » à celui à qui vous aurez confié ce commande- » ment. »

Le 6 juin, le prince de Ponte-Corvo, laissant des palmes aux mains du premier corps de la grande armée, se retira sur les derrières pour donner quelques soins à sa blessure, aggravée par l'activité et les émotions de la veille. Le général Dupont, qui venait de servir avec éclat pendant la campagne, fut chargé provisoirement du commandement en chef; mais le 7, arriva le général Victor, nommé par l'empereur pour diriger le premier corps, en l'absence du prince. Ce fut sans doute à cet intérim que ce général dut le bâton de maréchal d'empire, qu'il obtint avant la fin de cette guerre... On sait qu'elle se termina, dans ce même mois de juin, après la mémorable victoire de Friedland; et Napoléon eut moins à regretter la mise hors de combat de l'un de ses plus illustres lieutenants.

FIN DU TOME PREMIER.

TABLE DES MATIÈRES.

	Pages.
INTRODUCTION.	1

LIVRE PREMIER.

CHAPITRE PREMIER.	25
CHAPITRE II.	49
CHAPITRE III.	75
CHAPITRE IV.	117
CHAPITRE V.	157

LIVRE II.

CHAPITRE PREMIER.	179
CHAPITRE II.	249
CHAPITRE III.	285
CHAPITRE IV.	515
CHAPITRE V.	565

GUSTAVE BARBA,

ÉDITEUR DU CABINET LITTÉRAIRE

Collection Universelle

DES

MEILLEURS ROMANS MODERNES,

RUE MAZARINE, 34.

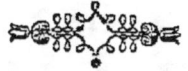

OEUVRES
DE M. LE VICOMTE
DE CHATEAUBRIAND,
MEMBRE DE L'ACADÉMIE FRANÇAISE,

10 vol. in-12. — Prix : 1 fr. 50 le vol.

    ATALA, RÉNÉ............ 2 vol.
    LES MARTYRS............ 4 vol.
    LES NATCHEZ............ 4 vol.

OEUVRES
DE
N. A. DE SALVANDY.
MINISTRE DE L'INSTRUCTION PUBLIQUE,

8 vol. in-12. — Prix : 1 fr. 50 c. le vol.

    DON ALONZO.............. 6 vol.
    NATALIE................. 2 vol.

OEUVRES
DE
VICTOR DUCANGE,

10 vol. in-12. — Prix : 1 fr. 50 c. le vol.

    AGATHE................. 2 vol.
    ALBERT................. 4 vol.
    VALENTINE.............. 4 vol.

HOFFMANN,
Contes fantastiques,

4 VOL. IN-12. — PRIX : 1 FR. 50 C. LE VOL.

OEUVRES COMPLÈTES

DE

WALTER SCOTT,

TRADUCTION DE DEFAUCONPRET.

146 vol. in-12. — Prix : 1 fr. 50 c. le vol.

WAVERLEY, 4 vol.
GUY MANNERING, 4 vol.
L'ANTIQUAIRE, 4 vol.
ROB-ROY, 4 vol.
LES PURITAINS D'ECOSSE et le NAIN, 4 vol.
PRISON D'EDIMBOURG, 4 vol.
FIANCÉE DE LAMMERMOOR, 5 vol.
L'OFFICIER DE FORTUNE, 2 vol.
IVANHOÉ, 4 vol.
LE MONASTÈRE, 4 vol.
L'ABBÉ, 4 vol.
KENILWORTH, 4 vol.
LE PIRATE, 4 vol.
AVENTURES DE NIGEL, 4 vol.
PEVERIL DU PIC, 5 vol.
QUENTIN DURWARD, 4 vol.
EAUX DE SAINT-RONAN, 4 vol.
REDGAUNTLET, 4 vol.
CONNÉTABLE DE CHESTER, 4 vol.
RICHARD EN PALESTINE, 4 vol.
WOODSTOCK, 4 vol.
CHRONIQUES DE LA CANONGATE, 4 vol.
LA JOLIE FILLE DE PERTH, 4 vol.
CHARLES-LE-TÉMÉRAIRE suivi du MIROIR, 6 vol.
ROBERT DE PARIS, et le CHATEAU PÉRILLEUX, 6 vol.
HISTOIRE D'ECOSSE, 1re, 2e, 5e série, 11 vol.
HISTOIRE DE FRANCE, 5 vol.
MARMION, le LAI DU MENESTREL, et L'HISTOIRE DE LA SORCELLERIE, 5 vol.
MATHILDE DE ROKEBY, le LORD DES ILES, et la VISION DE DON RODRIGUE, 4 vol.
HISTOIRES DU ROMAN et DU THEATRE, 4 vol.
HISTOIRES DE DRYDEN et de SWIFT, 4 vol.
CHANTS POPULAIRES DE L'ECOSSE, 4 vol.
LA DAME DU LAC, 2 vol.
BIOGRAPHIE DES ROMANCIERS, 4 vol.
LETTRES DE PAUL, 5 vol.

OEUVRES COMPLÈTES

DE

FENIMORE COOPER

TRADUCTION DE DEFAUCONPRET.

62 vol. in-12.

PRIX : 1 FR. 50 C. LE VOLUME.

PRECAUTION, 4 vol.
L'ESPION, 4 vol.
LE PILOTE, 4 vol.
LIONEL LINCOLN, 4 vol.
LE DERNIER DES MOHICANS, 4 vol.
LES PIONNIERS, 4 vol.
LA PRAIRIE, 4 vol.
LE CORSAIRE ROUGE, 4 vol.
LES PURITAINS D'AMÉRIQUE, 4 vol.
L'ÉCUMEUR DE MER, 4 vol.
LE BRAVO, 4 vol.
L'HEIDENMAUER, 4 vol.
LE BOURREAU DE BERNE, 4 vol.
LES MONIKINS, 4 vol.
EXCURSIONS D'UNE FAMILLE AMÉRICAINE EN SUISSE, 3 vol.
SÉJOUR D'UNE FAMILLE AMÉRICAINE EN FRANCE, 3 vol.

Un volume séparé de chaque ouvrage se vend 2 fr.

OEUVRES COMPLÈTES

DE

PIGAULT-LEBRUN,

85 VOLUMES IN-12,

A 1 FR. 50 CENT. LE VOL.

L'ENFANT DU CARNAVAL, 5 vol.
LES BARONS DE FELSHEIM, 4 vol.
ANGÉLIQUE ET JEANNETON, 2 vol.
MON ONCLE THOMAS, 4 vol.
CENT VINGT JOURS : Théodore, Kinglin, Métusko, Adèle Dabligny, 4 vol.
LE CITATEUR, 2 vol.
LA FOLIE ESPAGNOLE, 4 vol.
M. BOTTE, 4 vol.
JÉROME, 4 vol.
LA FAMILLE DE LUCEVAL, 4 vol.
L'HOMME A PROJETS, 4 vol.
M. DE ROBERVILLE, 4 vol.
UNE MACÉDOINE, 4 vol.
TABLEAUX DE SOCIÉTÉ, 4 vol.
ADÉLAIDE DE MÉRAN, 4 vol.
LE GARÇON SANS SOUCI, 2 vol.
MÉLANGES CRITIQUES ET LITTÉRAIRES, 2 vol.
L'OFFICIEUX ou LES PRÉSENTS DE NOCES, 2 vol.
L'ÉGOISME ou NOUS LE SOMMES TOUS, 2 vol.
M. MARTIN ou L'OBSERVATEUR, 2 vol.
LE BEAU-PÈRE ET LE GENDRE, 2 vol.
LA SAINTE LIGUE ou LA MOUCHE, 6 vol.
CONTES A MON PETIT-FILS, 2 vol.
VIE ET AVENTURES DE PIGAULT-LEBRUN, 2 vol.
THÉATRE ET POÉSIES, 6 vol.

Un volume séparé de chaque ouvrage se vend 2 fr.

ŒUVRES COMPLÈTES

DE

CH. PAUL DE KOCK,

98 VOLUMES IN-12,

A 1 FR. 50 CENT. LE VOL.

L'ENFANT DE MA FEMME, 2 vol.
GEORGETTE ou LA NIÈCE DU TABELLION, 4 vol.
GUSTAVE, ou LE MAUVAIS SUJET, 4 vol.
FRÈRE JACQUES, 4 vol.
MON VOISIN RAYMOND, 4 vol.
M. DUPONT ou LA JEUNE FILLE ET SA BONNE, 4 vol.
SŒUR ANNE, 4 vol.
CONTES EN VERS, 1 vol.
ANDRÉ LE SAVOYARD, 5 vol.
PETITS TABLEAUX DE MŒURS, 2 vol.
LE BARBIER DE PARIS, 4 vol.
LA LAITIÈRE DE MONTFERMEIL, 5 vol.
JEAN, 4 vol.
LA MAISON BLANCHE, 5 vol.
LA FEMME, LE MARI ET L'AMANT, 4 vol.
LA BULLE DE SAVON, ou RECUEIL DE CHANSONS, 1 vol.
L'HOMME DE LA NATURE ET L'HOMME POLICÉ, 5 vol.
LE COCU, 4 vol.
MADELEINE, 4 vol.
UN BON ENFANT, 4 vol.
LA PUCELLE DE BELLEVILLE, 4 vol.
NI JAMAIS NI TOUJOURS, 4 vol.
ZIZINE, 4 vol.
UN TOURLOUROU, suivi des MŒURS PARISIENNES, 1re partie, 6 vol.
MOUSTACHE, suivi des MŒURS PARISIENNES, 2e partie, 6 vol.

Un volume séparé de chaque ouvrage se vend 2 fr.

OEUVRES COMPLÈTES

DU

CAPITAINE MARRYAT,

56 VOLUMES IN-12,

A 1 FR. 50 CENT. LE VOL.

PIERRE SIMPLE, ou AVENTURES D'UN OFFICIER DE MARINE, 4 vol.

JACOB FIDÈLE ou LES MARINS D'EAU DOUCE, 4 vol.

JAPHET A LA RECHERCHE D'UN PÈRE, 4 vol.

M. LE MIDSHIPMAN AISÉ, 4 vol.

RATTLIN LE MARIN, 4 vol.

KING'S OWN ou IL EST AU ROI, 4 vol.

LE PIRATE ET LES TROIS CUTTERS, suivi DU CLAIR DE LUNE, 4 vol.

FRANCK MILDMAY ou L'OFFICIER DE LA MARINE ROYALE, 4 vol.

NEWTON FORSTER ou LA MARINE MARCHANDE, 4 vol.

SNARLEY YOW ou LE CHIEN DIABLE, 4 vol.

LE PACHA, 4 vol.

LE VIEUX COMMODORE, 4 vol.

ARDENT TROUGHTON, 4 vol.

LE VAISSEAU FANTOME, 4 vol.

Cette collection se complétera de romans nouveaux qui paraîtront par la suite.

En prenant la collection on aura toutes les affiches.

Un vol. séparé de chaque ouvrage se vend 2 fr.

OEUVRES COMPLÈTES

DU

BIBLIOPHILE JACOB,

60 **VOLUMES IN-12**,

A 1 FR. 50 CENT. LE VOL.

LA FOLLE D'ORLÉANS, 4 vol.
SOIRÉES DE WALTER SCOTT, 4 vol.
UN DIVORCE, 2 vol.
MEDIANOCHES, 4 vol.
LE BON VIEUX TEMPS, 4 vol.
LE ROI DES RIBAUDS, 4 vol.
QUAND J'ÉTAIS JEUNE, 4 vol.
PIGNEROL, 4 vol.
VERTU ET TEMPÉRAMENT, 4 vol.
CONVALESCENCE D'UN VIEUX CONTEUR, 2 vol.
CONTES DU BIBLIOPHILE, 4 vol.
LA DANSE MACABRE, 2 vol.
LES FRANCS TAUPINS, 6 vol.
LES DEUX FOUS, 4 vol.
UNE FEMME MALHEUREUSE, 4 vol.
DE PRÈS ET DE LOIN, 4 vol.

En prenant la collection on aura toutes les affiches.
Cette collection sera achevée vers la fin de 1838.

Un vol. séparé de chaque ouvrage se vend 2 fr.

OEUVRES COMPLÈTES
DE
CH. PAUL DE KOCK,
20 vol. in-8°,
NOUVELLE ÉDITION
ORNÉE DE BELLES GRAVURES D'APRÈS LES DESSINS
DE RAFFET,

Gravées sur acier, par MM. Burdet, Frilley, Caron, Fontaine, Dutillois, etc., etc.

Chaque volume contient un roman complet.

La suite aux œuvres de Paul de Kock, composée de dix nouveaux volumes in-8°, avec gravures, paraîtra dans le courant de 1858.

NOUVEAUX ROMANS DE PAUL DE KOCK,
EN 2 VOLUMES IN-8°.

UN BON ENFANT, 2 vol. in-8°, 15 fr.
LA PUCELLE DE BELLEVILLE, 2 vol. in-8°, 15 fr.
NI JAMAIS NI TOUJOURS, 2 vol. in-8°, 15 fr.
ZIZINE, 2 vol. in-8°, 15 fr.
UN TOURLOUROU, suivi des MOEURS PARISIENNES, 1re PARTIE; 3 vol. in-8°, 22 fr. 50 cent.
MOUSTACHE, suivi des MOEURS PARISIENNES, 2e PARTIE; 3 vol. in-8°, 22 fr. 50 c.

CORISANDE DE MAULÉON,
OU LE BÉARN AU XVe SIÈCLE,

Par l'Auteur de Natalie.

2 VOL. IN-8°. PRIX : 15 FR.

SOUS PRESSE :

UN NOUVEAU ROMAN de l'Auteur de **NATALIE**.

ŒUVRES DE TOUCHARD-LAFOSSE.

HISTOIRE DE CHARLES XIV
(JEAN BERNADOTTE),
Roi de Suède et de Norwége,

5 volumes in-8°, ornés d'un fac-simile et du portrait de Charles XIV.
22 FR. 50 C.

CHRONIQUES PITTORESQUES
ET CRITIQUES
DE L'OEIL DE BOEUF,
8 VOL. IN-8°. PRIX : 60 FR.

Cet ouvrage, curieux et amusant, est rempli de détails et d'anecdotes inconnus, des cours de Louis XIV, Louis XV et Louis XVI, et se termine à la fin de l'Œil-de-Bœuf, en 1789. — LES TOMES 7 ET 8 SE VENDENT SÉPARÉMENT 15 FR.

LE PONT DES SOUPIRS,
ÉPISODE DE LA COUR DU LOUVRE SOUS LOUIS XIII.
2 vol. in-8°. Prix : 15 fr.

LE CUISINIER ROYAL,
PAR VIART, HOMME DE BOUCHE.

Quinzième édition, augmentée de douze cents articles nouveaux,
PAR MM. FOURET ET DÉLAN, HOMMES DE BOUCHE.

Contenant l'ART DE FAIRE LA CUISINE, LA PATISSERIE et tout ce qui concerne l'OFFICE, pour toutes les fortunes. — Suivi d'une notice complète de tous les Vins, par PIERRUGUES, sommelier du Roi ; d'une distribution des Vins par ordre de service, par M. GRIGNON. — Orné de neuf planches pour le service des tables, depuis douze jusqu'à soixante couverts. — D'une Table alphabétique de tous les mets, par ordre de service, etc., etc.
1 VOL. IN-8. DE 650 PAGES. PRIX : 6 F.

VINGT MOIS DE LA RÉVOLUTION DE 1830,
ET LES RÉVOLUTIONNAIRES.
PAR N. A. DE SALVANDY.

Deuxième Edition. — 1 vol. in-8°. Prix : 7 fr. 50 cent.

PARIS, NANTES, ET LA SESSION,
Par N. A. De Salvandy.
1 VOLUME IN-8°. PRIX : 5 FRANCS.

Un franc le volume in-douze
Cartonné à la Bradel.

LE CABINET LITTÉRAIRE
COLLECTION UNIVERSELLE
DES MEILLEURS ROMANS MODERNES

Bibliothèque des Maisons de campagne

RENFERMANT TOUS LES ROMANS
DE
MM. CHATEAUBRIAND, SALVANDY, WALTER SCOTT,
COOPER, CAPITAINE MARRYAT, BIBLIOPHILE JACOB, PIGAULT-LEBRUN,
PAUL DE KOCK, VICTOR DUCANGE, HOFFMANN.

TRADUCTEURS:
MM. DEFAUCONPRET ET DERAZEY.

500 Vol. in-12, à 1 fr. chaque, cartonnés à la Bradel.

N a fait bien des projets de bibliothèque universelle, et ces projets ont enfanté bien des gros volumes inutiles. Mais à côté de ces gros livres dont le format seul vous fait peur, et qui sont bourrés de science jusqu'à la marge, serait-il donc impossible de produire d'ingénieux petits volumes d'un format facile et commode, d'une lecture amusante et variée; en un mot, une bibliothèque pour la maison de campagne, pour le bosquet de verdure, pour le bord du ruisseau, pour tous les heureux instants de la vie nonchalante, ou encore pour les belles heures du coin du feu?

Tel est notre projet, tel est le plan du *Cabinet littéraire*; sous ce titre, nous offrons à nos souscripteurs la plus ingénieuse série de livres amusants qui aient été écrits dans notre siècle. Cette fois, grâce à nous, il n'y aura plus un seul château si inaccessible, plus une seule maisonnette si cachée dans les bois, qui ne puisse avoir son trésor divertissant de romans, d'histoires, de contes, d'ingénieuses et rares fictions. Grâce à nous, toute maison des champs, grande ou petite, possèdera sa bibliothèque portative, comme elle possède un jeu de billard. Eh! quel est le délassement qui se

SUPPLÉMENT AU DICTIONNAIRE

DE

L'ACADÉMIE FRANÇAISE,

Sixième et dernière édition, publiée en 1835;

COMPLÉMENT

DE TOUS LES DICTIONNAIRES FRANÇAIS, ANCIENS ET MODERNES,

PAR F. RAYMOND,

Membre de l'Institut historique, Auteur du Dictionnaire général de la langue française, du supplément à l'ancienne édition du Dictionnaire de l'Académie, du Dictionnaire Diamant, etc., etc.

UN FORT VOLUME IN-4°. PRIX............. 15 fr.

Le *Supplément* de M. Raymond a été exécuté pour compléter le *Dictionnaire de l'Académie française*. Composé de 110 feuilles in-4°, caractères, impression, papier, format, titre gravé et couverture, parfaitement conformes à ceux du *Dictionnaire de l'Académie*, ce *Supplément* contient tous les mots qui ne se trouvent pas dans les deux volumes publiés par l'Académie, et le nombre de ces mots s'élève à *quatre-vingt mille*. Tous les termes de la langue scientifique et de la langue politique, omis par l'Académie, ont été relatés et définis par M. Raymond, qui a invoqué pour cet objet le concours des hommes spéciaux.

L'utilité du *Supplément* de M. Raymond est évidente, incontestable ; ajoutons que cet ouvrage a été exécuté avec soin, consciencieusement : il doit donc, à tous égards, se ranger, sur toutes les bibliothèques, à côté du *Dictionnaire de l'Académie*, qu'il complète. Ce sont deux ouvrages qui doivent se relier ensemble et qu'on ne doit pas séparer ; ce qu'on ne trouve pas dans l'un on le trouve dans l'autre.

Ce *Supplément* a en outre l'avantage de compléter l'ancienne édition du Dictionnaire de l'Académie, puisqu'il est constant que, dans son nouveau travail, l'Académie n'a ajouté que des définitions et n'a pas adopté de nouveaux mots.

puisse comparer à celui d'un bon livre qu'on porte avec soi à toute heure, en tout lieu; utile ami qui ne vous manque jamais; facile causeur qui parle ou qui se tait, à vos ordres; imagination féconde, inépuisable, qui vous verse abondamment tous ses trésors! Montesquieu disait qu'il n'y avait pas un seul chagrin du cœur qui ne se calmât à la lecture d'un bon livre. Grâce à notre *Cabinet littéraire*, il n'y aura plus dans toute la France une seule maison de campagne où pénètre l'ennui.

Et en effet, comprenez-vous cette joie d'être seul, loin des villes, loin du bruit, et d'avoir à toute heure, là, sous sa main, cinq cents volumes qui portent les plus grands noms de la littérature contemporaine? Et notez bien qu'il ne s'agit pas ici d'un livre de parade, si lourd que votre main fatiguée le laisse tomber après le premier chapitre; si cher que vous tremblez que la rosée du lilas en fleurs ne mouille sa page entr'ouverte; si peu commode à porter que vous ne savez où le mettre quand vous sortez de la maison.

Nous avons supprimé ce faux bon marché qui consiste à imprimer un livre en caractères imperceptibles, et qui fait d'un volume un billot de carton; nous avons supprimé ce faux luxe qui délaie dans un volume in-8° à demi-blanc la matière d'un volume in-12; nous avons choisi entre ces deux excès, et naturellement nous avons retrouvé le format in-12, le seul format logique dans lequel on ait jamais fait des livres.

Quoi de plus commode que l'in-12? Il est facile à lire, il est facile à porter, il se prête merveilleusement à toutes les combinaisons du roman moderne; il n'est à charge ni à la main qui le porte, ni à la tablette qui le supporte; il se contente, dans la maison qui l'abrite, du plus modeste recoin; il est tout de suite relié, et à bas prix, comme une de ces jolies petites filles du peuple, si élégantes sous leur sarreau de bure; l'in-12 est le livre des femmes qui le cachent dans leur corbeille, sous leur broderie commencée. C'est surtout et seulement de l'in-12 qu'on peut dire avec juste raison ce que dit Cicéron des livres : *Rusticantur nobiscum, peregrinantur; ils voyagent avec nous, ils vont à la campagne avec nous.*

Nous donnerons donc, pour commencer dignement cette entreprise nationale et populaire, *cinq cents volumes in-12*, et ces volumes arriveront à nos souscripteurs dans un élégant cartonnage qui les dispensera de reliure, et nous leur livrerons chaque volume ainsi relié, au même prix à peu près qu'il leur en coûte quand ils veulent lire des premiers un roman à la mode; et notez bien que chacun de ces cinq cents volumes in-12 pourra être prêté, gâté, perdu, oublié sur l'herbe, sans trop de souci pour personne, car ce volume pourra toujours être remplacé au même prix, que ce soit le premier ou le dernier volume du roman dépareillé. — UN FRANC, tel est le prix de chaque volume de cette collection.

Ceux qui mènent la vie de campagne, cette douce vie si remplie de loisirs, comprendront sans peine l'immense avantage de cette combinaison et de cet admirable bon marché. Pour quatre francs par semaine, le propriétaire campagnard recevra quatre volumes neufs, reliés, bien imprimés; c'est à peine le prix qu'il donne au cabinet de lecture de sa ville voisine, pour lui emprunter le même nombre de volumes in-8°, si gras, si infects, si malheureux, qu'il est impossible de les lire sans dégoût et sans répugnance. Au bout d'un mois, les livres du cabinet de lecture ne sont plus que d'informes lambeaux qui n'ont plus de nom dans aucune langue; et cependant perdez une seule feuille des ces cadavres de volumes, cette feuille perdue va vous coûter quinze francs; car vous serez obligé de remplacer par deux volumes neufs ces deux volumes pourris que vous n'auriez pas jeté sur le fumier de votre basse-cour.

Non pas que nous voulions faire ici la guerre aux cabinets de lecture; au contraire, tout en les privant de leurs plus dispendieux lecteurs, des lecteurs isolés, lointains, qu'il fallait aller chercher en voiture au fond de leur parc, qui n'étaient jamais satisfaits, car ils ne trouvaient jamais le livre qu'ils voulaient lire, qui gardaient si long-temps les nouveautés les plus coûteuses, qui écrivaient sur les marges des romans toutes sortes de réflexions peu morales ou des sentences littéraires, nous rendons aux cabinets de lecture le grand service de les délivrer du format in-8° et des volumes à 7 fr. 50, qu'on ne peut louer qu'à une seule personne; bien plus, nous créons des cabinets de lecture, même dans le plus petit hameau. Quand pour 500 francs, payés lentement, un homme intelligent pourra se procurer 500 volumes cartonnés, et placer ainsi son argent de façon à doubler le capital en un an, qui peut dire où le cabinet de lecture s'arrêtera?

Et notez bien que cette fois nous ne tombons pas, en véritables libraires belges, dans *le domaine public*. A Dieu ne plaise que nous allions exhumer de l'oubli où ils dorment les vieux récits des vieux romanciers. Nous nous adressons tout d'abord à la littérature vivante, aux livres qui sont la propriété de leurs auteurs, à des livres qui n'appartiennent qu'à notre bibliothèque, aux auteurs les plus lus et les mieux lus dans toute l'Europe.

M. DE CHATEAUBRIAND, le roi du monde littéraire, apportera dans ce recueil ses beaux poèmes qui ont donné le mouvement à la pensée moderne. Viendra en même temps que l'auteur d'*Atala*, de *Réné*, le romancier de la famille, le sylphe du foyer domestique, le chaste narrateur de toutes les passions innocentes de la jeunesse, SIR WALTER SCOTT; et après lui COOPER l'Américain, l'historien de la mer. Puis bientôt, et par un contraste hardi, entendez-vous dans le lointain ce grand éclat de rire, si franc, si bourgeois, si moqueur? C'est PIGAULT-LEBRUN qui vient de relire *Candide* et *Micro-Mégas*, et qui ajoute des chapitres sans nombre aux romans de Voltaire. Celui qui fait cortége aux romans de Pigault, c'est son élève favori, PAUL DE KOCK, gaîté non moins franche mais plus retenue, imagination que rien ne lasse, dialogue que rien n'arrête. Après Pigault, après Paul de Kock, VICTOR DUCANGE, le Corneille du boulevard, le terrible agitateur de toutes les émotions populaires. Puis, comme un repos nécessaire à tant d'émotions, vous aurez les inventions d'HOFFMAN, le buveur allemand, le poète qui rêve, qui voit tant de figures idéales sur la terre, qui entend de si admirables accords dans le ciel! Chemin faisant nous prendrons à M. de Salvandy son beau roman d'*Alonzo*, histoire de l'Espagne sous les Cortès. Nous avons traduit tout exprès les romans du capitaine Marryat, la nouvelle renommée de l'Angleterre; et comme représentant du roman historique, nous publierons les romans du bibliophile Jacob, cet habile et ingénieux chroniqueur, qui avait cent ans, il y a quinze ans, lorsqu'il fut béni par sir Walter Scott, et qui est aujourd'hui dans toute la force de l'âge et du talent.

Tel est notre but, telles sont nos promesses. Nous toucherons le but pour peu que les livres soient, comme on dit, un des besoins les plus impérieux de ce siècle; quant à nos promesses, nous les tiendrons toutes, à coup sûr, et au-delà. Gustave Barba.

CONDITIONS DE LA SOUSCRIPTION.

La collection du Cabinet Littéraire se compose de 500 volumes in-12, imprimés en cicéro neuf, et cartonnés à la Bradel avec une jolie couverture. Ces 500 volumes sont ainsi répartis, savoir :

CHATEAUBRIAND (romans)	10 v.
SALVANDY (romans)	8
WALTER-SCOTT, (seule édit. complète)	146
COOPER, (œuvres complètes)	59
MARRYAT, (œuvres complètes)	56
BIBLIOPHILE JACOB (œuvres complètes)	32
PIGAULT-LEBRUN (œuvres complètes)	77
PAUL DE KOCK (œuvres complètes)	98
VICTOR DUCANGE (romans)	10
HOFFMANN (contes fantastiques)	4

500 vol.

Souscription à la semaine:

A partir du 21 avril 1838, il paraîtra chaque samedi, un Roman en 4 volumes in-12, au prix de UN FRANC LE VOLUME, CARTONNÉ A LA BRADEL. Pour jouir des avantages de ce mode de souscription, il suffira de déposer 20 francs, imputables sur le prix des 20 derniers volumes.

Souscription par 100 volumes sans rien payer d'avance.

L'entreprise du *Cabinet Littéraire* déjà fort avancée sera entièrement achevée fin juin prochain.

L'Éditeur, voulant faciliter l'acquisition de cette collection, a divisé les 500 volumes en *cinq* parties de 100 volumes chaque, pour les personnes qui voudraient ne retirer qu'une partie à-la-fois.

Chacune de ces parties se vendra séparément telle qu'elle est composée dans le catalogue ci-après, et sera expédiée *franche de port et d'emballage* par toute la France.

GUSTAVE BARBA.

Libraire-Éditeur, rue Mazarine, 34, à Paris.

PARIS. — IMPRIMERIE DE JULES DIDOT L'AINÉ,
BOULEVART D'ENFER, 4.

CATALOGUE GÉNÉRAL DU CABINET LITTÉRAIRE
DIVISÉ EN CINQ PARTIES.

PREMIÈRE PARTIE.

WALTER SCOTT. — Waverley, 4 vol. — Rob-Roy, 4 vol. — Prison d'Edimbourg, 4 vol. — Ivanhoé, 4 vol. — Histoire d'Ecosse, 11 vol. — Le Lai du Ménestrel, 1 vol. — Mathilde de Kokeby, 2 vol. —— COOPER.—L'Espion, 4 vol.—Lionel Lincoln, 4 vol.—Le Corsaire rouge, 4 vol. —— CAPITAINE MARRYAT. — Pierre Simple, 4 vol.— Jacob Fidèle, 4 vol.— Japhet, 4 vol. —— BIBLIOPHILE JACOB. — La Folle d'Orléans, 4 vol. —— PIGAULT-LEBRUN.—Les Barons de Felsheim, 4 vol.—La Mouche, 6 vol. — M. de Roberville, 4 vol.—— PAUL DE KOCK. — Ni Jamais ni Toujours, 4 vol. — Gustave, 4 vol.—Zizine, 4 vol.—Mon Voisin Raymond, 4 vol.— M. Dupont, 4 vol. —— CHATEAUBRIAND.—Les Martyrs, 4 vol.—— VICTOR DUCANGE. — Albert, 4 vol. — Total 100 vol.

DEUXIEME PARTIE.

WALTER SCOTT. — Le Monastère, 4 vol. — L'Abbé, 4 vol. — Kenilworth, 4 vol. — Le Pirate, 4 vol. — Aventures de Nigel, 4 vol. — Les Puritains d'Ecosse et le Nain, 4 vol. — Marmion, 2 vol. — Histoires du Roman et du Théâtre, 4 vol. —— COOPER. — Les Puritains d'Amérique, 4 vol. — L'Ecumeur de mer, 4 vol.—L'Heidenmauer, 4 vol. —— CAPITAINE MARRYAT.—M. le Midshipman aîné, 4 vol. — Rattlin-le-Marin, 4 vol.— King's Own, 4 vol. —— BIBLIOPHILE JACOB. — Le Roi des Ribauds, 4 vol. —— PIGAULT-LEBRUN. — Mon Oncle Thomas, 4 vol. — Cent Vingt Jours, 4 vol. — La Folie espagnole, 4 vol. — L'Egoïsme, 4 vol. —— PAUL DE KOCK. — Sœur Anne, 4 vol. — André le Savoyard, 5 vol. — Le Barbier de Paris, 4 vol. — La Laitière de Montfermeil, 5 vol.— Petits Tableaux de Mœurs, 2 vol. —— CHATEAUBRIAND. — Les Natchez, 4 vol. —— VICTOR DUCANGE. — Valentine, 4 vol. — Total 100 vol.

TROISIÈME PARTIE.

WALTER SCOTT. — Péveril du Pic, 5 vol. — L'Officier de fortune, 2 vol. — Quentin Durward, 4 vol. — Eaux de Saint-Ronan, 4 vol. — Redgauntlet, 4 vol. — Woodstock, 4 vol.—Histoire de France, 3 vol. — Chants populaires de l'Ecosse, 4 vol. — Le Lord des Iles, 1 vol. —— COOPER. — Le Bourreau de Berne, 4 vol. — Les Monikins, 4 vol. — Une Famille Américaine en Suisse, 3 vol. —— CAPITAINE MARRYAT. — Le Pirate, 4 vol. — Franck Mildmay, 4 vol. — Newton Forster, 4 vol. —— BIBLIOPHILE JACOB. — Un Divorce, 2 vol. — La Danse Macabre, 2 vol. —— PIGAULT-LEBRUN. — M. Botte, 4 vol. — Tableaux de Société, 4 vol.— Adélaïde de Méran, 4 vol.— Mélanges critiques et littéraires, 2 vol. — Angélique et Jeanneton, 2 vol. — Vie et Aventures de Pigault-Lebrun, 2 vol. —— PAUL DE KOCK. — Jean, 4 vol. — La Maison Blanche, 5 vol. — La Femme, le Mari et l'Amant, 4 vol. — Contes en vers, 1 vol. — Recueil de Chansons, 1 vol. — L'Homme de la nature et l'Homme policé, 5 vol.—CHATEAUBRIAND.—Atala, René et les Abencerages, 2 vol. ——VICTOR DUCANGE. — Agathe, 2 vol. — Total 100 vol.

QUATRIÈME PARTIE.

WALTER SCOTT. — L'Antiquaire, 4 vol. — Chroniques de la Canongate 4 vol. — La Jolie Fille de Perth, 4 vol. — Charles-le-Téméraire, suivi du Miroir, 6 vol.—Robert de Paris et le Château périlleux, 6 vol. — Histoires de Dryden et de Swift, 4 vol. — Histoire de la Sorcellerie, 2 vol. —— COOPER. — La Prairie, 4 vol. — Précaution, 4 vol. — Les Pionniers, 4 vol. —— CAPITAINE MARRYAT. —Snarley Yow, 4 vol. — Le Pacha, 4 vol. — Lo Vieux Commodore, 4 vol. —— BIBLIOPHILE JACOB. — Les deux Fous, 4 vol. — Les Francs Taupins, 6 vol. —— PIGAULT-LEBRUN. — L'Homme à projets, 4 vol. — Une Macédoine, 4 vol. — L'Officieux, 2 vol.—Les Contes à mon Petit-Fils, 2 vol. — Le Garçon sans souci, 2 vol. —— PAUL DE KOCK. — Le Cocu, 4 vol. — Madeleine, 4 vol.—Un Bon Enfant, 4 vol.—La Pucelle de Belleville, 4 vol. — Georgette, 4 vol. —— SALVANDY. —Natalie, publiée par Salvandy, 2 vol. — Total 100 vol.

CINQUIÈME PARTIE.

WALTER SCOTT. —Guy Mannering, 4 vol.—Fiancée de Lammermoor, 3 vol.—Connétable de Chester, 4 vol.— Richard en Palestine, 4 vol. — La Dame du Lac, 4 vol. — La Vision de Don Rodrigue, 1 vol. — Biographie des Romanciers, 4 vol. — Lettres de Paul, 3 vol.——COOPER. — Le Pilote, 4 vol. —Le Dernier des Mohicans, 4 vol. — Le Bravo, 4 vol. —— CAPITAINE MARRYAT. — Ardent Troughton, 4 vol.—Vaisseau Fantôme, 4 vol.—— BIBLIOPHILE JACOB. — Médianoches, 4 vol.— Soirées de Walter Scott, 4 vol.—Vieux Conteur, 2 vol. —— PIGAULT-LEBRUN. — Jérôme, 4 vol. —Le Citateur, 2 vol. — Le Beau-Père et le Gendre, 2 vol. —La Famille de Luceval, 4 vol.—M. Martin, 2 vol. —L'Enfant du Carnaval, 3 vol. ——PAUL DE KOCK. —L'Enfant de ma Femme, 2 vol.— Frère Jacques, 4 vol. — Un Tourlourou, suivi des Mœurs parisiennes, première partie, 6 vol. —— Moustache, suivi des Mœurs Parisiennes, seconde partie, 6 vol. —— SALVANDY. — Don Alonzo, histoire d'Espagne, 6 vol. —— HOFFMANN. — Contes fantastiques, 4 vol. — Total 100 vol.

Imprimerie et Fonderie de Jules Didot l'aîné, 4, boulevart d'Enfer.

www.ingramcontent.com/pod-product-compliance
Lightning Source LLC
Chambersburg PA
CBHW070924230426
43666CB00011B/2300